L'ART
DE MAGNÉTISER

TOURS. — IMPRIMERIE E. ARRAULT ET Cie, RUE DE LA PRÉFECTURE, 6.

L'ART
DE MAGNÉTISER

OU

LE MAGNÉTISME VITAL

CONSIDÉRÉ SOUS LE POINT DE VUE

THÉORIQUE, PRATIQUE ET THÉRAPEUTIQUE

PAR

Ch. LAFONTAINE

Auteur des *Mémoires d'un magnétiseur*, des *Cures magnétiques à Genève*, directeur-rédacteur du journal *le Magnétiseur*

CINQUIÈME ÉDITION CORRIGÉE

PARIS

ANCIENNE LIBRAIRIE GERMER BAILLIÈRE ET Cie

FÉLIX ALCAN, ÉDITEUR

108, Boulevard Saint-Germain, 108

1886

Tous droits réservés.

PRÉFACE

DE LA PREMIÈRE ÉDITION

Le magnétisme vital, considéré sous le rapport médical, offre un assez vaste champ aux recherches, pour qu'il suffise de l'étudier sous ce point de vue. Cependant je ne pense pas qu'on doive le circonscrire dans ces limites. Ce sujet touche à ce qu'il y a de plus élevé dans le monde. Les dogmes religieux, la philosophie, l'histoire, la morale, sont intimement liés à l'étude du magnétisme. Je ne me suis point senti de force à le traiter sous ces différentes faces, et j'ai laissé le soin de remplir cette tâche immense à de plus savants que moi. Je n'ai voulu voir dans le magnétisme que le côté essentiellement utile, sa propriété curative, et alors je l'ai étudié principalement sous ce point de vue. C'est le fruit de mes travaux, le résultat de mes observations consciencieuses que je consigne dans cet ouvrage, espérant que ceux qui se livreront à l'étude du magnétisme en pourront tirer quelque lumière.

Mon but est que les médecins s'emparent du magnétisme pour s'en servir dans tous les cas où il peut leur venir en aide; les quelques maladies dont j'ai donné l'historique, prouveront assez que son efficacité curative est incontestable.

L'emploi du magnétisme vital sera un bienfait pour l'humanité. Aussi le jour où le magnétisme sera admis et adopté par les corps savants, le jour où, reconnu comme science, il sera enseigné dans nos Ecoles de médecine, le but que je poursuis depuis douze ans sera atteint, et alors je serai trop heureux si mes efforts y ont contribué.

15 mars 1847.

Nota. — La seconde édition est augmentée du chapitre IV intitulé : *Analogie du fluide magnétique animal avec le fluide magnétique minéral*, et de plusieurs faits importants nouvellement recueillis.

1er juin 1852.

PRÉFACE

DE LA TROISIÈME ÉDITION

Nous exprimons ici notre reconnaissance pour l'accueil bienveillant que le public a fait à notre ouvrage.

Nous avons mis tous nos soins à revoir et à corriger cette troisième édition, que nous avons aussi beaucoup augmentée dans certaines parties, et nous espérons qu'elle pourra satisfaire ainsi aux besoins des praticiens.

27 mars 1860.

PRÉFACE

DE LA QUATRIÈME ÉDITION

Depuis trois ans que la troisième édition de l'*Art de magnétiser*, 1860, est entièrement épuisée, ainsi que la deuxième de 1852 et la première de 1847, nous avons été tellement accablé de demandes que, devant une telle insistance, quoique nous n'eussions pas l'intention de réimprimer cet ouvrage, nous nous sommes décidé à publier cette quatrième édition en tout semblable à la troisième tant demandée.

Juillet 1880.

PRÉFACE

DE LA CINQUIÈME ÉDITION

Nous ne pouvons laisser imprimer cette cinquième édition, en 1885, sans ajouter un mot qui prouve qu'aujourd'hui comme en 1847, époque de la première édition, nos convictions sont les mêmes.

Quarante-cinq ans de pratique, de recherches et d'expériences faites consciencieusement sur des personnes en bonne santé, sur des malades, sur des somnambules formées par nous, sur des animaux, sur des reptiles, sur des corps inertes, n'ont fait qu'augmenter ces convictions que nous avons soutenues et affirmées dans tous nos actes comme dans tous nos écrits.

Nous avons souvent dit, dans notre journal *le Magnétiseur*, que nous avons publié pendant douze ans à Genève, de 1859 à 1872, que le magnétisme était le moyen naturel, le plus puissant, le plus certain de guérison dans toutes les maladies quel qu'en soit le nom ou la forme. Nous avons même dit, quelque exagéré que cela ait pu et puisse paraître, qu'il pourrait être considéré comme une *panacée*. Nous le pensons encore, et de plus, nous croyons que cela est prouvé par les faits, car quelle que soit la maladie, quel que soit le malade, nous avons toujours produit, par le magnétisme seul une action bienfaisante quand nous n'obtenions pas la guérison entière de la maladie.

Qu'on ne s'imagine pas qu'emporté par notre enthousiasme nous soyons le seul à penser ainsi. — Non, — Mesmer, de Puységur et bien d'autres pensaient de même. Mais expliquons ce que nous entendons par *panacée* en magnétisme : pour nous, le moyen qui, toujours, soulage, et très souvent produit la guérison, quelle que soit la maladie, aiguë ou chronique, a bien droit à ce nom. Nous ne prétendons pas dire que le magnétisme guérit tous les malades, mais nous osons affirmer qu'il n'est pas un seul genre de maladies dont nous ne puissions produire un cas de guérison entière par le magnétisme seul et sans aucun médicament pharmaceutique.

Si nous sommes si entier dans nos opinions, c'est le résultat de notre longue pratique et de notre position de simple magnétiseur qui nous a forcé de ne compter que sur nous-même. N'étant ni docteur, ni médecin, nous avons toujours évité de nous mettre en défaut avec la loi ; nous n'avons jamais donné ni ordonné un remède ni un médicament.

Nous avons été quelquefois embarrassé, mais voulant toujours rester dans notre droit, nous n'en appelions qu'à nous-même et bientôt convaincu à nouveau que cette force vitale, le fluide, qui était en nous devait suffire à tout, nous reprenions courage, et nous magnétisions avec plus de vigueur, d'intensité, de persévérance, et après des heures de travail continu nous avions le plaisir de constater un résultat certain. C'est ainsi que nos convictions se sont enracinées, que nous avons affirmé et affirmons encore aujourd'hui le fluide vital comme cause des effets curatifs et des phénomènes généraux du magnétisme.

Nous n'en éprouvons pas moins une vraie satisfaction de voir le magnétisme accepté et pratiqué par les savants et les médecins, sous un autre nom, il est vrai, sous le nom d'hypnotisme, mais qu'importe le nom. Depuis que le monde existe, le magnétisme s'est produit sous tant de noms divers qu'un nom de plus ne tire pas à conséquence.

Le magnétisme n'en est pas moins admis et pratiqué aujourd'hui comme une des forces de la nature, qui a toujours existé et existera toujours, quel que soit le nom que lui ont donné, lui donnent, et lui donneront les hommes, selon leurs caprices, leurs intérêts, ou ceux des castes, des sectes du moment. N'a-t-on pas été forcé de reconnaître et d'admettre une force inconnue qui anime et vivifie tout dans la nature, qui fait partie de la nature même, qui procède à la création, à l'organisation et à la conservation des corps ?

Cette force existait bien des siècles avant que la médecine fut inventée par les hommes. Il faut bien reconnaître aussi que l'espèce humaine s'était continuée bien avant son invention et qu'il n'est pas une maladie parmi celles qui portent un nom, qui ne se soit guérie et ne guérisse parfois naturellement sans médecins et sans médicaments.

Les médecins et les savants sont donc forcés d'avouer et de reconnaître qu'il y a quelque chose antérieur et supérieur à la médecine ; que ce quelque chose a toujours existé, veillé et veille encore à la conservation de l'individu : voilà pourquoi ils pratiquent maintenant le magnétisme sous le nom d'hypnotisme.

Cette force inconnue par les uns, contestée par les autres, parce qu'on ne peut en définir les lois, et dont cependant on sent la puissance, est, pour nous, cette force universelle d'où nous vient le fluide vital que nous reconnaissons comme cause de tous les phénomènes magnétiques.

Quant à l'hypnotisme qui n'est qu'un nom et qu'une forme nouvelle de présenter et d'employer le magnétisme ses plus chauds partisans seront bien forcés de constater un jour l'inanité de leurs prétentions et de reconnaitre qu'ils ne produisent rien de sérieux, rien de profond s'ils n'emploient le magnétisme, et qu'il nous ont fait une querelle de mots.

Ch. LAFONTAINE.
1885.

L'ART
DE MAGNÉTISER

CHAPITRE PREMIER

DU MAGNÉTISME JUSQU'A NOS JOURS

Mesmer fut le premier qui prononça les mots *magnétisme animal* et qui en présenta les effets en public.

Depuis la plus haute antiquité, le magnétisme était connu, mais il n'était exercé que par des prêtres de chaque religion ; étant les seuls instruits, ils joignaient à l'exercice de leur sacerdoce la pratique de la médecine.

C'est ainsi que nous retrouvons l'imposition des mains dans tous les pays et chez tous les peuples, où nous voyons des guérisons opérées par des attouchements sur les malades.

Les pythonisses, les augures, les oracles étaient des somnambules d'une grande lucidité ; on les employait pour maintenir les masses et commander aux peuples.

Mesmer, médecin jeune et enthousiaste, adopta le magnétisme et voulu en doter l'humanité entière.

Il exposa sa brillante théorie du fluide universel, qui pénètre et embrasse tout dans un mouvement alternatif et perpétuel, ressemblant au flux et au reflux de la mer ; principe général répandu dans toute la nature, et auquel il rattachait l'influence du soleil, de la lune, des astres, de tous les corps coexistants.

Il s'appuyait sur Descartes et Newton, qui avaient soupçonné l'existence de ce fluide universel.

Le plein de Descartes, sa matière subtile, ses tourbillons, la manière dont il explique divers phénomènes de la nature, disaient qu'il allait à grands pas vers la sublime découverte du magnétisme.

Newton, dans divers endroits de son système, s'en rapproche, et commence à lui rendre hommage.

« Ce serait ici le lieu, dit-il (1), d'ajouter quelque chose sur cette espèce d'esprit très subtil qui pénètre à travers tous les corps solides et qui est caché dans leur substance ; c'est par la force et l'action de cet esprit, que les particules des corps s'attirent mutuellement aux plus petites distances, et qu'elles cohèrent lorsqu'elles sont contiguës ; c'est par lui que les corps électriques agissent à de plus grandes distances, tant pour attirer que pour repousser les corpuscules voisins, et c'est encore par le moyen de cet esprit que la lumière émane, se réfléchit, s'infléchit, se réfracte et échauffe les corps ; toutes les sensations sont excitées et les membres des animaux sont mus, quand leur volonté l'ordonne, par les vibrations de cette substance spiritueuse, qui se propage des organes extérieurs des sens par les filets solides des nerfs jusqu'au cerveau, et enfin du cerveau dans les muscles ; mais les choses ne peuvent s'expliquer en peu de mots, et on n'a pas fait encore un nombre suffisant d'expériences pour pouvoir déterminer exactement les lois selon lesquelles agit cet esprit universel. »

Ainsi parlait Newton.

Mesmer a fait des expériences ; il a cru trouver dans la nature la théorie de la nature même, et il a dit :

« Tout est simple, tout est uniforme dans la nature ; elle produit toujours les plus grands effets avec le moins de dépense possible ; elle ajoute unité à unité ; il n'y a qu'une vie, qu'une santé, qu'une maladie et par conséquent qu'un remède. »

---

(1) A la fin du troisième livre des *Principes mathématiques de la philosophie naturelle* (NEWTON).

Avec une théorie pareille, une pratique entourée d'un peu de merveilleux, Mesmer étonna et souleva toutes les passions pour et contre lui.

Les gens du monde se prononcèrent en sa faveur ; mais les académies, qui se trouvaient froissées, se déclarèrent contre lui, proclamant que le magnétisme ne pouvait exister et que Mesmer était un charlatan ; elles allèrent même jusqu'à expulser de leur sein ceux de leurs membres qui adoptèrent le magnétisme.

Mais Mesmer n'était point inventeur, il était seulement propagateur et continuateur d'une science qui avait commencé avec le monde, et qu'en tous temps, en tous pays, tous les peuples avaient pratiquée ; aussi le magnétisme ne succomba-t-il pas.

Le gouvernement d'alors s'émut, et nomma une commission composée d'hommes éminents dans la science (1).

Les conclusions du rapport fait par cette commission furent contraires au magnétisme, tout en reconnaissant les phénomènes ; ainsi, à propos des effets remarqués par les commissaires dans les traitements en commun, nous lisons dans ce rapport, page 7 (2) :

« Rien n'est plus étonnant que le spectacle de ces convulsions ; quand on ne l'a pas vu, on ne peut s'en faire une idée, et en le voyant, on est également surpris et du repos profond d'une partie de ces malades et de l'agitation qui anime les autres ; des accidents variés qui se répètent et des sympathies qui s'établissent. On voit des malades se chercher exclusivement, et en se précipitant l'un vers l'autre, se sourire, se parler avec affection et adoucir mutuellement leurs crises. Tous sont soumis à celui qui magnétise ; ils ont beau être dans un assoupissement apparent, sa voix, un regard, un signe les en retire. *On ne peut s'empêcher de reconnaître à ces effets constants une grande puissance qui*

---

(1) MM. Borie, Sallin, Darcet, Guillotin, auxquels on adjoignit MM. Franklin, Bailly, Lavoisier, de Jussieu.

(2) *Rapport des commissaires chargés par le roi de l'examen du magnétisme animal;* 1784, in-4, Imprimerie royale, Paris.

agite les malades, les maîtrise, et dont celui qui magnétise semble être dépositaire. »

Après un aveu et une reconnaissance aussi formels, le rapport ajoute dans ses conclusions, aux pages 63 et 64 :

« Les commissaires ayant reconnu que le fluide animal ne peut être aperçu par aucun de nos sens, qu'il n'a aucune action ni sur eux-mêmes ni sur les malades qu'ils lui ont soumis ; s'étant assurés que les pressions et les attouchements occasionnent des changements rarement favorables dans l'économie animale et des ébranlements toujours fâcheux dans l'imagination ; ayant enfin démontré par des expériences décisives que l'imagination sans magnétisme produit des convulsions et que le magnétisme sans imagination ne produit rien ; ils ont conclu d'une voix unanime, sur la question de l'existence et de l'utilité du fluide magnétique animal : que ce fluide est sans existence et par conséquent sans utilité ; que les effets violents que l'on observe au traitement public appartiennent à l'attouchement, à l'imagination mise en action, et à cette imitation machinale, qui nous porte malgré nous à répéter ce qui frappe nos sens ; et en même temps ils se croient obligés d'ajouter, comme une observation importante, que les attouchements, l'action répétée de l'imagination pour produire des crises peuvent être nuisibles ; que le spectacle de ces crises est également dangereux à cause de cette imitation dont la nature semble nous avoir fait une loi ; et que, par conséquent, tout traitement public où les moyens du magnétisme seront employés, ne peut avoir à la longue que des effets funestes.

« A Paris, ce 11 août 1784 »

Ce rapport ne fut point signé par tous les commissaires, il y en eut un qui s'y refusa (M. de Jussieu) et qui fit un autre rapport séparé, dans lequel il expliqua les motifs de son refus, et dont voici la conclusion, page 50 et 51 (1) :

(1) *Rapport de l'un des Commissaires chargés par le roi de l'examen du*

« La théorie du magnétisme ne peut être admise tant qu'elle ne sera pas développée et étayée de preuves solides. Les expériences faites pour constater l'existence du fluide magnétique prouvent seulement que l'homme produit sur son semblable une action sensible par le frottement, par le contact, et plus rarement par un simple rapprochement à quelque distance. Cette action, attribuée à un fluide universel non démontré, appartient certainement à la chaleur animale existante dans les corps, qui émane d'eux continuellement, se porte assez loin et peut passer d'un corps dans un autre. La chaleur animale est developpée, augmentée ou diminuée dans un corps par des causes morales et par des causes physiques. Jugée par ces effets : elle participe de la propriété des remèdes toniques et produit comme eux des effets salutaires ou nuisibles, selon la quantité communiquée et selon les circonstances où elle est employée. Un usage plus étendu et plus réfléchi de cet agent fera mieux connaître sa véritable action et son degré d'utilité. Tout médecin peut suivre les méthodes qu'il croit avantageuses pour le traitement des maladies, mais sous la condition de publier ses moyens lorsqu'ils sont nouveaux ou opposés à la pratique ordinaire. Ceux qui ont établi, propagé ou suivi le traitement appelé magnétique, et qui se proposent de le continuer, sont donc obligés d'exposer leurs découvertes et leurs observations ; et l'on doit proscrire tout traitement de ce genre dont les procédés ne seront pas connus par une prompte publication.

« A.-L. DE JUSSIEU.

« A Paris, ce 12 septembre 1784. »

Le rapport de M. de Jussieu reconnait tous les effets, il admet seulement pour cause la *chaleur animale*, au lieu du

---

magnétisme animal; Paris, veuve Hérissant, imprimeur-libraire, rue Neuve-Notre-Dame, à la Croix d'or, 1784.

fluide magnétique animal, c'est une dispute de mots. Que nous importe le nom *calorique* ou *fluide*, pourvu qu'il soit admis que l'homme possède en lui la faculté de soulager son semblable ?

Malgré le rapport des commissaires du roi, les traitements magnétiques continuèrent ; Mesmer fit des cours ; ses élèves se répandirent par toute la France et fondèrent dans les principales villes des sociétés d'harmonie ; des guérisons remarquables eurent lieu, et ce fut M. le marquis de Puységur qui sembla trouver le premier le somnambulisme, que Mesmer avait évité de présenter, quoiqu'il le connût

La Révolution emporta le magnétisme dans son tourbillon. Il reparut vers 1813, avec l'abbé Faria, le thaumaturge. Deleuze, naturaliste distingué et bibliothécaire au Jardin des Plantes, fit plusieurs ouvrages qui sont encore ce que nous avons de meilleur comme pratique (1).

En 1818, on fit des expériences dans les hôpitaux de Paris ; mais les magnétiseurs d'alors n'avaient pas le courage de leur conviction ; c'était dans l'ombre que les adeptes se recrutaient, et ces réunions magnétiques étaient peu nombreuses.

En 1826, l'Académie de médecine nomma une commission composée de onze membres (2).

Cette commission expérimenta pendant cinq ans, et ce fut le 28 juin 1831 que son rapport fut lu en pleine Académie par M. Husson, rapporteur.

Ce rapport était la reconnaissance la plus complète du magnétisme et du somnambulisme. En voici quelques passages :

« Nous avons vu deux somnambules distinguer, les yeux fermés, les objets que l'on a placés devant eux ; ils ont lu

---

(1) *Essai critique du magnétisme animal;* Paris, 1819, 2 vol. Germer Baillière. — *Instruction pratique du magnétisme animal;* Paris, 1825, Germer Baillière.

(2) MM. Bourdois de la Motte, Double, Fouquier, Itard, Gueneau de Mussy, Guersent, Husson, Leroux, Magendie, Marc et Thillaye.

des mots tracés à la main ou quelques lignes des livres que l'on a ouverts au hasard. Ce phénomène a eu lieu lors même qu'avec les doigts on fermait exactement les paupières.

« Nous avons rencontré chez deux somnambules la faculté de prévoir des actes de l'organisme plus ou moins éloignés, plus ou moins compliqués, l'un d'eux a annoncé, plusieurs jours, plusieurs mois d'avance, l'heure et la minute de l'invasion et du retour d'accès épileptiques : l'autre a indiqué l'époque de sa guérison.

« Leurs prévisions se sont réalisées avec une exactitude remarquable.

« Nous avons rencontré un somnambule qui a indiqué les symptômes de la maladie de trois personnes.

« Quelques-uns des malades magnétisés n'ont ressenti aucun bien ; d'autres ont éprouvé un soulagement plus ou moins marqué : — l'un, la suspension de ses douleurs habituelles ; — l'autre, le retour de ses forces ; — un troisième, un retard de plusieurs mois dans l'apparition des accès épileptiques, — et un quatrième, la guérison complète d'une paralysie grave et ancienne.

« Considéré comme agent de phénomènes physiques ou comme moyen thérapeutique, le magnétisme devrait trouver sa place dans le cadre des connaissances médicales, et par conséquent les médecins seuls devraient en faire ou en surveiller l'emploi, ainsi que cela se pratique dans les pays du Nord. »

Ce rapport fut écouté par l'Académie avec le plus vif intérêt ; elle témoigna par de nombreux applaudissements à l'honorable M. Husson, combien elle était satisfaite de son zèle, de son talent, de son courage.

On demanda l'impression ; M. Castel s'y opposa, en disant que : *Si la plupart des faits qu'on avait annoncés étaient réels, ils détruisaient la moitié des connaissances physiologiques, et qu'il serait dangereux de propager ces faits par l'impression.* »

La confusion régnait dans l'assemblée, lorsque M. Roux proposa un terme moyen : c'était de faire autographier le rapport. Cet avis fut adopté, mais les préventions académiques furent entièrement déconcertées ; un sténographe avait suivi la lecture du rapport, et il le publia dans l'intérêt de la science.

L'Académie de médecine enterra donc le magnétisme dans ses cartons ; c'est toujours et pour tout la même histoire : le passé ne corrige point les corps savants.

Mais on ne doit pas s'étonner de l'opposition que rencontra et que rencontre encore le magnétisme ; il n'est pas une seule découverte qui n'ait eu ses détracteurs : c'est ainsi que la plupart des hommes de génie qui ont enrichi la science se sont vu traités de charlatans, d'imposteurs, ont été persécutés et quelquefois mis à mort. L'inventeur de l'eau-de-vie fut brûlé comme sorcier ; Salomon de Caux, qui découvrit la vapeur, fut enfermé dans la maison des fous ; Galilée fut trainé la corde au cou sur la place publique, pour y faire amende honorable ; enfin, l'ancienne Faculté de médecine, après avoir nié la circulation du sang, la vaccine, s'opposa formellement à ce que la chimie fût enseignée en France, « *comme étant, pour bonnes causes et considérations, défendue par arrêt du Parlement* ».

Mais jetons un coup d'œil en arrière, et mettons en opposition au mauvais vouloir des deux Académies, l'opinion des savants dont le nom seul est une autorité.

Avicenne, savant médecin, auquel les sciences mathématiques doivent plusieurs travaux remarquables, et qui vivait au onzième siècle (de 980 à 1036), dit dans un de ses ouvrages (*De la nature*, ch. VI, page 56) :

« L'âme peut agir non seulement sur son propre corps, mais aussi sur les corps éloignés ; elle peut, en conséquence, les attirer, les fasciner, les rendre malades ou les guérir. »

Ficin, qui écrivait en 1460 (*De vita cœlitus comparanda*), dit au chapitre XXI :

« Si une vapeur ou un certain esprit, lancé par les rayons des yeux ou autrement émis, peut fasciner, infecter et autrement affecter une personne qui est près de vous, à plus forte raison vous devez vous attendre à un effet plus marqué quand cet agent découle de la volonté et du cœur en même temps ; de manière qu'il n'est pas du tout étonnant que les maladies du corps puissent quelquefois être enlevées et surtout communiquées. »

Pomponace vient à son tour et publie plusieurs ouvrages en 1500, entre autres le *Traité des effets admirables de la nature*, où il dit :

« Il n'est pas incroyable que la santé puisse être produite à l'extérieur par l'âme qui l'imagine ainsi qu'elle le désire. Il y a des hommes qui ont des propriétés salutaires et puissantes, et ces propriétés s'exaltent par la force de l'imagination et du désir ; elles sont poussées au dehors par l'évaporation et produisent des effets remarquables.

« L'âme exerce son empire par la transmission de certains esprits, de certaines vapeurs extrêmement subtiles qu'elle envoie aux malades. »

Paracelse, *Léon Suavius*, *Crollius*, *Lœvinus*, *Lemnus* disent tous la même chose dans tous leurs ouvrages.

Van Helmont, né en 1577, et qui a été l'un des médecins réformateurs les plus célèbres, disait, en 1621, dans son ouvrage (1) :

« Le magnétisme agit partout et n'a rien de nouveau que le nom. Il n'est un paradoxe que pour ceux qui se rient de tout, et attribuent à Satan ce qu'ils ne peuvent expliquer.

« On donne le nom de magnétisme à l'influence occulte que les corps exercent à distance les uns sur les autres, soit par attraction, soit par répulsion. Le moyen ou véhicule de cette influence est un esprit éthéré, pur, vital, *magnale magnum*, qui pénètre tous les corps et agite la masse des humeurs. Il est le modérateur du monde, parce qu'il établit une correspondance entre toutes ses parties et toutes les forces dont elles sont douées.

« Nous pouvons attacher à un corps toutes les forces dont nous sommes doués, lui communiquer enfin certaines propriétés et nous en servir comme d'un intermédiaire pour opérer des effets salutaires.

---

(1) Van Helmont, *De magnetica vulnerum curatione*, cap. *De sympatheticis medicis*.

« Il y a dans l'homme une énergie telle, que, par sa seule volonté et son imagination, il peut agir hors de lui, imprimer une vertu et exercer une influence durable sur un objet très éloigné.

« La volonté est la première des puissances.

« L'âme est douée d'une force plastique qui, lorsqu'elle a produit (au dehors) une substance, lui imprime une force, et peut l'envoyer au loin et la diriger par la volonté.

« Cette force infinie dans le Créateur est limitée dans la créature, et peut, par conséquent, être plus ou moins arrêtée par les obstacles.

« Les idées ainsi revêtues d'une substance agissent physiquement sur les êtres vivants par l'intermédiaire du fluide vital. Elles agissent plus ou moins, suivant l'énergie de la volonté qui les envoie, et leur action peut être arrêtée par la résistance de celui qui la reçoit. »

Maxwell, en 1673 ou 1679, publia un traité de médecine magnétique (*De medicina magnetica libritis*), et il y dit :

« L'esprit universel maintient et conserve toutes choses dans l'état où elles sont ; tout ce qui est corps ou matière ne possède aucune activité s'il n'est animé par cet esprit ; car les corps servant pour ainsi dire de base à l'esprit vital, ils le reçoivent, et c'est par lui qu'ils agissent et qu'ils opèrent.

« L'esprit universel qui descend du ciel, inaltérable et pur comme la lumière, est la source de l'esprit vital particulier qui existe en toutes choses ; c'est lui qui le forme, l'entretient, le régénère et le multiplie ; c'est lui qui a donné à toutes choses la faculté et le pouvoir de se propager.

« Si vous savez employer des corps imprégnés de l'esprit universel, vous en tirerez un grand parti ; c'est en cela que consistait tout le secret de la magie (naturelle) ; cet esprit se trouve dans la nature, il existe libre de toute entrave, et celui qui sait l'unir avec un corps qui lui convient, possède un trésor préférable à toutes les richesses du monde.

« On peut, par des procédés merveilleux, le communiquer à tous les corps, suivant leur disposition, et augmenter ainsi la vertu de toutes choses.

« Celui qui sait agir sur l'esprit vital particulier à chaque individu, peut guérir à quelque distance que ce soit, en appelant à son secours l'esprit universel.

« L'esprit vital dissipe tous les maux ; c'est lui qui constitue la nature dont les médecins ne sont que les aides ; on doit donc se proposer, dans toutes les maladies, de fortifier, multiplier, régénérer cet esprit vital : c'est ainsi qu'on parvient à guérir toutes les maladies.

« J'ai observé de très grands avantages et des effets merveilleux du bon usage de cette médecine ; mais j'ai vu aussi par l'abus qu'on en faisait, occasionner des maux infinis. »

Kircher, qui, dans le dix-septième siècle, avait embrassé toutes les connaissances humaines, insiste particulièrement sur la distinction à établir entre le magnétisme minéral et le magnétisme propre à être appliqué aux êtres organisés, et, dans un traité spécial, il expose les principes de l'art de magnétiser (*De arte magnetica*, in-4).

De Laplace dit (1) :

« Les phénomènes qui résultent de l'extrême sensibilité des nerfs chez quelques individus ont donné naissance à diverses opinions sur l'existence d'un nouvel agent que l'on a nommé *magnétisme animal*.

« Il est naturel de penser que la cause de cette attraction est très faible, et peut être facilement troublée par un grand nombre de circonstances accidentelles ; aussi, de ce que, dans plusieurs cas, elle ne s'est point manifestée, on ne doit pas conclure qu'elle n'existe jamais.

« Nous sommes si éloignés de connaître tous les agents de la nature, et leurs divers modes d'action, qu'il serait peu philosophique de nier l'existence des phénomènes, uniquement parce qu'ils sont inexplicables dans l'état actuel de la science. »

Cuvier s'exprime ainsi (2) :

« Dans les expériences qui ont pour objet l'action que les systèmes nerveux de deux individus différents peuvent exer-

---

(1) *Théorie analytique des calculs des probabilités*, page 358 (DE LAPLACE).
(2) *Leçons d'anatomie comparée* (CUVIER).

cer l'un sur l'autre, il faut avouer qu'il est très difficile de distinguer l'effet de l'imagination de la personne mise en expérience, avec l'effet produit par la personne qui agit sur elle...

« Cependant les effets obtenus sur des personnes déjà sans connaissance, avant que l'opération commençât, ceux qui ont lieu sur des personnes après que l'opération même leur a fait perdre connaissance, et ceux que présentent les animaux, *ne permettent guère de douter* que la proximité des deux corps animés, dans certaines positions et certains mouvements, *n'ait un effet réel indépendant de toute participation de l'imagination de l'un des deux.* Il paraît assez clairement aussi que ses effets sont dus à une communication qui s'établit entre leurs systèmes nerveux. »

Dans la longue énumération que nous venons de faire, parmi tous ces noms scientifiques que nous avons cités, il en est dont l'opinion fait loi. Les Cuvier, les Laplace, les Newton, les Van Helmont, etc., sont des savants qu'on n'a point encore accusés d'erreur. Non seulement ils n'ont pas craint de reconnaître comme vrai les effets du magnétisme animal, mais encore ils ont admis et reconnu la cause, une seule et même cause sous des noms divers, tels que : *action de l'âme, esprit subtil, propriété salutaire, émanation, vapeur, fluide universel, fluide vital, fluide nerveux, fluide magnétique*, etc., cause unique, diversement nommée, mais ayant les mêmes propriétés, provenant de l'homme, produite, émise et dirigée par sa volonté.

Avons-nous encore besoin de preuves pour démontrer l'existence du magnétisme, et pour affirmer que jamais l'homme n'a manqué de la connaissance de cette science ? Nous faut-il chercher dans les temples du paganisme ? Nous faut-il ouvrir la Bible, fouiller chez tous les peuples anciens et parcourir tous les auteurs, afin de prouver que le magnétisme a été connu, exercé, pratiqué partout et dans tous les temps ? Peut-être trouverions-nous aussi, si nous cherchions bien, que la médecine lui doit sa naissance. Ouvrons la Bible, nous voyons l'*imposition des mains* y jouer un grand rôle ; on imposait les mains pour guérir, pour bénir, pour donner l'inspiration prophétique.

Quand Moïse voulut remplir Josué de l'esprit de sagesse, « il lui imposa les mains » (*Deutéronome*, ch. XXXIV, v. 9).

Chaque fois qu'on demande au Christ de guérir un malade, on le prie de lui imposer les mains, ou Jésus lui-même opère ainsi la guérison.

Saint Luc, ch. VI, v. 19, dit :

« Qu'une vertu sortait de Jésus. »

En effet, si la puissance magnétique est un attribut de l'homme, l'*Homme-Dieu* a dû avoir cette puissance au plus haut degré qu'il est possible de concevoir.

Saint Marc cite deux faits remarquables où l'on reconnaît la magnétisation ; l'un concernant un sourd-muet (ch. VII), l'autre touchant un aveugle (ch. VIII) ; il est dit que le Christ a été obligé d'imposer les mains deux fois pour obtenir la guérison.

Si nous passons aux *Actes des Apôtres*, nous voyons que celui qui fit le plus de guérisons miraculeuses, ce ne fut pas un des douze apôtres, mais bien saint Etienne, — qui n'était que disciple de Jésus, — et cela parce qu'il était *plein de grâce et de force* (*Actes*, ch. VI, v. 8).

Plus loin, on voit saint Pierre et saint Paul guérir les malades *en leur imposant les mains ou en les regardant fixement et en leur commandant de les regarder eux-mêmes*, comme dans la guérison du boiteux (*Actes*, ch. III).

Saint Marc, ch. VI, v. 5, dit :

« A Bethléem, Jésus ne put faire aucun miracle, sinon de guérir un petit nombre de malades *en leur imposant les mains*. »

Jésus et ses disciples n'étaient pas les seuls qui guérissaient les malades ou chassaient les démons, ce qui est la même chose. On voit dans saint Luc, ch. XI, v. 19 :

« Que les enfants des scribes chassaient aussi les démons. »

Dans saint Marc, ch. IX, v. 39, on voit Jean se plaindre à Jésus de ce qu'il a vu dans la foule un homme qui chasse les démons en son nom, sans être de ses disciples.

Voilà pour le magnétisme proprement dit, passons au somnambulisme.

La Bible appelle les prophètes, indifféremment, *prophètes, voyants, visionnaires, extatiques, songeurs* ; les uns inspirés, par l'esprit de Dieu, les autres obéissant à un esprit de mensonge, et qu'on appelait *faux prophètes*.

Or, tout me semble indiquer que les prophètes ou voyants étaient de véritables extatiques somnambules, les uns de bonne foi, les autres mêlant un peu de charlatanisme dans leurs spéculations, tout comme aujourd'hui.

Joël (ch. II, v. 28) dit que le nombre des prophètes chez les Hébreux et même chez les peuples voisins était immense ; sans compter les prophètes du Seigneur, nous voyons, près d'Achab, sept cents prophètes de Baal. Hommes, femmes, jeunes, vieux, tous prophétisaient, comme au temps des dragonnades, sous Louis XIV, chez les trembleurs des Cévennes, où les enfants même faisaient des prédictions.

Quand l'esprit prophétique ne les portait pas vers les choses saintes, ils en faisaient usage pour les choses ordinaires de la vie. Ils guérissaient les malades ou faisaient retrouver les objets perdus. On disait : « Allons consulter le voyant, » comme le prouve l'exemple de Saül, qui, ayant perdu les ânesses de son père, venait consulter Samuel et lui apportait *le petit salaire* usité en ce cas (I Samuel, ch. IX, v. 17).

En Egypte, les prêtres qui étaient préposés à tout ce qui était religion, sciences et arts, avaient acquis sur la question que nous traitons des notions plus complètes que celles que nous possédons aujourd'hui.

Si les œuvres des médecins d'Égypte ne sont pas arrivées jusqu'aux modernes, on ne doute pas que ce ne soit près d'eux que les médecins grecs avaient puisé une partie de leur science, puisque plusieurs monuments de la reconnaissance des malades égyptiens ont été conservés par les Grecs et même par les Romains.

En Égypte, ceux qui obtenaient la guérison de leurs maux déposaient dans les temples des tablettes sur lesquelles ils indiquaient la nature de la maladie et le remède qui avait opéré la guérison.

Les Grecs ont emporté dans leur pays un grand nombre

de ces tablettes, et plusieurs auteurs, notamment Strabon et Pline, auxquels Sprengel se réunit, pensent que c'est à ces tablettes que l'on doit l'origine de la médecine (1).

Les monuments qui constatent l'action curative de la main sont en très grand nombre dans les temples.

Le temple d'Isis, consacré à la nature, contenait des hiéroglyphes dont la traduction n'est que la science du magnétisme.

Pluche, dans son *Histoire du ciel*, tome Ier, dit :

« Ici on voit un homme couché sur un lit, et devant lequel un autre promène à distance la main de la tête aux pieds ; là, un autre est soumis aux mêmes pratiques, mais il est placé sur un siège et dans l'attitude d'un homme endormi.

« Plus loin, un opérateur des mystères égyptiens tient un pot de fleurs dans la main gauche, et de la droite exerce l'action magnétique, en agissant du haut en bas ; ailleurs, c'est un vase rempli d'un liquide qui reçoit la même influence. »

Prosper Alpinus, dans son *Traité de la médecine des Égyptiens*, dit :

« Les frictions médicales et les frictions mystérieuses étaient les remèdes secrets dont les prêtres se servaient pour les maladies incurables. »

Nous pouvons regarder comme étant du somnambulisme ce qui est raconté par le même auteur ; il dit :

« Après de nombreuses cérémonies, les malades, enveloppés de peaux de bélier, étaient portés dans le sanctuaire du temple, où le dieu leur apparaissait en songe et leur révélait les remèdes qui devaient les guérir.

« Lorsque les malades ne recevaient pas les communications divines, des prêtres appelés *onéiropoles* s'endormaient pour eux, et le dieu ne leur refusaient pas le bienfait demandé. »

Hippocrate dit : « La meilleure médecine est la médecine des songes. »

Dans l'Inde, la mythologie représente le dieu *Wishnou*

---

(1) Pline, livre XXIV, ch. 1 ; Strabon, livre, XIV p. 371 ; Sprengel, *Histoire de la médecine*, t. 1, page 162.

une main levée, ayant au bout des doigts une flamme qui, d'après les Indiens, s'élance du ciel suivant la volonté du dieu.

L'autre main fait le même geste que nous avons vu en Égypte ; les mages l'appellent *abéaston*, c'est-à-dire *ayez foi*.

Ayez foi en votre puissance, comme M. de Puységur, qui prenait pour maxime fondamentale de sa doctrine : « Croyez et veuillez. »

Apollonius de Thyane nous fournit plusieurs matériaux précieux pour l'histoire du magnétisme ; il dit « que lui-même rappela à la vie une jeune fille qu'on allait enterrer. *Il la toucha, il se pencha sur elle*, et elle revint à la vie. »

Rome ancienne connaissait et pratiquait aussi le magnétisme ; on en trouve des preuves chez un grand nombre d'auteurs.

Les nombreuses citations que nous avons tirées d'auteurs connus, et prises chez tous les peuples, nous permettent de penser, avec juste raison, que le magnétisme est le résultat de la nature de l'homme, et qu'il est aussi ancien que le monde, puisqu'on le retrouve dans tous les temps et sur tous les points de la terre, non pas sous le nom moderne qu'il porte aujourd'hui, mais sous des formes différentes et mêlé à des sciences plus ou moins positives, plus ou moins mystérieuses.

Le magnétisme a subi le sort de toutes les grandes et sublimes vérités ; il a été l'objet de l'enthousiasme des uns et de la réprobation des autres ; plus ses effets étaient extraordinaires, évidents, irrécusables, plus ses partisans étaient en butte à l'injure et aux persécutions.

Il y eut des hommes consciencieux et reconnus comme tels qui bravèrent cette opinion systématique ; le sarcasme et le ridicule ne leur furent point épargnés : heureusement l'opinion publique, ce juge souverain, se déclara pour eux et pour le magnétisme. Quelques savants ne dédaignèrent pas d'étudier cet agent mystérieux, et bientôt, grâce à la persistance des uns et à la bonne foi des autres, les effets qui paraissaient les plus extraordinaires, examinés sérieusement et sans prévention, rentrèrent dans le domaine des faits naturels ; enfin, le principe magnétique devint pour bien des hommes ce qu'il est naturellement, *un fait physique*.

CHAPITRE II

ÉTAT ACTUEL DU MAGNÉTISME

Le magnétisme est encore aujourd'hui ce qu'il était il y a trente ans, lorsque nous avons publié la première édition de cet ouvrage en 1847, et quoiqu'il soit plus répandu, plus pratiqué, il n'est pas plus avancé scientifiquement qu'il ne l'était alors.

Parmi le grand nombre de magnétiseurs qui l'exercent, la plupart ne sont que des machines dont il faut se défier, car, ne connaissant pas la force dont ils disposent, ils peuvent produire des accidents. Quelques-uns sont instruits, mais cependant il en est peu qui se soient occupés de magnétisme au point de vue scientifique. Les magnétiseurs, en général, se sont attachés au somnambulisme; l'exploitation qu'ils en ont faite et leur ignorance, sont les deux plaies qui ont fait le plus de mal au magnétisme ; elles en ont retardé la marche plus que toutes les diatribes de ses plus fougueux détracteurs. Aussi, jusqu'à ce jour, le public n'a vu et considéré le magnétisme que dans une de ses phases : le *somnambulisme*.

C'est bien, en effet, un des phénomènes qui frappent le plus les masses ; mais est-il donc d'une si grande utilité ? Non, dans l'état actuel des choses. La lucidité du somnambule ne dépendant pas entièrement du magnétiseur, il existe une foule de causes pour que le somnambule le plus clairvoyant, ne le soit pas lorsqu'il est consulté ; et comme on n'a pas de moyens pour découvrir quand il voit positivement ou quand il est sous l'influence d'une hallucination, on ne devrait penser à utiliser sérieusement la lucidité des somnambules, que lorsqu'on aura découvert quelles sont les conditions qui peuvent la rendre exacte. Nous le répétons, nous ne pensons pas que le somnambulisme ait quelque utilité en ce moment, et nous avançons même qu'il est plutôt nuisible à la cause du magnétisme.

Le magnétisme employé directement à la guérison des maladies n'a point les mêmes inconvénients ; dans des mains exercées, toujours il soulagera, et souvent, très souvent, il guérira. C'est en le considérant comme un moyen thérapeutique, en l'administrant avec sagesse, avec précaution, c'est en suivant dans les yeux, sur le visage et sur tout le corps du malade, les sensations et les effets qu'il produit, que l'on évitera presque toujours les accidents.

Ce n'est pas seulement en provoquant une modification nerveuse, c'est en calculant l'action suivant les besoins du corps, du tempérament, et surtout de l'état du malade ; c'est en connaissant à fond la force dont on dispose et toutes les phases de l'action magnétique, que l'on parviendra à opérer des guérisons complètes, et cela sur des malades réputés incurables. Aussi nous ne saurions trop engager les hommes qui s'occupent de magnétisme à l'envisager sous le point de vue thérapeutique, et à se dévouer à une pratique sérieuse et fatigante il est vrai, mais qui fera faire des pas de géant au magnétisme, en provoquant des guérisons merveilleuses.

Nous ne prétendons pas dire cependant que le magnétisme puisse guérir tous les malades ; non sans doute ce n'est point une panacée universelle, mais c'est un moyen puissant avec lequel on obtient les cures les plus remarquables de toutes les maladies, et qui soulage toujours lorsqu'il est employé avec discernement.

Après avoir reconnu la puissance du magnétisme comme moyen curatif, nous l'avons étudié spécialement sous ce point de vue. Alors a commencé pour nous une série d'expériences sur beaucoup de personnes différentes ; nous n'avons pas voulu nous borner à expérimenter sur les somnambules seulement, nous l'avons fait sur des individus de toutes les classes, en bonne santé ou en état de maladie, et dans divers pays. Nous avons cherché tous les phénomènes cités dans les ouvrages de magnétisme, nous en avons rencontré d'autres dont ils ne font pas mention ; nous avons multiplié, répété sans cesse les expériences, nous défiant constamment du hasard, et prenant toutes les précautions pour ne pas être dupe. C'est enfin par une recherche opiniâtre, un travail de tous les jours, de tous les instants, pendant plusieurs années, que nous avons acquis cette expérience pratique qui nous permet de parler avec pleine connaissance de cause.

Beaucoup d'ouvrages ont paru sur le magnétisme ; il en est peu qui soient réellement instructifs au point de vue pratique. Quelques-uns ne sont que des compilations : cela provient de ce que les auteurs avaient peu exercé, peu expérimenté. Ici, la grande pratique est indispensable ; il faut qu'un fait se reproduise fréquemment, qu'il se présente sur un grand nombre de personnes, pour qu'on puisse en tirer des conséquences positives, et les déduire avec apparence de raison ; car souvent une seconde expérience vient démentir la première et renverse tout l'échafaudage que l'on s'était plu à construire.

Aujourd'hui, le magnétisme est dans toutes les bouches ; il est connu, il est répandu partout, non seulement en France, mais encore dans tous les pays du monde ; il a fait un pas immense, tout le monde s'en préoccupe, et en voici une preuve que nous citions dans notre deuxième édition comme étant toute récente à cette époque.

Pendant notre séjour à Toulon, le clergé de toutes les paroisses s'était réuni pour nous faire demander une séance expérimentale, que nous lui avions donnée le 26 juin 1851. Ici, ce n'était point un prêtre isolé, c'était tout le clergé d'une ville importante qui voulait voir et toucher par lui-même, afin de se rendre un compte exact et de pouvoir juger avec connaissance de cause.

Les expériences toutes physiques ont vivement frappé ces messieurs : tous les faits ayant été bien constatés, l'opinion générale a été qu'il n'y avait rien de surnaturel que l'on pût attribuer soit à l'esprit du mal, soit à la divinité, et si, chez quelques-uns de ce ces messieurs présents, il resta encore un doute, ce n'était plus qu'un reste de préjugé dont ils ne pouvaient se défaire tout d'un coup.

Cette opinion d'une partie si importante et si éclairée du clergé est bonne à constater. C'est un fait grave et qui nous annonce une ère nouvelle pour le magnétisme.

Les tables tournantes et parlantes n'ont point produit une révolution dans le magnétisme, comme on a pu le penser. Elles ont donné à l'opinion publique un élan nouveau vers cette science. Les magnétiseurs sérieux ne s'en sont occupés qu'au point de vue pratique, en reconnaissant un des effets du fluide vital ; ils ont fait des expériences pour bien constater les faits, et si aujourd'hui il y a une secte, une religion dont les adeptes s'appellent *spiritistes*, il est à remarquer qu'il n'y a point ou peu de magnétiseurs parmi eux. Ce sont, pour la plupart, des hommes qui ne croyaient même pas au magnétisme avant l'apparition du mouvement des tables, et qui, sans réflexion, sans étude, ont cédé à l'entraînement et ont adopté comme vrais non seulement les faits, mais encore toutes les théories des esprits.

Nous nous permettrons de leur dire que, si ce sont aujourd'hui les anges, les archanges, les saints des religions catholique et protestante qui viennent à leur appel, autrefois c'était le Dieu des présages qui se présentait au milieu des cérémonies du paganisme ; et, pour leur prouver ce que nous avançons, nous ouvrirons l'ouvrage d'Ammien Marcelin, qui vivait au quatrième siècle ; il raconte une conspiration contre l'empereur Valence, qui, ayant été découverte, donna lieu à une enquête où nous lisons le morceau suivant :

« ..... On cita devant le tribunal Patrice et Hilaire, et, sur l'ordre qu'on leur donna d'exposer les procédés dont ils s'étaient servis, comme ils différaient dans leurs réponses, on les soumit à la torture en leur appliquant des crocs aux flancs. Alors, réduits à la dernière extrémité, ils racontèrent fidèlement leur crime (1), en reprenant depuis le commence-

---

(1) Cette expression de *crime* peut paraître un peu forte, puisque le délit était d'avoir consulté une table ; mais toute consultation d'oracles, relative-

ment. Hilaire parla le premier : « Magnifiques juges ! nous avions construit, à l'image du trépied de Delphes, sous de redoutables auspices, avec des baguettes de coudrier, cette malheureuse petite table que vous voyez, et après l'avoir consacrée par des invocations exprimées dans des paroles mystérieuses, accompagnées de chants nombreux et prolongés, en suivant tous les rites, nous la mîmes en mouvement *(movimus tandem)*. Or, voici comment nous procédions pour cela ; toutes les fois qu'on consultait cette table sur des choses secrètes, c'était dans une salle purifiée au moyen de parfums arabiques. On plaçait selon toutes les règles un plateau composé de métaux divers, à la circonférence duquel les formes des vingt-quatre lettres de l'alphabet étaient gravées avec soin, et séparées entre elles par des intervalles parfaitement égaux. A côté de la table se plaçait, selon des formes déterminées par la science, un homme revêtu d'habits de lin et chaussé de cette même étoffe, portant de la verveine cueillie sous un arbre de bon augure. Cet homme invoquait, par des chants consacrés, le dieu des présages, tout en balançant un anneau étroit suspendu au plafond par un fil très délié, consacré aussi par des pratiques mystérieuses. Cet anneau, tombant par sauts sur les lettres placées, avons-nous dit, à des distances égales, fait ainsi des vers hexamètres qui répondaient aux questions composées selon les règles de la prosodie, et semblables aux vers de la pythie ou à ceux que rendaient les oracles des brachites. Comme nous demandions alors qui devait succéder à l'empereur actuel, et qu'on disait que ce serait un prince accompli à tous égards, l'anneau, en sautant contre la table *(adsiliens tabulam)*, avait touché les deux lettres de la syllabe ΘΕ ; alors un des assistants s'écria que la nécessité inflexible indiquait Théodore (ΘΕΟΔΟΡΟΝ), (1). Nous ne poussâmes pas plus loin notre recherche, nous croyant assez sûrs que c'était notre ami Théodore que désignait l'oracle.... »

---

ment à l'empereur, était sévèrement prohibée comme pouvant donner lieu à des conspirations.

(1) Ce Théodore était un des conjurés ; il était général des armées de Valence. qui le fit mettre à mort.

L'enquête dont il est ici question donna des inquiétudes à Valence, qui fit supplicier tous ceux dont le nom commençait par ΘΕ ; mais, malgré ces cruelles persécutions, l'oracle de la table s'accomplit, car ce fut Théodose (ΘΕΟΔΟΣΕ) qui succéda à Valence.

Quant à ces brachites dont il est ici question, c'était, au dire de Moreri, une secte d'hérétiques qui suivait, au troisième siècle, les erreurs de Manès et des gnostiques.

On ne peut mettre en doute, après ce passage d'un auteur ancien, que les effets des tables ne fussent connus. Nous voyons même dans la Bible « qu'il était défendu de consulter le bois » (1).

Nous rangeons les tables tournantes et parlantes dans la catégorie des effets magnétiques qui ont une cause physique et naturelle, le *fluide vital*, principe qui vivifie tout, et à l'influence duquel rien dans ce monde ne peut se soustraire.

Et si nous ne pouvons croire que des esprits, des anges, le Christ, Dieu lui-même, ou bien des démons, puissent venir et viennent, à l'appel du premier venu, s'incruster dans un morceau de bois, et que, par le pied d'une table, Dieu nous donne des conseils ou le démon nous dicte d'ignobles farces.

Si nous ne pouvons admettre qu'une âme, débarrassée des entraves du corps humain, vienne se fourrer dans une table et manifester sa présence par des exercices d'équilibre aussi absurdes qu'indignes de la supériorité que possède à juste titre l'intelligence sur la matière.

Si nous ne pouvons admettre que l'âme d'un ami ou de toute autre personne puisse faire tourner et écrire un crayon tenu dans notre main.

Nous croyons et nous acceptons néanmoins tous les phénomènes des tables tournantes et parlantes, en leur donnant une cause simple et naturelle, d'autant plus que, bien avant l'apparition des mouvements de rotation et de danse des tables, etc., dès 1844, nous annoncions à l'Académie des sciences, des expériences qui prouvaient l'action du *fluide vital* sur les corps inertes.

(1) Osée, ch. IV, v. 12.

Nous voulons parler des expériences que nous faisions sur les aiguilles du galvanomètre, et que nous répétons tous les jours.

Pour les phénomènes psychologiques des tables, nous démontrerons aussi facilement, par la comparaison d'un état magnétique, que les esprits et les démons n'y sont pour rien, et que la cause est toujours la même, le *fluide vital*.

Ainsi, nous produisons souvent, par le magnétisme, un état mixte qui n'est point le somnambulisme, mais qui n'est pas non plus l'état normal.

C'est une surexcitation nerveuse produite par le fluide vital et dont le sujet n'a pas conscience. Cette saturation du système nerveux développe la partie instinctive de l'âme et fait que, sans somnambulisme et même sans sommeil, le patient a une intuition, une perceptibilité extraordinaire des choses et des faits, souvent confondue avec la lucidité somnambulique, tant les facultés intellectuelles semblent se développer dans cet état.

C'est dans un état semblable que se trouve le médium autour d'une table.

Le fluide vital s'échappant de chacune des personnes qui expérimentent, se réunit chez celle qui est la plus absorbante, la plus nerveuse, le *médium*. Ce fluide, ainsi multiplié par sa réunion, devient une force dont chaque expérimentateur est solidaire, et, ainsi reçu par le médium, produit en lui une vibration organique qui échappe à sa connaissance, sollicitant chaque fibre à son insu, et le mettant dans cet état de perceptibilité instinctive si extraordinaire.

Le médium, dans cet état mixte dont il n'a pas conscience, poussé par cette intuition instinctive qui lui permet de percevoir des choses et des faits dont il n'a aucune idée, et qu'il ignore sentir et voir, dirige et entraîne les autres personnes sans le savoir ; et, sous sa direction inconsciente, la table se meut, s'agite, répond par des mouvements interprétés à des pensées non exprimées ; le crayon dans sa main trace sur le papier des traits, des phrases, des maximes dont il n'a jamais eu connaissance.

On conviendra que le phénomène des tables interprété

de cette manière n'implique aucune absurdité et ne semble pas impossible ; un fait que l'esprit conçoit possible n'a besoin, pour être admis, que d'être vu et vérifié. Or les médiums, comme les somnambules, nous montrent la perception de la pensée avec la plus irrécusable évidence, et s'ils ont ce privilège, cela n'a rien encore qui répugne aux lois de la perceptibilité ; nous voyons si souvent certains hommes percevoir ce qui échappe aux autres.

En admettant ce mode de concevoir dans l'interprétation des phénomènes des tables, on descend de la région des actions immatérielles dans celle des faits physiques ; on abandonne le surnaturel, l'esprit se dégage du mysticisme et se repose dans des analogies qui sont, nous le croyons, les seules explications que le sujet comporte.

Pour nous, les tables tournantes et parlantes n'ont donc eu jusqu'ici d'autres résultats que de porter l'attention publique sur le magnétisme.

L'Angleterre, fidèle aux habitudes qui la distinguent, a pris le pas sur la France ; depuis quelques années, on a fondé à Londres un hôpital (1) pour soumettre les malades au *traitement magnétique* et faire des *opérations chirurgicales* pendant le *sommeil*, c'est-à-dire *sans douleur*.

Cependant il y a vingt-cinq ans à peine que, pour la première fois, quelques expériences magnétiques furent faites à Londres par M. le baron du Potet. Plus tard, en 1841, je parcourus toute l'Angleterre, répandant la lumière dans chaque ville, en y donnant des séances publiques et des cours pratiques, en faisant des expériences qui frappaient vivement les esprits sérieux, et en guérissant dans les hôpitaux des malades réputés incurables ; aussi, depuis cette époque, les journaux anglais ont souvent raconté des guérisons sans nombre obtenues par le magnétisme et des opérations chirurgicales faites pendant le sommeil.

Parmi les hommes qui, en Angleterre, se sont livrés à la science mesmérienne, il faut citer en première ligne le docteur Elliotson, savant distingué, qui monta le premier sur la

(1) *Mesmeric infirmary*, 36, Weymouth street, Portland place, London.

brèche, et auquel son courage valut de nombreuses persécutions.

Le magnétisme lui doit beaucoup en Angleterre. Grâce à lui, chaque jour est marqué par une conversion nouvelle, chaque jour révèle de nouveaux faits qui viennent éclairer la science et raffermir la conviction des adeptes. Ce sera un livre curieux et instructif que celui qui contiendra les observations de cet homme profondément savant et l'un des praticiens les plus instruits de la Grande-Bretagne.

Aujourd'hui, le magnétisme a grandi, et il n'est pas une ville en France qui ne compte plusieurs magnétiseurs; des guérisons de toutes sortes se sont opérées, des théories plus ou moins claires ont paru, des pratiques plus ou moins bonnes sont venues les appuyer, et de ce concours d'efforts la vérité sortira bientôt une et entière. Les académies seront débordées par les faits, et le temps n'est pas loin où l'opinion publique fera justice de ce mauvais vouloir qui tend à entraver toutes les grandes découvertes.

Le magnétisme est arrivé à ce point qu'il commence à être une science; la pratique, dégagée de tous les accessoires, et la théorie simplifiée, ont rendu possible l'emploi du principe mesmérien comme moyen thérapeutique, et c'est sous ce point de vue qu'il faut le considérer, car c'est là son véritable but.

CHAPITRE III

THÉORIE DU MAGNÉTISME

Dans les chapitres précédents, nous avons vu que, sous diverses dénominations, le magnétisme animal était connu et pratiqué dans tous les temps et dans tous les pays. Tous les auteurs que nous avons cités admettaient *une seule et même cause* émanant de l'homme.

Mesmer reconnaissait pour cause des effets magnétiques le *fluide universel.*

L'abbé Faria, le docteur Billot et quelques autres, faisant intervenir la divinité, les anges, etc., n'admettaient qu'une seule cause, mais *toute spirituelle*.

De Puységur, Deleuze, du Potet reconnaissaient et admettaient deux causes distinctes : l'une spirituelle, l'autre matérielle, *le fluide et la volonté*.

Ils attribuaient à *la volonté* une action positive sur la personne magnétisée ; c'est même à cette volonté (qu'ils traduisent par ces mots : *l'intention* ou *la pensée)* qu'ils assignaient la plus grande force et le premier rang comme cause dans les phénomènes du magnétisme.

Nous sommes complètement en désaccord avec les chefs de l'école mesmérienne. Les nombreuses expériences que nous avons faites pour arriver à la vérité, nous ont convaincu qu'il n'existe pour les effets magnétiques qu'une seule et unique cause, le FLUIDE VITAL, dont le principe est bien le fluide universel, modifié par la nature de l'homme, et qui, spiritualisé par l'âme et matérialisé par le corps, perd certaines propriétés et en acquiert d'autres ; participant de ces deux éléments, il peut être émis au dehors sous l'empire de la volonté, envahir tous les corps vivants ou inertes, et être communiqué à distance sans aucun intermédiaire, étant en cela plus subtil que le fluide électrique.

Ce principe, invisible comme l'air, comme la chaleur, l'électricité, les gaz, impalpable comme la lumière, fut appelé *fluide magnétique*, puis *magnétisme animal*, pour le distinguer du minéral et des autres fluides ; enfin aujourd'hui il est mieux nommé *magnétisme vital*, en considération du rôle important qu'il joue dans l'organisme ; mieux vaudrait peut-être l'appeler *fluide universel*, puisqu'il se retrouve dans tout et qu'il anime tout ; on se rapprocherait ainsi d'Hippocrate, qui professait un principe intérieur, occulte, universel.

Lorsque la chaleur, la lumière, l'électricité et les autres

fluides, qui ne sont que les modifications d'un même principe se dégagent au contact des corps, à leur frottement, à leur affinité : 1° dans la membrane interne du larynx la trachée-artère, les bronches et les cellules des poumons, par l'air qui y pénètre incessamment et cède son oxygène au sang noir qui vient y puiser sa vie et sa chaleur, après l'avoir cédée au corps, et qui y retourne; 2° dans la membrane du pharynx, l'œsophage, l'estomac, etc., par l'air, les aliments, les boissons ; 3° dans l'endosmose ou électricité intra-capillaire, etc., cette chaleur, cette électricité, ces fluides impondérables, ainsi développés, se transmettent à l'appareil nerveux et de là au cerveau, lequel par innervation, le transmet à tous les tissus ; et la preuve, c'est qu'en faisant passer un courant électrique le long du nerf principal d'un membre séparé du corps, on détermine la contraction de toutes les fibres musculaires de ce membre, qui reçoivent des filets de ce même nerf.

L'homme ne peut donc exister que par le dégagement continu de calorique, d'électricité et des autres fluides mystérieux qui résultent des mouvements de ses parties moléculaires, des affinités chimiques qui s'établissent en lui.

« Que le calorique, le fluide électrique modifié ou tout autre agent impondérable entretiennent la vie, dit un physiologiste célèbre, autrement qu'en mettant en jeu la contractilité dans la substance nerveuse et dans les molécules fluides qui sont en contact avec elle, c'est ce que nous pouvons soupçonner. Il se passe peut-être là, sur ce théâtre primitif des scènes de la vie, des phénomènes d'affinités, des transformations de fluide propre à la substance nerveuse; comme il s'en passe dans le sang, qui la traverse pour la nourrir et lui donner des moyens d'action. »

M. Dutrochet a fait des expériences desquelles il résulte qu'il existe dans les corps vivants une électricité intra-capillaire, à laquelle on doit attribuer les mouvements des fluides dans ces corps. Le contact des liquides électrise les solides, et la sensibilité organique des solides vivants est cette propriété de recevoir l'électricité, agent de la vie organique ou végétative.

C'est le fluide vital ayant pour principe le fluide universel annoncé par Mesmer, décrit par Van Helmont, pressenti et désigné par Newton sous le nom d'*esprit très subtil*, pénétrant à travers tous les corps solides et caché dans leur substance.

C'est ce fluide qui préside à tous les actes de la vie, aux phénomènes mystérieux de l'attraction des sexes et de la reproduction. Nul doute que les médicaments n'agissent qu'en vertu de ce principe. Pourquoi, de même que les minéraux se forment et se décomposent sous son influence, ainsi que les végétaux qui croissent avec rapidité sous son courant, les animaux ne seraient-ils pas soumis à son action ?

Aujourd'hui, tous les savants ont reconnu que l'homme possède une atmosphère particulière, prenant son principe dans le fluide universel, modifié par son organisme. Or, nous ne voulons pas d'autres preuves du *fluide vital*.

Sous l'empire de la volonté, il semble qu'il se fasse dans le cerveau un travail analogue à celui qui s'accomplit dans les poumons sur l'air inspiré, et que le fluide universel, éprouvant une transformation, perde quelques-unes de ses propriétés pour en acquérir d'autres essentiellement vitales, en passant par le système nerveux avant d'être émis au dehors.

Le cerveau, la moelle épinière et les nerfs qui se distribuent dans tout le corps sont arrosés de toutes parts par un sang artériel abondant, qui y produit le fluide vital dont ces organes sont les dépositaires et les conducteurs.

C'est ce fluide vital, essentiellement nécessaire à la vie, qu'il s'agit de communiquer à un corps étranger pour produire les phénomènes connus sous le nom de *magnétisme animal*.

Les extrémités des nerfs aboutissent ou à la surface extérieure, ou aux muscles, ou aux vaisseaux, ou aux viscères. A la surface, ils se terminent par des organes disposés pour recevoir et transmettre convenablement aux centres nerveux l'action des corps extérieurs.

C'est à l'aide de ce système tout particulier que, sous

l'empire de la volonté, nous pouvons transmettre le fluide vital. Les nerfs servent de conducteurs, d'abord chez nous pour l'émettre, ensuite chez le magnétisé, pour le recevoir et le communiquer aux centres nerveux.

La volonté est la concentration des idées intellectuelles sur une seule ; elle agit sur les principaux centres nerveux du magnétiseur, sur le cerveau surtout ; elle provoque l'émission du fluide vital en plus ou moins grande quantité, et c'est par elle que ce fluide est communiqué au système nerveux du patient, qui l'envahit et l'engourdit, et qu'il développe ces effets que l'on observe généralement chez les personnes magnétisées.

Les phénomènes du magnétisme sont donc la conséquence de l'envahissement du système nerveux du magnétisé par le fluide vital du magnétiseur.

La volonté ne peut agir matériellement sur un autre corps ; la volonté est en nous, et elle préside à tous les actes de notre existence. Nous faisons acte de volonté en levant le pied, en donnant la main, en clignant de l'œil ; en toute occasion enfin cette volonté se manifeste, même quand son influence semble échapper à notre pensée.

Notre volonté n'agit que sur nous-mêmes, en produisant une sécrétion plus active au cerveau et des contractions au plexus ; de là l'émission d'une plus grande quantité de fluide et plus d'intensité dans l'action ; plus cette volonté est exprimée avec fermeté et continuité, plus l'émission se fait abondante et intense.

Nous pouvons donc dire avec raison que les phénomènes magnétiques ont une seule et unique cause, le *fluide vital*, et que la volonté n'est ici qu'un accessoire, comme en toutes choses.

Ce qui a fait penser que la volonté agissait sur le magnétisé, c'est un des effets qui se présentent dans l'état somnambulique. Un somnambule dont la lucidité est développée voit la pensée du magnétiseur, et obéit à l'ordre mental qui lui est donné par lui. C'est une *transmission de pensée* ; on a conclu de là que *la volonté* à laquelle le sujet était ainsi soumis devait être la cause ; mais on a fait erreur, on a confondu la cause avec l'effet. La transmission de pensée n'est qu'un des résultats de l'état particulier dans lequel se trouve le sujet.

Si le magnétiseur n'est pas dans une disposition de santé et de force convenables, s'il est fatigué, épuisé, par un excès quelconque, il ne produira rien ou très peu, bien qu'il y mette toute la volonté dont il est doué.

Si, au contraire, le magnétiseur est plein de force et de santé, et qu'il magnétise machinalement, avec distraction, sans volonté bien exprimée, *il produira cependant des effets positifs.*

Il faut bien se garder toutefois de croire que la puissance magnétique soit le résultat de la force musculaire ; pour être puissant magnétiseur, il faut une certaine constitution physique alliée à une fermeté de caractère à laquelle aucune vigueur corporelle ne pourra suppléer. Nous avons vu des hommes à stature herculéenne, à l'âme fortement trempée, ne produire aucun effet magnétique ou n'en obtenir que de très légers.

Nous avons vu, au contraire, des hommes, dont la force physique semblait nulle, mais dont le système nerveux était d'une sensibilité et d'un développement très grand, obtenir des effets presque instantanés.

Cela provient de ce que le système nerveux joue ici un grand rôle, et pour produire la sécrétion de son propre fluide, et pour l'émettre au dehors.

Les sensations, les effets qu'éprouvent les magnétisés avant d'être endormis, sont des preuves de l'existence du fluide et de sa transmission ; ces sensations sont toutes physiques.

La plupart des personnes soumises à l'influence magnétique déclarent éprouver une titillation dans les pouces, puis une sensation qui parcourt les bras, monte à la tête et s'étend par tout le corps, sensation qu'elles comparent à celle que produisent de légères étincelles électriques, et qui, augmentant d'intensité, devient un engourdissement des membres et du cerveau. Quelques sujets se disent entourés d'une vapeur semblable à un léger brouillard ; les yeux fermés et sans être endormis, ils voient cette vapeur plus ou moins brillante, ils la sentent progresser, les envahir intérieurement, les envelopper au dehors, s'emparer de leur corps et le paralyser entièrement.

Les premiers effets de la magnétisation sont également physiques : c'est une moiteur, une transpiration souvent très abondante, puis une paralysie des nerfs et des muscles des paupières, une contraction des mâchoires, et enfin une paralysie générale. Les patients restent cloués sur leur siège, sans qu'il leur soit possible de faire un mouvement, de parler ou d'ouvrir les yeux, bien qu'ils ne dorment pas et qu'ils aient la conscience de leur état.

On trouve encore une preuve de l'action physique du fluide dans son effet partiel sur un membre. On peut, sans magnétiser entièrement un homme, en attaquant certains muscles, mettre un membre dans un état de roideur musculaire, de paralysie, d'insensibilité. Cet effet peut être obtenu sur une personne qui n'aurait jamais été magnétisée ; il lui laissera toute sa liberté d'esprit et le libre mouvement de ses autres membres.

Cette expérience est une preuve positive que votre volonté n'a point agi sur le sujet ; il est dans son état normal, jouissant de toutes ses facultés intellectuelles et physiques, seulement il n'a plus d'action sur un de ses membres, qui, enveloppé et saturé du fluide que vous lui avez communiqué, est entièrement paralysé et dominé par votre action.

Nous pouvons encore donner, comme preuve que le fluide vital est la seule cause des effets qui se déclarent, l'obligation où est le magnétiseur de détruire ces effets.

Pour faire cesser, en effet, l'état magnétique, il faut *démagnétiser*, il faut *dégager* le sujet ou le membre sur lequel on a agi, de tout le fluide qu'on lui a transmis, et par cela seul que le magnétiseur *voudra* que le membre ou le magnétisé lui-même soit remis dans son état normal, *cela ne sera pas* ; il lui faut encore agir physiquement, et s'il ne le fait pas ou s'il le fait légèrement, il en résultera souvent des malaises qui pourront dégénérer en accidents graves.

Lorsqu'on magnétise un malade, qu'il y a chez lui équilibre rompu, défaut de circulation, la volonté n'a aucune influence pour rétablir l'état normal. Il faut introduire le fluide vital, envahir les organes qui ne fonctionnent pas ou qui fonctionnent mal, les stimuler et leur donner la force qui leur manque pour fonctionner convenablement et rétablir la circulation interrompue.

Un autre fait qui nous démontre que la volonté n'est point la cause des phénomènes du magnétisme, c'est celui qui se présente lorsqu'on essaye de magnétiser devant plusieurs témoins ; il arrive souvent qu'on ne produit rien sur la personne que l'on magnétise, malgré la volonté que l'on y met, tandis qu'à côté du sujet ou derrière lui une tierce personne qui n'a jamais été magnétisée succombe, attirant à elle tout le fluide par la disposition de son système nerveux, plus en rapport avec celui du magnétiseur que l'organisme de la première personne, et malgré les efforts qu'il fait pour magnétiser celle-ci.

Les partisans de la volonté semblent s'appuyer sur un autre exemple pour défendre leur cause : lorsqu'un magnétiseur endort à distance, sans faire un mouvement, un sujet qu'il a l'habitude de magnétiser ou même qu'il magnétise pour la première fois, ils prétendent que la volonté agit seule. C'est une erreur ; le magnétiseur, en se concentrant en lui-même, provoque l'émission du fluide, qui va frapper le sujet et l'endort. Là, comme partout, il y a une simple projection physique du fluide vital. Dans ces sensations, dans ces effets, pouvons-nous admettre que la volonté du magnétiseur ait pu agir sur le magnétisé puisque celui-ci est tout éveillé, et qu'il jouit encore de toutes ses facultés intellectuelles ? Non, nous ne pouvons admettre autre chose que l'envahissement d'une partie du système nerveux du sujet par le fluide du magnétiseur.

Si nous examinons le sommeil et le somnambulisme, nous reconnaissons que tous les phénomènes qui se présentent sont la conséquence et le résultat de la saturation entière du corps du sujet par le fluide qui lui a été communiqué. La partie matérielle de notre être étant en quelque sorte annihilée, l'équilibre n'existant plus, la vie commune est suspendue, et la partie immatérielle, l'âme, délivrée momentanément des entraves de la matière, jouit seule des facultés qui lui sont propres, sans avoir besoin des organes des sens.

C'est ainsi que le somnambule peut obéir à la volonté non exprimée du magnétiseur, parce qu'il la perçoit, la sent ; c'est aussi pour cela qu'il n'a aucun souvenir au réveil.

Si nous voulons maintenant avoir la preuve palpable que le fluide vital est la seule cause de tous les phénomènes magnétiques, et que la volonté n'agit que sur nous-mêmes, magnétisons un objet inerte, faisons-le remettre par une tierce personne, qui n'aura point elle-même connaissance de l'expérience, à un sujet ordinairement magnétisé, et qui, lui non plus, ne sera point prévenu ; nous verrons le sujet s'endormir, ou ressentir l'influence magnétique aussitôt le contact opéré.

Il n'est pas possible d'admettre que la volonté du magnétiseur ait pu être communiquée à un corps inerte et tout matériel, et que ce corps ait pu la transmettre au sujet.

N'est-il pas plus rationnel de penser que le système nerveux du sujet a soutiré le fluide vital dont l'objet était saturé ?

Des expérienecs d'un autre ordre, sur des intruments de physique, nous ont donné des preuves irrécusables de l'existence du fluide vital et de sa transmission à tous les corps vivants ou inertes, et nous ont démontré que la volonté n'y entrait que comme dans tous les actes humains, c'est-à-dire comme stimulant de l'homme sur lui-même, et non comme agent moral ou rudiment de la pensée transmise à un corps étranger.

Rien n'est donc plus simple ni plus naturel que les effets magnétiques ; rien n'est plus simple ni plus naturel que leur cause : LE FLUIDE VITAL.

Nous pouvons donc dire avec raison que tous les phénomènes qui se présentent sous l'influence du magnétisme, qu'ils soient de l'ordre physique ou de l'ordre psychique, qu'ils soient produits sur la matière ou sur l'âme immatérielle, tous ont une seule et unique cause toute physique, *le fluide vital*, que tout homme possède en plus ou en moins, et qui, sous l'empire de la volonté, peut être émis au dehors et envahir tous les corps vivants ou inertes.

CHAPITRE IV

ANALOGIE DU FLUIDE MAGNÉTIQUE ANIMAL AVEC LE FLUIDE MAGNÉTIQUE MINÉRAL

Plusieurs magnétiseurs ont constaté d'une manière positive l'existence du fluide magnétique animal; aujourd'hui, tout le monde l'admet, des somnambules ont pu le voir renfermé dans des fioles, et l'indiquer comme une vapeur lumineuse. Je l'ai observé de la même manière, et de plus, j'ai pu le faire reconnaître par des gens du monde, des incrédules mêmes, qui magnétisés par moi, sans être plongés dans le sommeil magnétique, mais seulement dans un état de torpeur, d'engourdissement, les yeux fermés sans pouvoir les ouvrir, voyaient distinctement s'échapper de mes mains ce fluide, qui était brillant, couleur de feu, un peu bleu; ils le sentaient les envelopper, les envahir, et ils comparaient la sensation qu'ils éprouvaient à celle que donnent de légères étincelles électriques.

Les docteurs Despine et Charpignon ont fait des expériences pour comparer les divers fluides électrique, galvanique, électro-aimant, etc.; ils se sont appuyés surtout sur le dire des somnambules.

M. Gerbouin a fait un traité spécial sur le *pendule magnétique*; ce pendule est une petite boule de matière quelconque suspendue à un fil de lin que l'on tient entre le pouce et l'index, le bras fixé par l'autre main; la volonté dirige un courant magnétique par le bras, les doigts, le fil conducteur, jusqu'à la boule, à laquelle on peut imprimer à volonté tel ou tel mouvement dans tel ou tel sens.

J'ai déjà dit, à propos de l'*anneau magique* qui agit de la même manière, que cette expérience n'est point convaincante, faite dans les conditions indiquées. M. l'abbé Loubert (1), comprenant que les effets de cette espèce d'*électromètre magnétique* peuvent être facilement attribués à un mouvement imperceptible de la main ou des doigts, s'est servi d'une autre méthode ; pendant qu'une personne tenait le fil du pendule, il posait ses doigts sur ceux de cette personne, et alors il obtenait le même résultat.

Cette expérience n'était pas plus exacte que les premières, et ne pouvait être convaincante, car il y a toujours chez l'homme une espèce de petite vibration causée par la circulation du sang, et qui, sous l'empire de l'idée connue, vient en aide à l'expérience ; et M. Loubert pouvait, dans cette position, être le plus fort, puisqu'il devait y mettre plus de volonté et par conséquent avoir plus de tremblement.

Il n'est qu'une seule manière concluante de faire cette expérience.

Il faut prendre une aiguille de cuivre, de platine, d'or ou d'argent, percée au milieu ; la suspendre horizontalement par un fil de soie non filé, dans un vase en verre, de vingt à trente centimètres de hauteur, hermétiquement fermé.

Puis alors, vouloir agir sur cette aiguille, en présentant à une de ses pointes, le bout des doigts à travers le verre, à une distance de cinq à dix centimètres. Sous l'influence magnétique, on verra l'aiguille tourner à droite ou à gauche suivant la volonté de l'expérimentateur.

Voulant arriver à prouver d'une manière péremptoire non seulement l'existence, la force, la puissance du fluide magnétique animal, mais encore son analogie avec le fluide magnétique minéral, avec lequel il me présentait plus de similitude, par les attractions que j'obtenais sur les corps vivants, j'ai pensé qu'il devait avoir aussi une action sur la matière. J'ai

---

(1) Loubert, *le Magnétisme et le Somnambulisme devant les corps savants, la cour de Rome et les théologiens;* 1844, 4 vol. in-8.

fait, dès 1840, des expériences sur l'aiguille d'un galvanomètre, et j'ai pu alors constater que l'action du fluide magnétique animal est la même sur l'aiguille aimantée que celle du fluide magnétique minéral.

Ainsi un barreau de fer aimanté attire l'aiguille et la fait dévier ; présenté par l'autre pôle, il la repousse.

Le fluide vital produit le même effet, et, qui plus est, on n'a pas besoin de changer les pôles pour obtenir les deux effets ; le même pôle d'un barreau de fer doux peut attirer et repousser l'aiguille, il suffit de le magnétiser différemment.

Beaucoup d'autres expériences de ce genre, soit sur des matières inertes telles que des instruments de physique, soit sur des animaux, soit sur des êtres humains, m'ont prouvé, d'une manière irréfragable, l'analogie des deux propriétés des deux fluides magnétiques minéral et vital.

Voici les expériences que je puis aujourd'hui livrer au public :

Prenez un barreau de fer doux, ayez soin de le tenir toujours dans une position horizontale ; sans y toucher, vous le magnétisez par des passes ; et en le présentant vous le voyez attirer l'aiguille du côté où vous le présentez.

Sans changer sa position, vous le magnétisez dans un autre sens, et alors vous le voyez repousser l'aiguille, qui parcourt 10, 15, 20 degrés, et quelquefois plus.

Si vous le magnétisez une troisième fois d'une manière différente, et toujours sans y toucher ni changer sa position horizontale, vous le rendrez neutre : l'aiguille restera immobile.

Vous faites plus : vous prenez un barreau de fer aimanté qui attire vivement l'aiguille, vous le magnétisez, — toujours sans y toucher, — et vous le rendez neutre.

Ainsi le fluide vital détruit même la force attractive du fluide magnétique minéral.

Voici maintenant une expérience sur l'eau qui aura tout à l'heure la même propriété que le fer :

Prenez un verre, remplissez-le d'eau ordinaire ou mieux, d'eau distillée ; saisissez les fils conducteurs du galvanomètre aux endroits où ils sont recouverts de soie, de sorte que vos doigts ne puissent les oxyder ; plongez le bout dans l'eau : l'aiguille ne remue pas et ne va ni à droite ni à gauche. Cela fait, retirez les fils, magnétisez l'eau sans y toucher par quelques passes au-dessus du verre ; puis, lorsque vous croirez l'eau saturée de fluide, plongez-y de nouveau le bout des fils conducteurs ; vous verrez alors l'aiguille parcourir sur le cadran 10, 15, 20 degrés, et quelquefois plus.

Pour qu'aucune objection ne puisse s'élever, pas même celle de l'oxydation du bout des fils conducteurs par l'eau, mettez-les en platine, et vous aurez les mêmes résultats.

Ce sont ces expériences que j'avais annoncées conjointement avec M. Thilorier, et pour l'examen desquelles l'Académie des sciences nomma, le 10 juin 1844, une commission composée de MM. Pouillet, Dutrochet, Becquerel, Chevreul, Regnault et Magendie.

M. Thilorier avait été guéri par moi de sa surdité ; me voyant souvent faire ces expériences, il me proposa, par reconnaissance, de mettre son nom avec le mien au bas d'une lettre que nous adressâmes en commun à l'Académie des sciences, et qui fut lue par M. Flourens dans la séance du 10 juin, où spontanément on nomma une commission.

Certes, je n'aurais point obtenu un pareil résultat si je n'avais consenti à m'adjoindre M. Thilorier ; les magnétiseurs, à cette époque comme aujourd'hui, n'étaient point en odeur de sainteté à l'Académie.

Malheureusement M. Thilorier, qui n'était pas un magnétiseur, mais un savant chimiste, gâta tout : il désira faire seul une expérience que je lui abandonnai comme venant de lui ; il la fit mal devant M. Arago, et, qui plus est, dans des circonstances impossibles.

Je ne voulus point présenter alors mes autres expériences, les commissaires étant trop prévenus ; j'attendis.

Aujourd'hui que je les ai répétées maintes fois, et que je suis certain de pouvoir lever toutes les objections, je les livre au public, non seulement pour prouver l'existence et la puissance du fluide magnétique animal, autrement dit le *fluide vital*, son analogie dans certains de ses effets avec le fluide magnétique minéral, mais encore comme preuves à l'appui de la théorie que j'ai avancée, qu'il n'y a, pour les phénomènes magnétiques, qu'une *seule cause* physique, naturelle, le *fluide vital* et que la volonté n'est là qu'un accessoire, comme elle l'est en tout.

Ici l'on ne pourra pas me dire que la volonté a pu agir autrement que sur moi-même, et qu'elle peut non seulement être communiquée à ce barreau ou à cette eau, mais encore que cette eau et ce morceau de fer aient pu la transmettre à l'aiguille.

Non, il faut bien le reconnaître, ce n'est point la volonté qui agit sur le fer, sur l'eau, sur l'aiguille, c'est le *fluide vital* dont vous avez saturé le fer ou l'eau qui réagit sur l'aiguille, et votre volonté n'a d'action que sur vous-même, en provoquant une émission plus grande, selon que cette volonté s'exerce avec plus de fermeté; le fluide agit sur l'aiguille dans le sens de votre action et non d'après votre volonté. Pour preuve, vous pourrez avoir la volonté d'attirer l'aiguille, tout en agissant comme il le faut pour produire un effet de répulsion, et, malgré votre volonté d'attirer, l'aiguille sera repoussée.

Donc, il n'est point nécessaire, en *magnétisant*, d'avoir telle ou telle volonté pour obtenir tel ou tel résultat; donc il n'est point nécessaire d'avoir des intentions bienveillantes ou malveillantes, morales ou immorales, pour produire de bons ou de mauvais résultats; donc, le fluide n'est point imprégné par tels ou tels sentiments que le magnétiseur éprouve, comme on le dit partout.

Non, il suffit de savoir agir et diriger le fluide, de modérer ou d'activer l'action : là est toute la science.

Je prends, comme preuve de ce que j'avance, un fait sur lequel M. l'abbé Loubert s'appuie pour démontrer le contraire, à savoir comment l'action de l'âme, le sentiment dont on est animé, moral ou immoral, agit sur le sujet.

Je cite M. Loubert textuellement :

« Le docteur Filassier prit un jour pour sujet d'expérimentation un interne des hôpitaux, adversaire spirituel de a doctrine du magnétisme, et il produisit les phéno-

mènes qu'il décrit de la manière suivante : « Je le magnéti-
« sai, dit M. Filassier, pendant vingt minutes. D'abord il
« éprouva des pendiculations, des bâillements ; ses pau-
« pières se fermèrent, les muscles de son corps se relâ-
« chèrent, sa respiration devint ronflante, sa figure se
« gonfla ; puis quelque temps après, éclatèrent un rire
« sardonique, des sanglots d'une nature telle, qu'un des
« spectateurs et moi nous crûmes un instant que le patient
« voulait se moquer de nous, mais nous fûmes cruellement
« détrompés. La peau se couvrit d'une sueur froide et vis-
« queuse, son pouls devint on ne peut plus fréquent, petit
« et irrégulier ; sa figure s'allongea, s'altéra profondément
« et devint bleue, sa tête et son corps se renversèrent en
« arrière par des mouvements tétaniques ; la respiration,
« ralentie comme celle des mourants, s'accompagna de
« hoquets convulsifs, de gémissements. Qu'on juge de ma
« perplexité dans ce moment affreux! Non, je ne puis dire
« tout ce que j'ai souffert! Je magnétisais pour la première
« fois, et ne savais quel remède apporter au mal involon-
« taire que j'avais produit. Je suspendis mon action : les
« phénomènes s'accrurent au point de me faire trembler.
« Entre mille pensées qui se croisèrent alors dans ma tête,
« celle de continuer avec plus de vigueur encore l'action
« que j'avais commencé à exercer se présenta plus forte
« que tout autre. Je redoublai donc d'énergie et de volonté;
« les phénomènes indiqués s'absorbèrent dans un collapsus
« profond. Je posai ma victime sur un lit, et j'attendis avec
« anxiété, les mains placées dans les siennes, ce qui devait
« en résulter. L'accablement dura un quart d'heure ; mon
« ami revint peu à peu à lui-même, et ses premiers mots
« furent: *Tu m'as fait horriblement mal; jamais je n'ai
« tant souffert de ma vie; n'importe, il y a eu des effets
« extraordinaires, il faut que tu recommences.* Je fus stupé-
« fait et je refusai ; il insista avec tant de force, que je dus
« céder. Mais, obéissant alors à la fatigue, suite des violents
« efforts que j'avais faits et plus encore à la raison, qui me
« disait d'employer un procédé différent du premier, j'éten-
« dis ma volonté avec moins de dureté ; je conduisis mes

« mains avec plus de lenteur, de calme et de douceur ; il
« s'était en outre développé en moi une bienveillance crain-
« tive et une tendre sollicitude pour un ami que j'avais fait
« souffrir, et à qui je voulais épargner de nouvelles souf-
« frances. Ses paupières se fermèrent de nouveau, un aban-
« don complet s'empara de tous les muscles de son corps,
« sa figure se tuméfia et prit une expression de béatitude
« difficile à décrire; sa peau se couvrit d'une sueur douce
« et tiède ; sa respiration devint lente, élevée et calme. Ces
« mots : *Quel bonheur ! on n'est pas plus heureux dans le*
« *paradis !* lui échappaient. Ces mots me firent rire ; mon
« rire fit passer dans tout son être une impression générale
« de souffrance. *Tu me fais mal*, dit-il. M'arrêtais-je, les
« phénomènes se suspendaient avec douleur pour lui ; ils se
« reproduisaient avec le retour de mon action, qui, à la fin,
« amena un doux sommeil. Un réveil spontané s'ensuivit au
« bout de vingt minutes. Je ne pouvais reprocher à ces
« phénomènes d'être le produit de l'imagination ; ils s'étaient
« manifestés chez un jeune homme d'un esprit sévère, un
« médecin et surtout un incrédule ; ils étaient déterminés
« par un médecin et un sceptique. »

M. l'abbé Loubert attribue ces effets si différents aux sentiments plus ou moins bienveillants qui ont animé M. Filassier, et il pense que le fluide peut les communiquer.

Ce ne sont point les intentions plus ou moins bienveillantes qui ont déterminé ces deux effets si différents entre eux. Le docteur Filassier n'avait point d'intention mauvaise envers son ami, mais il a agi avec beaucoup de force, sans calculer son action, comme le font presque toutes les personnes qui magnétisent pour la première fois ; son fluide est venu, par flots et par secousses, envahir le système nerveux du sujet, et par conséquent porter un trouble dans la circulation et provoquer un malaise ; mais s'il avait continué sans interruption, il aurait, sans aucun doute, produit un effet complet, le sommeil magnétique ; et cela est si vrai, que lorsqu'il redoubla d'énergie et de volonté, les phénomènes cessèrent, un accablement, une torpeur se déclarèrent, et si, au lieu de garder les mains du sujet dans les siennes, il eût continué, je le répète, il eût produit du sommeil magnétique.

Lorsqu'il recommença, le docteur Filassier était fatigué ; il employa d'autres procédés : *il étendit les mains avec calme, il agit sans force, avec lenteur.* Alors l'envahissement se fit doucement ; il n'y eut plus de secousses violentes, comme celles qui avaient été produites par *les violents efforts* qu'il avait faits d'abord.

Les différents phénomènes qui se présentèrent n'étaient donc dus qu'aux deux actions différentes, aux divers procédés employés par M. Filassier. Il nous est impossible de voir là autre chose, et l'on ne peut point attribuer la différence des phénomènes aux sentiments qui animèrent M. Filassier.

Je le répète, il n'est point nécessaire d'avoir des intentions plus ou moins bienveillantes lorsqu'on magnétise : ce qui est important, c'est surtout la manière d'agir, de diriger le fluide, de modérer ou d'activer son action sur tel ou tel organe. Le fluide, en s'infiltrant dans le système nerveux, ne peut point communiquer les sentiments du magnétiseur ; non, ceci est impossible, mais ce qui peut arriver et ce qui, probablement, a donné lieu à cette opinion, c'est que, lorsque le patient est en état de somnambulisme et de clairvoyance, il peut voir la pensée du magnétiseur. Si, en effet, les pensées de ce dernier sont peu bienveillantes ou immorales, elles peuvent porter le trouble dans l'esprit du patient et réagir de cette façon sur le physique. C'est un résultat de l'état de clairvoyance, mais non point un effet du fluide.

Après avoir acquis la preuve que les effets du fluide vital sur l'aiguille aimantée sont les mêmes que ceux du fluide magnétique minéral, j'ai cherché à faire sur les êtres vivants des expériences qui coïncidassent complètement avec celles faites sur l'aimant.

Ainsi, l'aiguille du galvanomètre est suspendue par un fil de cocon non tordu.

Voulant mettre une jeune fille dans les mêmes conditions, je l'ai attachée par le milieu du corps avec une corde en filoselle non tordue, et je l'ai suspendue horizontalement, après l'avoir préablement mise dans un état de catalepsie entière.

Lorsqu'il y a eu immobilité complète, j'ai agi sur la tête et sur les épaules ; bientôt le corps s'est mis en mouvement et a suivi l'impulsion que je lui donnais ; la jeune fille décrivit un quart, une moitié de cercle, selon que j'employais plus ou moins de force.

Pour que cette expérience réussisse, ainsi que celle dont je vais parler, il faut que la catalepsie soit très forte et qu'il y ait raideur cadavérique ; aussitôt que les muscles du cou se détendent un peu, le mouvement de rotation s'arrête.

J'ai donc ici, sur un être vivant, le même effet que sur l'aiguille, puisque la position est tout à fait la même.

J'avais déjà observé qu'en mettant un morceau de fer dans le plateau d'une balance et en chargeant l'autre plateau d'un poids égal, de manière qu'il y eût parfait équilibre ; si je présentais un aimant au-dessus du fer, le plateau sur lequel étaient les poids descendait et le plateau sur lequel était le fer s'élevait; comme si le fer fût devenu plus léger. Il ne pouvait cependant pas y avoir diminution de poids puisque je n'y touchais pas, et que le fer restait dans la même position ; mais le plateau montait par la force attractive de l'aimant sur le fer.

J'essayai cette expérience sur une jeune fille, et après l'avoir mise en catalepsie, comme dans l'expérience précédente, je la posai debout sur le plateau d'une balance ; je chargeais l'autre plateau de manière à obtenir un équilibre parfait ; puis, montant sur une table afin de dominer et de pouvoir agir sur la tête, j'attirai à moi fortement, et bientôt le plateau sur lequel était le sujet s'éleva comme avait fait celui du fer à l'attraction de l'aimant.

J'ai répété cette expérience la jeune fille étant couchée horizontalement, puis en la faisant asseoir, mais en la paralysant toujours complètement, afin qu'il n'y eût pas de mouvement. Cette expérience a été répétée sur des bascules, et j'ai toujours eu le même résultat : *élévation du plateau sur lequel est placé le sujet par la force d'attraction du fluide vital.*

J'ai fait encore une autre expérience : après avoir, comme dans les deux précédentes, produit un état cadavérique, j'ai placé le haut de la tête d'une jeune fille sur le bord d'une chaise, de sorte qu'il y eût à peine la moitié de la tête qui touchât, puis l'extrémité des talons sur une autre chaise. Quoiqu'il n'y eût que ces deux points d'appui, j'ai agi fortement sur les pieds et tout à coup *ils se sont élevés ensemble*, le corps n'ayant d'autre appui que le haut de la tête.

Toutes ces expériences m'ont donc prouvé que les deux fluides magnétiques minéral et animal ont les mêmes propriétés, produisent les mêmes effets, et que, puisqu'il y a analogie dans leurs effets, il doit y avoir la même analogie dans leur principe et dans leur nature.

Cependant le fluide magnétique animal doit avoir une certaine supériorité dans sa composition, puisqu'il peut détruire, annihiler l'effet du magnétisme minéral.

CHAPITRE V

PRATIQUE GÉNÉRALE DU MAGNÉTISME

Pour produire les phénomènes magnétiques, il n'est pas nécessaire de croire au magnétisme, il suffit d'agir comme si l'on y croyait. La cause étant une propriété physique de l'homme, elle agit parfois à son insu ; il ne faut qu'un éclair de volonté pour la mettre en mouvement. C'est ce qui explique comment des incrédules ont souvent produit ces phénomènes ; de même que, pour être magnétisé, il n'est pas nécessaire de croire et de vouloir l'être, comme l'ont écrit plusieurs magnétiseurs.

Bien plus, nous préférons magnétiser les personnes qui y mettent de la résistance ; celles-ci, ignorantes des lois magnétiques, jettent au dehors en un instant tout le fluide qu'elles possèdent, et bientôt fatiguées, épuisées, elles succombent promptement au moindre effet qu'elles ressentent de l'action raisonnée d'un magnétiseur expérimenté.

Mesmer, dont la théorie était le fluide universel agissant directement sur les magnétisés, employait des moyens accessoires, tels que des réservoirs où il prétendait accumuler ce fluide universel, et il traitait en commun tous les malades.

Ces réservoirs étaient des arbres, ou plus communément de grandes caisses circulaires nommées *baquet*. Ces caisses, faites en bois de chêne et élevées de 30 à 40 centimètres, contenaient du sable, du verre cassé et pilé, de l'eau dans des bouteilles, de la limaille de fer; toutes ces matières étaient magnétisées par Mesmer; le couvercle était percé de trous donnant passage à des verges de fer coudées à leur partie supérieure, pour pouvoir être appliquées par leur pointe aux différents endroits du corps où les malades souffraient. Ces verges de fer étaient aussi magnétisées.

Les malades, rangés en très grand nombre autour du baquet, recevaient le magnétisme par les branches de fer, par une corde enlacée autour de leur corps et passant de l'un à l'autre, par l'union des mains avec leurs voisins, et par le son d'un piano ou d'une voix agréable.

Les malades étaient encore magnétisés directement au moyen du doigt ou d'une baguette de fer promenée devant le visage, dessus et derrière la tête et sur les parties malades.

Mesmer agissait aussi par le regard, qu'il fixait sur chacun des patients; mais on était surtout magnétisé par l'application des mains et par la pression des doigts sur les hypocondres et sur les régions du bas-ventre.

Alors les malades offraient un état très varié; quelques-uns étaient calmes, tranquilles et n'éprouvaient rien; d'autres toussaient, crachaient, ressentaient quelques légères douleurs, une chaleur locale ou universelle, et avaient des transpirations; d'autres étaient agités par des convulsions extraordinaires par leur nombre, par leur durée et par leur violence. Dès qu'un malade entrait en convulsions, les autres devenaient agités, et bientôt l'état convulsif se déclarait aussi chez eux.

Depuis longtemps on a abandonné tous les accessoires de Mesmer, ainsi que les traitements en commun ; aussi tous ces effets qui, selon nous, devaient plutôt aggraver la maladie que soulager le malade, ne se représentent plus, et si quelquefois une convulsion apparaît chez un malade, on cherche aussitôt à la calmer.

L'abbé Faria et le docteur Billot, qui admettaient une cause spirituelle, se contentaient de prier Dieu ou d'ordonner au malade de dormir.

Le baron du Potet, qui reconnaît deux causes, emploie les passes à distance, sans contact préalable, dirigeant le fluide sur telle ou telle partie du corps. Lorsqu'il veut endormir, il fait, en ligne droite, des passes du sommet de la tête à l'épigastre, dirigeant ces passes de haut en bas et de bas en haut, au risque de faire remonter le fluide.

Cette manière de procéder peut être bonne ; cependant nous ne la considérons pas comme étant sans inconvénient. En se livrant seulement à des passes, sans avoir préalablement mis en rapport, par le contact, les deux systèmes nerveux du magnétiseur et du magnétisé, nous observons que l'envahissement est plus superficiel, moins complet, par conséquent les résultats doivent être moins grands, et de plus les passes faites de haut en bas et de bas en haut peuvent provoquer des congestions au cerveau.

Deleuze tient les pouces du magnétisé pendant quelques minutes seulement, puis il fait des passes sans attendre l'occlusion des yeux. De cette manière il n'obtient qu'un résultat superficiel, et Deleuze nous le prouve lui-même en nous disant qu'il n'a jamais produit l'insensibilité, et, qui plus est, qu'il la croit dangereuse (1).

Nous pouvons hardiment déclarer ici que nous ne croyons point au sommeil magnétique quand le sujet n'est point insensible ; nous ne demandons pas une insensibilité com-

---

(1) *Instruction pratique*, 1821, 5ᵉ édit., p. 139, chez Germer Baillière, rue de l'École-de-Médecine, 17, Paris.

plète, mais bien une modification très marquée dans la sensibilité.

Le sommeil magnétique étant le résultat de l'envahissement de tout l'organisme du sujet par le fluide vital du magnétiseur, l'insensibilité doit être la conséquence de l'engourdissement qui précède, et s'augmenter par le sommeil lui-même.

Du moment où nous admettons que la cause des phénomènes du magnétisme est toute physique, que c'est le *fluide vital*; que nous ne reconnaissons la volonté que comme un accessoire nécessaire dans toutes les actions de l'homme, et qu'elle n'est ici que pour obtenir la sécrétion et l'émission du fluide vital du magnétiseur, la pratique devient excessivement simple.

Il ne s'agit, en effet, que d'envahir le système nerveux du sujet par le fluide du magnétiseur.

A toutes les méthodes dont nous avons parlé, nous préférons celle que nous employons habituellement, et qui a quelque analogie avec les deux dernières. Nous pouvons affirmer qu'en suivant exactement ce que nous allons indiquer, on pourra produire tous les phénomènes du magnétisme sans craindre de provoquer des accidents, et si, par suite de la nature même du patient, il s'en présentait, on pourrait les détruire instantanément.

Avant de commencer l'opération, il faut prier les personnes présentes de s'asseoir et de garder le silence ; car il est essentiel que, pendant l'opération, le magnétisé et le magnétiseur ne soient point distraits, et que celui-ci observe avec attention toutes les sensations qui pourraient se peindre sur le visage du magnétisé.

Le magnétiseur, en commençant, se concentrera en lui-même et réunira toute sa volonté sur une seule idée, celle d'agir sur le sujet.

Le patient et le magnétiseur s'assiéront en face l'un de l'autre, les genoux du sujet entre ceux du magnétiseur, mais sans les toucher, le magnétiseur sur un siège plus élevé, afin de pouvoir atteindre facilement et sans fatigue le sommet de la tête du sujet ; puis il touchera l'extrémité des pouces du patient avec l'extrémité des siens, sans les serrer : ce contact des pouces mettra en rapport direct le cerveau du magnétiseur avec celui du sujet ; les filets nerveux de celui-ci formant un prolongement aux nerfs du magnétiseur, serviront de conducteur au fluide, et rendront plus prompt et plus complet l'envahissement du système nerveux du patient.

Le magnétiseur fixera ses yeux sur ceux du sujet, qui, de son côté, fera tout son possible pour le regarder ; il continuera ainsi pendant quinze à vingt minutes. Il est probable que, pendant ce temps, la pupille des yeux du sujet se contractera ou se dilatera d'une manière démesurée, et que ses paupières s'abaisseront pour ne plus se relever, malgré ses efforts.

Après l'occlusion des yeux, le magnétiseur continuera à tenir les pouces jusqu'au moment où l'œil ne roulera plus sous les paupières et où la déglutition ne se fera plus ; alors il pourra lâcher les pouces, et, éloignant lentement les mains en les fermant, il les élèvera de chaque côté du patient jusqu'au sommet de la tête ; puis il imposera les mains au-dessus du cerveau du sujet, et il les y laissera de dix à quinze secondes ; ensuite il les descendra lentement vers les oreilles et le long des bras jusqu'au bout des doigts.

Il fera huit à dix passes semblables ; chacune devra durer à peu près une minute.

Après avoir imposé les mains de la même manière, il les descendra devant la face, la poitrine et tout le buste, s'arrêtant de temps en temps à la hauteur de l'épigastre, en présentant la pointe des doigts. Il continuera ainsi pendant une demi-heure, une heure.

Les impositions et les passes seront faites à quelques pouces de distance, sans attouchement. Chaque fois que le magnétiseur relèvera les mains, elles seront fermées ; il le fera lentement, de côté et non en face du sujet, et cela afin de ne pas produire dans la circulation un va-et-vient qui pourrait provoquer une congestion au cerveau si l'on agissait en face.

Le magnétiseur fera aussi quelques passes en imposant

les mains au-dessus du cervelet, et en les descendan
derrière les oreilles et les épaules pour revenir sur les bras.

Depuis le commencement jusqu'à la fin de l'opération, il ne s'occupera que de ce qu'il veut produire, afin que, par la concentration de sa volonté, il provoque l'émission du fluide et le transmette au sujet.

Le magnétiseur reconnaîtra le sommeil magnétique à une impassibilité cadavérique du visage et au manque total de déglutition.

Après avoir ainsi opéré pendant un certain temps, si le sujet paraît plongé dans le sommeil, le magnétiseur pourra lui adresser quelques questions.

Si le sujet est seulement dans un état d'engourdissement ou de sommeil naturel, il se réveillera. Il faudra alors cesser l'opération et dégager fortement, car il pourrait arriver que, bien que le patient n'ait point été endormi, il ait été assez envahi par le fluide pour ne pouvoir ouvrir les yeux.

Mais si le sujet est plongé dans le sommeil magnétique, sommeil profond dont aucun bruit, aucune sensation ne peuvent le faire sortir, il restera muet. Si le magnétiseur n'est pas trop fatigué, il continuera à magnétiser, pour obtenir le somnambulisme, sinon il réveillera.

Mais si le sujet a passé par le sommeil magnétique et qu'il soit arrivé au somnambulisme, il entendra le magnétiseur lorsqu'il lui parlera, et il pourra lui répondre. Le magnétiseur pourra continuer alors les questions pendant quelques instants, car il ne faut pas la première fois fatiguer les sujets par des expériences ; puis il réveillera.

Lorsque le magnétiseur voudra réveiller, il fera quelques passes des épaules aux pieds, afin de dégager la tête en entraînant le fluide en bas ; puis, en y mettant un peu de force musculaire, il fera vivement, devant les yeux et le visage, des passes longues, en les descendant de côté jusqu'à ce que le sujet donne signe qu'il revient à lui, puis il continuera les mêmes passes devant la poitrine et le corps entier ; alors le sujet devra être réveillé, mais non encore dans son état normal. Le magnétiseur fera une insufflation froide sur les yeux, il touchera les sourcils depuis leur naissance, afin de dégager entièrement les yeux, il faudra continuer, sans s'arrêter, les mêmes passes sur tout le corps, jusqu'au moment où le sujet sera complètement dégagé. Le magnétiseur pourra faire aussi quelques passes transversales devant l'estomac.

Il est fort essentiel de bien dégager après avoir réveillé, car souvent il arrive que le sujet qui ne s'est point laissé débarrasser entièrement, éprouve, dans la journée, un peu de lourdeur dans la tête ou d'engourdissement dans les jambes, ce qui pourrait dégénérer en un malaise général et provoquer même des accidents graves.

Voilà exactement ce qu'il faut faire pour endormir et réveiller sans provoquer d'accident; mais il se peut que, tandis qu'on agit ainsi, le sujet, par sa nature même, éprouve divers malaises qui pourraient occasionner des accidents, si on ne les faisait pas cesser immédiatement.

Par exemple, si le sujet avait la respiration gênée et qu'elle le devînt de plus en plus, il faudrait exécuter vivement des passes transversales devant l'épigastre, afin de dégager les plexus du fluide qui s'y accumule.

Si le sujet suffoquait, il faudrait poser les doigts d'une main sur l'épigastre, les y laisser, et poser les doigts de l'autre main à la naissance du cou, en les descendant ensuite sur la trachée-artère et sur les bronches, afin de rétablir la circulation, puis faire quelques passes transversales devant l'épigastre.

Si le sujet avait des mouvements convulsifs dans les membres, des soubresauts du corps, il faudrait poser le bout des doigts d'une main sur l'épigastre pour empêcher les contractions du diaphragme, puis faire quelques passes transversales devant l'estomac, et enfin quelques passes longues et lentes, les mains renversées, devant tout le corps, pour calmer tout l'organisme.

Si le sang montait avec violence à la tête, que la face devînt rouge et qu'il y eût danger d'une congestion, il faudrait attaquer les carotides en appuyant les doigts dessus et en les descendant devant la poitrine, et y joindre quelques passes longues et lentes.

Si, après avoir endormi, il ne pouvait pas réveiller, le magnétiseur se reposerait un instant pour retrouver tout son calme ; il plongerait ses mains dans de l'eau fraîche, et, après les avoir essuyées, il exécuterait les passes indiquées pour réveiller, — et il réveillerait.

Depuis le commencement jusqu'à la fin de l'opération, qu'il y ait ces petits malaises ou non, il est important, très important, que le magnétiseur soit calme et conserve tout son sang-froid. Il faut qu'il soit bien convaincu que, s'il a eu le pouvoir d'endormir, il a aussi le pouvoir de réveiller et de faire cesser tous les accidents. Il est d'autant plus essentiel que le magnétiseur conserve tout son sang-froid, que si malheureusement il se trouble et s'inquiète, il perd toute sa puissance, et que les plus grands malheurs peuvent en être la conséquence.

Si l'on veut suivre attentivement ces indications, nous pouvons assurer qu'on n'aura point d'accidents à déplorer, et que l'on produira facilement les phénomènes magnétiques.

Par la méthode que nous avons indiquée, nous demandons le contact préalable des pouces, contrairement à plusieurs magnétiseurs dont nous reconnaissons le savoir ; mais nous insistons avec d'autant plus de force et de raison sur ce procédé, que l'action par le contact des pouces est plus puissante et plus complète, que l'envahissement du système nerveux est plus direct, plus intérieur, puisque ce sont les nerfs mêmes du sujet qui servent de conducteurs au fluide vital jusqu'aux centres nerveux, qui sont mis en rapport exact, par ce moyen, avec ceux du magnétiseur.

On comprend, on doit comprendre que l'envahissement de l'organisme du patient doit être d'autant plus prompt et plus entier, que l'action est plus continue et plus directe ; le magnétiseur est un réservoir dont la soupape est ouverte, et dont le contenu parcourt les canaux qui lui sont ouverts intérieurement. Rien ne se perd, rien ne peut se perdre ; le fluide suit le trajet des nerfs, comme le fluide électrique suit le fil de fer qui lui sert de conducteur dans le télégraphe électrique.

Les effets viennent à l'appui de ce que nous avançons ; la torpeur, l'engourdissement, l'insensibilité, le sommeil, se présentent bien plus souvent et d'une manière bien plus complète, plus exacte et plus prompte, avec le contact des pouces qu'avec la méthode des passes seulement. Avec celle-ci, vous n'obtenez que des effets superficiels, et avec les pouces vous agissez promptement et intérieurement sans secousses, vous ne produisez pas d'ébranlement subit; votre action, continue et douce, s'infiltre insensiblement.

Quant à la fascination, elle est utile, quoiqu'on la blâme ; elle frappe l'imagination et prédispose le système nerveux à recevoir le fluide qui lui est communiqué.

Nous maintenons donc que la méthode du contact des pouces et ensuite des passes, faites à la distance de quelques centimètres, est la plus rationnelle et la plus efficace pour produire le sommeil et pour toute magnétisation généralement.

Nous donnerons ici quelques indications pour provoquer des effets partiels sans qu'il y ait sommeil ; ces effets rentrent dans la partie expérimentale du magnétisme, et ils peuvent être utiles pour porter la conviction dans les esprits, surtout quand ils sont obtenus sur des personnes connues par les spectateurs.

L'occlusion des yeux s'obtient en tenant les pouces comme nous l'avons indiqué dans la magnétisation générale, et en regardant fixement les yeux du patient, qui, de son côté, regarde le magnétiseur.

Pour obtenir du bien-être et du calme, il faut prendre les pouces, regarder les yeux du patient, et, lorsqu'ils sont fermés ou même quand ils sont encore ouverts, mais que la pupille s'est dilatée ou contractée fortement, il faut prendre les mains du sujet dans les siennes, et rester ainsi pendant un quart d'heure, une heure même.

La *transpiration* s'obtient en tenant les pouces et en regardant de la même manière, puis en imposant une main sur l'estomac et l'autre sur le dos, entre les deux épaules.

Le *spasme* est produit en présentant les doigts en pointe devant l'estomac, après avoir pris les pouces et regardé fixement les yeux.

La *paralysie* et *l'insensibilité partielle* s'obtiennent en faisant sur un membre des passes longues, après avoir tenu les pouces et regardé fixement, jusqu'à ce que les yeux du sujet soient fermés.

Pour produire la *catalepsie partielle*, il faut, après avoir tenu les pouces et regardé fixement, toucher le muscle extenseur du membre, le deltoïde par exemple, jusqu'au moment où l'on sentira une légère contraction qui annoncera que le muscle se raidit, puis faire quelques passes sur ce membre, en y mettant beaucoup d'action.

La *paralysie*, la *catalepsie* et l'*insensibilité* entières ne s'obtiennent qu'en agissant plus fortement et plus longuement. Quelquefois cependant on les voit apparaître après quelques minutes seulement, mais c'est très rare, et il faut que ce soit sur des sujets dont le système nerveux est très impressionnable à l'action magnétique.

Il faut, pour obtenir l'*attraction*, lancer avec force, sur la tête et sur les épaules, un jet de fluide en présentant les doigts, puis les refermer vivement et les rapprocher de soi-même, comme s'ils tenaient des ficelles qui, de votre corps, seraient dirigées vers le sujet, et que vous retireriez à vous. Quelquefois c'est l'épigastre qu'il faut attaquer.

On procède, pour le *sommeil*, comme il est indiqué plus haut.

Pour produire le *sommeil à distance*, on doit se concentrer fortement en soi-même, afin que l'émission du fluide se fasse avec violence et d'une manière continue. On peut présenter les doigts du côté où l'on suppose le sujet, ou se croiser les bras ; le fluide étant émis par tout le corps, va frapper le sujet sur lequel vous le dirigez.

Pour la *paralysie des sens*, il suffit de charger fortement le sens que vous voulez paralyser.

Pour la *localisation de la sensibilité*, chargez fortement par des passes le membre sur lequel vous voulez expérimenter, et lorsque vous aurez produit l'insensibilité, dégagez une certaine partie de ce membre par des passes faites vivement : vous aurez la sensibilité là où vous l'aurez voulue.

Lorsque vous avez provoqué le sommeil, si vous voulez obtenir le *somnambulisme*, il faudra charger un peu le cerveau en imposant les mains au-dessus pendant une ou deux minutes, faire quelques passes, puis poser une main sur l'estomac, et de l'autre faire des passes de temps en temps. La *lucidité* s'obtient de la même manière, en ajoutant des passes du cervelet aux yeux et des yeux au cervelet. L'*extase* s'obtient en faisant des passes légères sur l'organe phrénologiquement appelé la *religiosité*.

Il est un fait remarquable, c'est que généralement les personnes étrangères à toutes les connaissances magnétiques produisent facilement le sommeil et le somnambulisme.

Certains magnétiseurs expliquent ainsi ce fait :

« Celui qui agit ainsi est sans préoccupation ; aucune combinaison ne dérange son esprit et ne vient altérer les forces dont il dispose ; tout entier à ce qu'il fait, il ne cherche rien, car une vague idée le dirige ; il ne croit ni ne doute, il ignore enfin s'il a les propriétés magnétiques ; l'agent dont il pénètre l'être qu'il actionne est simple et tel qu'il devrait toujours être. Il est facile de comprendre ce qui se passe alors ; nulle contrainte n'existe, la nature n'est point forcée ; les passions, qui dérangent tout le moral et réagissent si fortement sur le physique, n'ont point été mises en jeu ; elles n'influent que quand le néophyte a réfléchi sur l'étrangeté du phénomène qu'il a fait naître. Alors commence à s'altérer la régularité de l'instrument qu'il avait formé. »

Nous n'acceptons point ces explications ; nous pensons que la cause est beaucoup plus simple et qu'elle tient peu à la disposition morale.

Les élèves magnétiseurs, ou même les personnes qui n'ont aucune connaissance des lois du magnétisme, produisent assez facilement, en effet, le sommeil et le somnambulisme ; cela tient un peu à ce que, ne se doutant pas du trouble et des accidents qu'ils peuvent provoquer, ils vont à l'aventure, sans aucune crainte. Mais la principale cause, selon nous, c'est leur action vierge, leur fluide dense, plus compacte que celui des personnes qui ont magnétisé pendant plusieurs mois, pendant plusieurs années, et qui n'ont point une santé robuste, à l'épreuve des fatigues.

La magnétisation fatigue beaucoup ; c'est une dépense vitale et toute physique que l'on fait. L'homme qui veut être puissant magnétiseur doit suivre un régime hygiénique tout particulier, et il doit surtout s'abstenir des plaisirs des sens. Le vide et la fatigue qui résultent d'une longue et laborieuse magnétisation sont tout à fait semblables à ceux qu'éprouve l'homme qui s'est adonné aux excès des sens : c'est une dépense d'une force nécessaire à sa propre existence qu'il vient de faire, et qui est augmentée par la fatigue morale résultant de la tension de la volonté pour émettre avec plus de force et en plus grande quantité le fluide qui est en lui.

Nous n'admettons point que des élèves produisent plus facilement le sommeil et le somnambulisme qu'un magnétiseur expérimenté ; celui-ci possède non seulement la force comme les élèves, lorsqu'il est d'une constitution convenable, mais il sait comment agir, comment diriger son action. Sans faire une dépense aussi grande, il produira le sommeil et le somnambulisme beaucoup plus promptement que l'élève qui ignore et qui n'a pour lui que sa force toute nouvelle.

Aussi voyons-nous toujours les élèves bien plus fatigués, après avoir produit ces effets, que le magnétiseur consommé ; celui-ci, après avoir envahi le système nerveux du sujet, a su diriger son action sur tel ou tel organe, pour arriver au résultat qu'il cherche, tandis que l'élève a donné généralement tout le fluide qu'il avait en lui, et se trouve épuisé au moment décisif.

Le somnambulisme est le résultat d'un procédé ou d'un mode d'action que nous connaissons ; par conséquent nous le produisons quand nous voulons en magnétisant de telle ou telle manière.

Mais, nous le répétons, le magnétiseur se fatigue beaucoup plus même qu'on ne le pense généralement. Il faut pour pouvoir faire sa profession du magnétisme, jouir d'une constitution et d'une santé exceptionnelles ; il faut être doué d'un système nerveux tout particulier et d'une fermeté de caractère excessive, pour être en état de magnétiser dix, douze, quinze personnes par jour, et pour pouvoir faire autant de bien à la dernière qu'à la première.

Dans l'antiquité, les hommes qui s'occupaient de magnétisme étaient beaucoup plus puissants, les guérisons étaient beaucoup plus promptes, elles paraissaient miraculeuses, et cela par deux raisons : les prêtres de l'antiquité vivaient dans le sanctuaire du temple, loin des passions et dans une vie austère de concentration et de contemplation ; ils devaient donc être beaucoup plus aptes à produire les effets magnétiques ; leurs forces n'étaient point jetées au vent ; ils n'usaient pas leurs organes dans le tourbillon des plaisirs, comme on le fait aujourd'hui, ils possédaient toute leur force virile, et ils ne la dépensaient pas en excès et en émotions de tout genre. Aussi les voyons-nous faire des guérisons instantanées ; il leur suffisait d'imposer les mains, de toucher le malade, et ils le guérissaient. Les effets de lucidité somnambulique étaient plus brillants : leurs prophétesses, leurs pythonisses, leurs oracles n'étaient jamais instruits de ce qu'ils faisaient ou disaient, et par conséquent leur lucidité n'était point détraquée comme l'est celle des somnambules de nos jours, auxquels on raconte tout ce qu'ils font et disent pendant leur somnambulisme.

Les magnétiseurs ont écrit et écrivent encore aujourd'hui que les phénomènes du somnambulisme et de la lucidité se déclarent plus brillants et plus fréquents sur les êtres les plus simples, les plus voisins de la nature, les moins instruits, les moins civilisés. Nous ne partageons pas cette opinion ; nous avons, au contraire, toujours trouvé un somnambulisme plus brillant, une lucidité bien plus remarquable chez les personnes du monde qui joignaient à une intelligence supérieure un esprit cultivé et une éducation distinguée. Nous pourrions citer, comme preuve de ce que nous avançons, quelques noms bien connus dans le monde aristocratique et scientifique.

CHAPITRE VI

SOMNAMBULISME

De tous les phénomènes que la pratique du magnétisme offre à la curiosité publique, le plus étonnant, le plus émouvant, mais aussi le moins compris, est, sans contredit, le somnambulisme magnétique, qui détruit en quelque sorte les lois de la physiologie existant aujourd'hui.

Nous allons exposer, aussi succinctement que possible, les divers points de vue sous lesquels on a, jusqu'à ce jour, envisagé le somnambulisme, et les explications qu'on donne généralement de ce phénomène.

« C'est un état mitoyen entre la veille et le sommeil, qui participe de tous les deux, et produit aussi un grand nombre de phénomènes qui n'appartiennent ni à l'un ni à l'autre.

« Le sujet réduit à l'état de somnambulisme n'entend rien de ce qui se passe à côté de lui; immobile au milieu des plus grands mouvements, il semble séparé de la nature entière, pour ne conserver de communication qu'avec celui qui l'a mis dans cet état.

« Celui-ci a acquis (par le seul fait de la magnétisation) un rapport intime avec le sujet; à l'aide d'une espèce de levier invisible, il le fait mouvoir à son gré, et telle est la force de son empire, que non seulement il s'en fait entendre en lui *parlant et par signes*, mais encore par la seule *pensée*; et ce qu'il y a de plus étrange, c'est que le magnétiseur peut communiquer sa propriété à d'autres personnes par le contact, et dès ce moment la communication se continue entre le somnambule et son nouveau directeur.

« Il semble que chez le sujet mis en somnambulisme il se fait une désorganisation qui rompt l'équilibre de ses sens, de manière que les uns éprouvent une dégradation extrême, lorsque certains autres acquièrent un degré prodigieux de subtilité.

« Ainsi chez quelques-uns, l'*ouïe* se perd ou s'affaiblit, lorsque la *vue* devient d'une pénétration prodigieuse ; chez d'autres, la privation de la *vue* et de l'*ouïe* est compensée par une délicatesse incroyable du *toucher* ou du *goût*.

« Chez plusieurs, un sixième sens semble se déclarer par une extension extrême de la faculté intellectuelle, qui surpasse la portée ordinaire de l'esprit humain.

« En un mot, les phénomènes que présente l'état de somnambulisme offrent chaque jour de nouveaux sujets d'étonnement pour ceux mêmes auxquels ils devraient être le plus familiers.

« Qu'est-ce que le somnambulisme ? C'est pour les uns, *une exaltation de l'âme* ; pour les autres, c'est un *sixième sens* ; pour ceux-ci, c'est une *extension des facultés psychiques* ; pour ceux-là, c'est une *exaltation nerveuse* ; pour d'autres enfin, c'est un *esprit* qui vous anime, un *ange* qui vous guide, un *démon* dont vous êtes possédé, et qui vous fait *parler*, *agir* et *voir*. »

C'est ainsi qu'on explique généralement le somnambulisme ; quant à moi, je ne le comprends pas entièrement de cette manière, et les diverses théories qu'on a émises à ce sujet ne sauraient me satisfaire ; il y a dans le somnambulisme une pensée bien plus élevée, une pensée toute divine, c'est-à-dire Dieu se révélant à l'homme.

Pour comprendre et pour expliquer le somnambulisme, il faudrait savoir ce qu'est l'âme ; or, les discussions sur la nature de l'âme ont de tout temps ouvert un vaste champ aux folies humaines.

Thalès prétendait que l'âme se mouvait elle-même.

Pythagore soutenait qu'elle était une ombre pourvue de cette faculté de se mouvoir soi-même.

Platon la définit une substance spirituelle se mouvant par un nombre harmonique.

Aristote, armé de son mot barbare *entéléchie*, nous parle de l'accord des sentiments.

Héraclite croit que l'âme est une exhalaison ; Empédocle, un composé des éléments ; Démocrite, Leucide, Epicure, un mélange de je ne sais quoi de feu, de je ne sais quoi d'air, de je ne sais quoi de vent, et d'un autre élément qui n'a pas de nom ; Anaxagore, Anaximène, Archélaüs la composaient d'air subtil ; Hippone, d'eau ; Xénophon, d'eau et de terre ; Boëce, de feu et d'air ; Parménide, de feu et de terre ; Curtias la plaçait tout simplement dans le sang ; Hippocrate ne voyait en elle qu'un esprit répandu dans tout le corps ; Marc-Antonin la prenait pour du vent, et Critolaüs, tranchant ce qu'il ne pouvait dénouer, la supposait une cinquième substance.

Ne croirait-on pas, en voyant ce chaos de définitions bizarres et contradictoires, que tous ces grands génies de l'antiquité se jouaient de la majesté de leur sujet ? Les rêveries des anciens ne jettent donc aucun jour véritable et satisfaisant sur la nature de l'âme. Malheureusement, en lisant nos philosophes modernes, nous ne sommes pas plus éclairés sur cette matière.

Plus on étudie les secrets de l'âme, plus on est confondu par le cachet de grandeur que lui imprima l'Eternel. Emprisonnée dans un corps de boue, soumise aux arrogants besoins de cet esclave dominateur, cette âme a calculé les distances des astres, découvert les lois qui régissent l'univers, forcé Dieu dans les retranchements de son immensité.

A l'exception de deux ou trois peuplades sauvages réduites à l'instinct des brutes, toutes les nations ont reconnu dans l'homme une substance indépendante du corps, et source de la volonté et de l'intelligence. Il a fallu le travail des siècles et les lumières d'une religion dégagée des sens pour faire entrer l'homme plus avant dans les mystères de son âme, que l'antiquité n'avait fait qu'effleurer.

Sorti des langes du polythéisme, l'esprit humain se comprit lui-même ; il vit avec clarté que la matière, quelque subtile qu'elle soit, n'est qu'une esclave brute et inerte ; qu'il n'y a nulle analogie possible entre les phénomènes de l'âme et ceux du corps. On a donc conclu que l'âme est une substance absolument immatérielle, puisqu'elle ne peut avoir aucune des propriétés que l'on remarque dans les corps.

L'homme peut comprendre que son corps est soumis à une substance plus parfaite, qui agit sur cette matière brute comme Dieu agit sur l'univers ; mais quels sont les liens qui unissent si intimement deux substances si dissemblables ? L'homme l'ignorera toujours ; son âme est simple et de la même nature que Dieu, mais, après lui avoir permis d'atteindre à ces vérités, l'Eternel a posé son doigt : « Tu n'iras pas plus loin! » et l'orgueilleux qui veut avancer éprouve le même éblouissement que l'imprudent voyageur qui se penche au bord d'un abîme.

Nous n'avons point immédiatement la conscience de l'existence de l'âme, mais nous avons la conscience de nos sensations, de nos pensées, des actes de notre volonté, et ces opérations supposent l'existence de quelque chose qui sent, qui pense et qui veut.

D'ailleurs, tout homme est irrésistiblement convaincu que ces sensations, ces pensées, ces actes de volonté appartiennent à un seul et même être, à cet être qu'il nomme *lui-même*, à cet être que, par suite des lois de la nature, il est conduit à considérer comme distinct de son corps, et qui n'éprouve aucune dégradation par la perte ou la mutilation des organes dont celui-ci est pourvu.

Ainsi, la spiritualité de l'âme n'est pas une opinion qui ait besoin de preuves, mais le résultat simple et naturel d'une analyse exacte de nos idées et de nos facultés.

Quand l'homme meurt, il ne meurt pas tout entier ; la plus noble partie de lui-même survit à l'autre : l'âme est immortelle.

On le prouve par la nature même de cette substance. L'âme étant simple, n'ayant pas de parties, ne peut pas périr comme le corps, par corruption et par dissolution.

Néanmoins, tout en reconnaissant la spiritualité de l'âme, la différence de nature qui existe entre elle et le corps auquel elle est unie, on ne peut nier son étroite dépendance des organes.

C'est Descartes qui, le premier, a établi d'une manière claire et satisfaisante la distinction entre l'esprit et la matière, qui a démêlé ce qui, jusqu'à lui, avait été confondu; mais nous ne suivrons pas ce philosophe dans des raisonnements qui peut-être seraient déplacés dans cet ouvrage.

L'harmonie entre l'âme et le corps doit être parfaite ; il faut que le cerveau, si nécessaire aux opérations de l'âme, ait atteint la perfection qui lui est propre, car si l'âme a des propriétés qui lui sont particulières, le corps lui sert toujours d'instrument. On comprendra pourquoi une chute sur la tête, une fièvre célébrale, peuvent déranger les facultés intellectuelles. L'âme n'est point altérée par le mauvais état de l'instrument, mais elle est condamnée à l'inertie, l'harmonie étant rompue.

L'âme et le corps ont une vie qui leur est propre, et qui, parfaitement harmonisée, constitue la vie normale de l'homme. Le corps, tout matériel, a besoin d'un repos qu'il trouve dans le sommeil ; mais l'âme veille pendant ce temps, et, dégagée en quelque sorte des liens qui la retiennent, elle vit de sa vie particulière et jouit entièrement des facultés qui lui sont propres.

C'est ainsi que, dans cet état de repos, l'intelligence travaille, que des tableaux réels et fictifs se déroulent dans des songes, que le corps agit machinalement, sans le secours des sens, sans avoir conscience de ce qu'il fait, et, qui plus est, sans aucune souvenance lorsque la vie commune est rétablie.

Les phénomènes de l'éthérisation, qui ont quelque analogie avec ceux du magnétisme, et qu'il n'est pas possible de traiter de chimères, sont, avec ces mêmes phénomènes, incontestablement la preuve la plus frappante de la dualité du dynamisme humain, c'est-à-dire de l'existence des deux principes actifs du corps vivant et pensant, de la cause vitale et de la cause intellectuelle.

J'ai vu plusieurs sujets qui subissaient l'influence des vapeurs éthérées et d'autres soumis à l'influence magnétique, continuer à répondre aux questions que je leur adressais, et me rendre un compte exact de leurs impressions du moment, tandis qu'ils paraissaient ne se ressentir en rien des graves opérations chirurgicales qu'on pratiquait sur eux. Le mouvement et le sentiment étaient entièrement abolis dans leur organisme, tandis que l'intelligence n'avait rien perdu de son activité. L'esprit veillait, mais le corps était plongé dans une torpeur absolue.

Il y a trois genres de somnambulisme, qui sont peut-être identiques dans leur nature intime, mais qui diffèrent par leur mode d'origine comme par les facultés inhérentes à chacun d'eux.

Le premier est le somnambulisme qu'on peut appeler *naturel physiologique*. Il est connu depuis longtemps, et il a toujours été considéré comme une espèce de rêve, malgré les caractères différentiels qui le distinguent des rêves ordinaires.

Le deuxième est le somnambulisme que nous nommerons *naturel spontané* ; celui-ci se rapproche du précédent par son origine, qui est toujours spontanée, naturelle et involontaire. Il éclate inopinément dans l'état de veille, ou bien il est annoncé par quelques signes avant-coureurs ; mais, dans tous les cas, il semble lié à un état morbide du système nerveux, et compliquer ou constituer une affection périodique ou régulière.

Le troisième est le somnambulisme *artificiel, magnétique*. Il est toujours provoqué, toujours l'effet mystérieux de l'action secrète de l'homme sur l'homme. Il paraît être complètement identique au somnambulisme *naturel spontané*, par tous les caractères, qui le constituent et par toutes les facultés normales ou anormales qui distinguent les somnambules. On pourrait résumer toutes les différences qui les séparent, en disant que l'un est le produit de l'art et l'autre un effet de la nature.

Toutefois, cette distinction du somnambulisme en trois genres pourrait bien être plus apparente que réelle. Le somnambulisme que nous avons appelé *physiologique*, plus rare ou plus rarement observé que les deux autres, n'en diffère peut-être pas au fond, et il ne serait pas impossible de ramener cette trinité à un état unique et toujours identique avec lui-même, dans lequel on retrouverait, par une observation attentive, les mêmes caractères, les mêmes singularités, la même puissance.

On conçoit que les organes sur lesquels la force vitale semble s'être accumulée tout entière doivent acquérir une intensité d'action extraordinaire, et cela explique la vivacité et l'éclat des conceptions partielles des somnambules. Une fois l'accès passé, les somnambules ne se souviennent jamais de rien ; ils n'ont pas même le souvenir d'avoir rêvé. Quand on les éveille pendant l'accès, on les voit tout surpris et ne comprenant pas comment ils se trouvent hors de leur lit.

Le *somnambulisme spontané* se montre sans provocation extérieure appréciable, comme le somnambulisme dit physiologique. Il est toujours le produit spontané de la vie, mais il tient à un état morbide spécial du système nerveux. On le voit se manifester comme les affections nerveuses ; il forme souvent une des phases de leurs accès, et, le plus ordinairement, il les termine ; il semble ainsi l'un des éléments de ces maladies nerveuses intermittentes qui, sous une forme spasmodique ou convulsive, se composent d'une série de manifestations critiques que séparent des intervalles plus ou moins longs, réguliers ou irréguliers. On voit l'état somnambulique coexister ou alterner avec l'état convulsif ; d'autre fois, on le voit succéder aux spasmes, aux convulsions, au délire, et se manifester comme une douce transformation critique de l'accès. Mais, dans toutes les circonstances, la nature se suffit à elle-même ; le passage de la vie normale à la vie somnambulique s'accomplit spontanément, sans aucune action provocatrice extérieure.

Le mode singulier d'existence, que nous appelons *somnambulisme magnétique*, n'est ni la veille, ni le sommeil, ni le rêve. Le sommeil est la suspension momentanée de la vie morale, c'est la période de repos des organes de la vie de relation. L'homme qui dort n'est plus en rapport avec le monde extérieur ; il n'a pas la conscience de sa propre existence : le sommeil complet ressemble à la mort. Les somnambules, au contraire, jouissent de la plénitude de leur facultés intellectuelles et morales ; on remarque même que leur esprit possède ordinairement plus de portée et plus d'éclat, que leurs perceptions ont plus de force et plus de délicatesse que dans l'état normal ; en outre, ils acquièrent des facultés nouvelles qui n'ont point leurs analogues dans la vie ordinaire.

L'état du somnambule magnétique diffère un peu de celui du somnambule naturel spontané. Dans le second, en effet, la perception extérieure ne s'exerce que sur un seul ordre de choses, celui-là qui occupe la conscience de l'individu ; il n'a qu'un but, sa pensée n'en change que très difficilement, et il n'est en rapport qu'avec tout ce qui se rattache directement à son objet.

Le somnambule magnétique, au contraire, est complètement libre de ses pensées, de son attention et perçoit les choses dont il désire s'occuper ou qu'on le prie d'examiner.

Dans les deux états, la perception ne s'opère plus dans les conditions physiologiques ; les sens changent leur mode fonctionnel. Chez le somnambule naturel, un seul sens paraît s'enrichir de la vitalité de tous les autres, qui demeurent plongés dans une inertie complète. Chez le somnambule magnétique, la perversion des sens est générale ; leur expansion le met à l'extérieur dans un rapport bien plus intime même que dans l'état de veille, et les rapports de son âme avec son cerveau ne sont pas plus limités ; ils s'exercent seulement par l'intermédiaire d'un nouveau médiateur qui résulte de la combinaison du fluide du magnétiseur avec celui du somnambule.

Lorsque, par l'action magnétique, l'organisme est envahi, lorsque le système entier est saturé de fluide vital communiqué, lorsque la matière est rendue inerte et que la vie du corps est annihilée, l'âme se trouve en quelque sorte dégagée des liens de la vie commune, pour vivre de sa propre vie ; ses facultés tout immatérielles apparaissent d'autant plus brillantes que l'anéantissement de la matière est plus complet.

Les somnambules magnétiques ont, je ne dis pas toujours, mais souvent, le pouvoir d'apercevoir, de percevoir, de voir enfin les choses *actuellement existantes* à travers les corps opaques qui les dérobent aux sens ordinaires, quels que soient les obstacles ou les voiles qui les couvrent, et à des distances illimitées.

Ils ont la faculté de percevoir les actions mentales, la pensée, la volonté humaine.

Ils ont la faculté de prévoir et de prédire des événements dont l'origine et le développement sont relatifs à eux-mêmes, dont le point de départ, la cause et le terme sont dans leur organisme. Ainsi, un somnambule lucide malade annonce qu'il aura une crise tel jour, à telle heure et qu'elle durera tant d'heures, tant de minutes. Cette prévision s'étend à plusieurs semaines, à plusieurs mois et même à plusieurs années.

Les somnambules peuvent aussi prévoir, prédire des événements entièrement indépendants de leur organisme, mais qui cependant ont déjà un point de départ, tels que l'issue d'un procès pendant devant un tribunal, et qui ne sera jugé que dans quelques mois, etc., etc. ; mais nous ne pensons pas qu'ils puissent prédire des actes qui n'ont aucun *germe* tels que le tirage de la loterie.

Les somnambules voient toute l'anatomie de leurs corps, et ils étendent cette faculté aux étrangers que l'on met en contact avec eux.

C'est dans ce genre d'application des facultés somnambuliques qu'il est besoin d'une grande habitude pour ne pas embrouiller les somnambules, pour obtenir des renseignements exacts, pour savoir discerner et reconnaître s'ils voient ou s'ils ont seulement la sensation, et pour les diriger convenablement, car leurs descriptions sont bizarres, et les dénominations qu'ils donnent à ce qu'ils voient sont quelquefois fort étranges.

Le pouvoir des somnambules, tout extraordinaire qu'il est, à ses limites, comme tout dans ce monde, et dans les circonstances où il peut s'exercer, il y a des conditions inconnues, indéterminées, qui viennent souvent l'entraver. Nous en avons à chaque instant la preuve chez les somnambules les plus lucides, dans ces alternatives et ces inégalités que nous ne pouvons prévoir et auxquelles nous ne pouvons assigner de cause.

Le somnambulisme, cette belle phase du magnétisme, dont le développement peut être si immense, se provoque facilement; nous connaissons le mécanisme nécessaire pour le produire, mais nous ne savons point le diriger, nous ignorons les lois qui président à ce phénomène. Cependant nous avons remarqué qu'à son début, et lorsque les premiers symptômes se déclarent, l'état somnambulique est beaucoup plus complet. Cette faculté de parcourir les espaces, de voir à travers les corps opaques, est bien plus puissante ; il semble que lorsque le somnambulisme est provoqué souvent les liens du corps et de l'âme soient moins relâchés ; il semble que l'influence matérielle se fasse sentir, entrave les facultés de l'âme et établisse un état de relation entre le somnambulisme et l'état normal.

Une des causes de cette perturbation, c'est la déplorable habitude qu'on a d'instruire le somnambule de l'état dans lequel il s'est trouvé, de ce qu'il a fait, vu ou dit. Il s'en impressionne, et peu à peu il s'applique à effacer l'espèce de solution de continuité qui doit exister entre l'état normal et l'état somnambulique.

Il est encore une autre cause de la dégénérescence du somnambulisme : souvent un somnambule est magnétisé par plusieurs personnes ; dans ce cas, l'envahissement du système nerveux est moins complet, l'anéantissement de la vie matérielle est moins entier, et par conséquent l'âme est moins dégagée. Elle ne voit plus comme auparavant ; souvent même, dominée par la matière, elle est presque rejetée dans la vie commune. C'est alors que, subissant l'influence matérielle, l'âme ne s'appartient plus et qu'elle revêt tous les défauts inhérents à la vie normale.

Il est enfin une troisième cause : c'est l'habitude vicieuse que plusieurs magnétiseurs font contracter à leurs somnambules en accusant chez eux un point de vision physique, soit au front, soit à la nuque, soit à l'estomac, soit au bout des doigts. Cette habitude repose sur une fausse appréciation de l'état somnambulique ; il n'existe chez le somnambule aucun siège de vision spécial ; l'âme étant en quelque sorte dégagée des liens de la matière, la vue n'a plus d'instrument dans l'organisme et réside sur tous les horizons du somnambule. Ce qu'on appelle *transposition des sens* est une chimère en magnétisme.

Cet usage de localiser la vue fait subir à l'âme l'influence de la matière et détruit la pureté de la clairvoyance.

C'est à peu près la position de toutes les personnes qui, par profession, sont mises dans le somnambulisme et donnent des consultations du matin au soir. C'est d'autant plus probable, que la plupart des individus qui les endorment ignorent entièrement les lois qui président au magnétisme.

Souvent l'état du somnambule est si peu élevé, qu'il n'a que la sensation des douleurs qu'éprouve le malade qui vient le consulter ; quelquefois il peut voir les organes du malade, sans pouvoir indiquer les remèdes convenables pour obtenir une guérison.

Dans cet état de choses, le somnambulisme pratiqué comme il l'est aujourd'hui devient plutôt pernicieux qu'utile.

Ceci est d'autant plus vrai, que le public ne voit le magnétisme que dans le somnambulisme et les consultations. Le public ignore ou semble ignorer que le magnétisme employé directement sur les malades possède une action bienfaisante et curative, et que le somnambulisme n'est qu'une des phases produites par le magnétisme proprement dit, et, comme souvent le somnambule ne voit pas bien, on pense que le magnétisme n'est pas utile ou même qu'il n'existe pas.

CHAPITRE VII

EFFETS GÉNÉRAUX DU MAGNÉTISME

Les effets produits par l'influence magnétique sont nombreux ; ils sont de deux sortes : les uns sont simplement *physiologiques*, les autres sont *psychologiques*.

Les premiers sont :
La clôture des yeux ;
Le bien-être ;
La transpiration ;

Les spasmes ;
Le tremblement convulsif ;
L'insensibilité partielle et entière ;
La paralysie entière ou partielle, les yeux fermés ;
La paralysie partielle ou entière, sans la clôture des paupières ;
La catalepsie partielle, les yeux ouverts ou fermés ;
La somnolence ou torpeur ;
L'attraction.

Pendant le sommeil, tous ces effets sont plus complets ; il faut y ajouter :

Le sommeil ;
Le sommeil à distance ;
La localisation de la sensibilité ;
La transmission de sensation ;
Le somnambulisme naturel ;
Le somnambulisme magnétique.

Les effets *psychologiques* qui se présentent dans le somnambulisme sont :

La transmission de pensée ;
La vue sans le secours des yeux à travers les corps opaques ;
L'extase sous l'influence de la musique ;
L'extase.

Tous les effets *physiologiques* se retrouvent plus complets, plus entiers dans la phase du somnambulisme, qui est en quelque sorte la veille dans le sommeil.

Il en est encore d'autres qui se présentent dans les traitements des maladies ; nous en parlerons ultérieurement.

Tous ces effets peuvent se présenter réunis sur un sujet que l'on magnétise pour la première fois ; cependant cela arrive rarement.

Les effets physiologiques se rencontrent séparément, presque tous dès la première fois, lorsqu'on les cherche.

Il est encore quelques autres effets particuliers, et qui rentrent plutôt dans un cercle d'expérimentation sur des sujets magnétisés fréquemment. Ce sont :

Le sommeil produit par des objets magnétisés ;

L'influence salutaire de l'eau magnétisée ;

Le sommeil produit sans volonté et à distance ;

Le sommeil produit sur une tierce personne pendant qu'on magnétise un sujet ;

La soustraction du fluide et la saturation d'une tierce personne au réveil d'un sujet ;

Le cercle magique ;

L'anneau ou pendule ;

La chaîne ;

Le sommeil seul ;

La paralysie pendant le chant, pendant la marche ;

Enfin, les effets sur les animaux, sur les idiots.

Je vais citer quelques faits produits sur des personnes magnétisées une seule fois. J'espère prouver par là que tout le monde peut magnétiser, avec plus ou moins de force, et que les effets sont bien le résultat d'un fluide communiqué.

Clôture des yeux

En séance publique, M. *Hollins*, professeur distingué de l'un des collèges de Leicester, se proposa pour être magnétisé.

En quelques minutes il eut les yeux fermés, sans pouvoir les ouvrir.

Le docteur *Gainier*, à Nantes, qui avait des bourdonnements dans les oreilles, voulut savoir si le magnétisme agirait sur lui.

En dix minutes je lui fermai les yeux sans qu'il pût les ouvrir ; et les bourdonnements des oreilles disparurent pour vingt-quatre heures.

J'obtins cet effet en touchant les pouces seulement et en fixant les yeux.

Spasmes

Ce fut à Londres, dans une séance publique, que M. *Baggalay*, élève de l'université de Cambridge, fut magnétisé ;

en quelques minutes, ses yeux se fermèrent, et il fut plongé dans un état de torpeur qui était interrompu par des mouvements spasmodiques ; tout à coup il ouvrait les yeux, semblait sur le point d'étouffer, faisait des mouvements du haut du corps seulement, puis il retombait dans une torpeur profonde.

A Liverpool, j'obtins le même résultat sur l'éditeur du *Standard* et sur un pharmacien.

Ces deux faits s'étaient produits sans ma volonté et plutôt comme accidents ; mais j'ai produit souvent avec intention des spasmes violents : il suffit, pour cela, de présenter les doigts en pointe devant l'estomac, et d'émettre le fluide avec secousse.

Paralysie entière

A Tours, dans le salon de M. Mame, M. Laurent, éditeur du *Journal d'Indre-et-Loire*, se mit à ma disposition. Il fut promptement magnétisé ; ses yeux se fermèrent, malgré les violents efforts qu'il fit pour les ouvrir. S'apercevant alors qu'il ne pouvait faire un mouvement, et qu'il ne pouvait pas même parler, il s'effraya ; sa respiration devint gênée, oppressée. Je le dégageai. Il me dit alors qu'il avait fait tous ses efforts pour me donner un coup de pied et pour parler, mais qu'il était paralysé complètement, et qu'il n'avait pu lever le pied de terre. Il était dans une colère extrême de se sentir au pouvoir d'un autre.

Il avait senti courir dans ses bras et sur tout son corps de petites secousses semblables à celles d'une étincelle électrique, qui produisaient sur lui un engourdissement complet.

Dans la même ville, M. *Seri*, négociant, fut mis dans le même état chez M. *Belluotte*, avocat. Lorsque je lui eus dégagé les mâchoires, il s'écria : *Oh ! c'est horrible et délicieux !* Il ne voulut jamais nous expliquer le véritable sens de son exclamation, malgré toute l'insistance qu'y mit M. Renard, le proviseur du collège.

A Londres, le docteur *Mayo*, l'un des chirurgiens les plus distingués de cette ville, me proposa, devant plusieurs membres du parlement et quelques savants, de magnétiser son domestique ; j'acceptai.

On le fit entrer et asseoir, sans le prévenir de ce qu'on voulait lui faire.

Après vingt minutes, le croyant magnétisé, je lui adressai une question ; mais il ne me répondit pas. Le docteur crut que c'était parce qu'il ne comprenait pas le français ; mais à la question qu'il lui fit, il ne reçut pas de réponse.

Ce garçon était devenu statue, mais il ne dormait pas ; il entendait, mais il ne pouvait parler ni mouvoir un bras, une jambe, ni même un doigt ; il était entièrement paralysé.

Je lui dégageai les yeux et les mâchoires, afin qu'il pût répondre, mais en laissant paralysé tout le reste du corps. Alors il put nous dire qu'il n'avait pas dormi, qu'ayant été plusieurs fois sur le point de céder au sommeil, les quelques paroles que l'on échangeait de temps en temps, quoique à voix basse, l'en avaient constamment empêché. Plusieurs fois il avait voulu nous le dire, et il n'avait jamais pu parler ; il avait voulu aussi se lever et s'enfuir, mais cela lui avait été également impossible : maintenant il faisait tous ses efforts pour lever les mains, et il ne le pouvait pas.

Le docteur Mayo lui ordonna impérativement de se lever ; il fit un violent effort, mais il ne bougea pas. Sa figure exprimait la frayeur. Je lui dégageai une main, puis un pied ; alors il commença à sourire. Je lui pris le bras que j'avais dégagé, je le cataleptisai et le piquai sans qu'il le sentit ; les traits de sa figure se bouleversèrent, la frayeur se répandit sur toute sa physionomie : je le dégageai complètement. Lorsqu'il put remuer, il prit la fuite en s'écriant : *T'is the devil that man!* c'est le diable que cet homme !

Il ne reparut plus le soir pour faire son service, et le docteur ne put jamais le décider à revenir au salon.

Quelques jours après, je sonnai à la porte du docteur, ce fut ce domestique qui vint m'ouvrir ; mais, aussitôt qu'il m'aperçut, il se sauva, me laissant là, sans me répondre.

Il nous avait accusé la sensation du fluide en petites secousses, dans tout le corps. Pour produire cet effet, j'avais tenu les pouces pendant vingt minutes sans faire aucune passe, et j'avais obtenu l'envahissement complet de l'organisme.

Paralysie entière, les yeux ouverts

En juin 1840, je me trouvais au Mans; je revenais avec le docteur *Fisson* de visiter une de ses malades; nous rencontrâmes sur la place un ami du docteur, un ancien commandant fort incrédule; il nous plaisanta, nous fit sa profession de foi négative, et, bien plus, il me défia de le magnétiser : j'acceptai, et nous allâmes chez le docteur, avec trois autres personnes qui s'étaient jointes à nous.

Je le fis asseoir, je commençai, et dix minutes après il était magnétisé.

Pendant ce temps, on avait préparé des biscuits et des verres de madère. Comme le commandant avait les yeux ouverts, le docteur pensa que je n'avais pas réussi, il m'engagea à cesser. Je me levai aussitôt, et, prenant un verre sur la table, je l'offris au commandant en lui disant : « Tenez, monsieur, ceci est meilleur pour vous que le magnétisme. » Mais le commandant ne répondit pas et garda sa position d'immobilité entière, les deux bras appuyés sur les bras du fauteuil et les yeux fixes.

— Eh bien, commandant, vous voilà au repos? est-ce que vous ne voulez pas boire à ma santé, lui dit Mme Fisson.

Pas de réponse : le commandant était muet.

Je lui mis le verre entre les doigts et le pouce de la main entr'ouverte; il resta dans son immobilité sans pouvoir serrer les doigts pour tenir le verre; il était paralysé complètement, il avait les yeux ouverts, sans dormir; il voyait, entendait, et ne pouvait parler, ni même tourner l'œil à droite ou à gauche.

Après quelques instants, je lui rendis la parole, et il s'en servit aussitôt d'une manière un peu énergique.

« — Je crois, en vérité, que le j... f... m'a magnétisé! Je ne puis remuer, et tout à l'heure je ne pouvais parler! »

Tout le monde éclata de rire : on le plaisanta, et il s'avoua vaincu. Il me pria de lui dégager au moins un bras, afin de pouvoir prendre un verre de madère. J'y consentis ; mais, au moment où il porta le verre à ses lèvres, je paralysai de nouveau le bras, et il resta le verre près des lèvres sans pouvoir boire.

« — C'est le supplice de Tantale, s'écria-t-il ; laissez-moi boire ce vin, je vous en prie ! »

Je le dégageai entièrement ; alors il se tâta pour s'assurer qu'il avait bien l'usage de tous ses membres et qu'il ne faisait pas un songe ; mais nos rires et nos plaisanteries lui persuadèrent facilement qu'il était bien éveillé.

Il nous dit: qu'à peine lui avais-je touché les pouces, il lui avait semblé éprouver, dans les bras et les jambes, des secousses qui l'avaient engourdi, au point qu'il ne sentait plus ni les uns ni les autres ; que ses yeux étaient devenus fixes sans qu'il pût baisser les paupières, malgré le désir qu'il en avait.

A Caen, Mme *Price* me défia également, et, en quelques minutes, elle fut dans le même état, les yeux ouverts, la tête renversée sur son fauteuil, sans pouvoir remuer ni parler. Sa fille, effrayée de l'immobilité de ses grands yeux qui semblaient vouloir sortir de leur orbite, la pria instamment de les fermer, mais elle ne le put, le comte d'Emieville était présent, et cela se passait dans le salon de Mme *Sherrwill*.

Un mois après, j'étais à Londres dans le salon du docteur *Elliotson* ; il me proposa de magnétiser un des gentlemen présents, qui était fort incrédule, et que lui, docteur, n'avait jamais pu magnétiser. J'acceptai : vingt minutes après, ce monsieur était renversé dans son fauteuil, les yeux fixes, sans pouvoir faire un mouvement et sans pouvoir répondre aux questions qu'on lui adressait de tous côtés.

Je le dégageai un peu ; il respira bruyamment et put alors convenir qu'il se trouvait dans un état dont il ne pouvait se rendre compte, puisqu'il lui était impossible de remuer, quoique jouissant de toutes ses facultés intellectuelles. Je le dégageai entièrement, et quelques instants après il disparut ; son amour-propre était blessé.

Le quatrième cas de ce genre se passa à Paris dans le

salon de Mme Burton, devant une cinquantaine de personnes, sur une jeune demoiselle, *miss Crove*, qui fut mise exactement dans le même état.

Son père, qui ne pouvait croire qu'elle fût paralysée et qu'elle ne pût parler, vint la prendre par la main pour la faire lever; mais il trouva la main froide et si mouillée intérieurement, qu'il la laissa tomber immédiatement et regarda sa fille d'un air tout effrayé. Je dégageai miss Crowe, et, quelques instants après, elle dansait. Je n'ai produit cet effet que sur les quatre personnes que je viens de citer.

Catalepsie partielle. — Insensibilité

Le docteur *Lévisson*, dans une séance publique, à Birmingham, voulut bien risquer une jambe, mais rien de plus. J'espérais peu réussir; cependant j'y consentis, et, sans magnétiser généralement le docteur, je m'occupai de l'une de ses jambes. Après quatre ou cinq minutes, elle était tendue horizontalement, cataleptisée et rendue insensible. On la piqua, et le docteur n'éprouva pas de douleur; il lui semblait ne plus avoir cette jambe.

Le *Midland Counties-Herald*, du 4 novembre 1841, en rend compte de la manière suivante:

« La jambe du docteur Lévisson fut rendue cataleptique et resta suspendue en l'air, malgré tous ses efforts et ceux de plusieurs docteurs de ses amis, qui essayèrent, mais en vain, de faire toucher le pied à terre. La jambe était tellement raide, qu'un monsieur demanda s'il n'y avait pas quelque chose dessous pour la soutenir; la réponse fut celle qu'on devait attendre, lorsqu'il s'agit d'une personne si bien connue et si respectable que l'est le docteur Lévisson. »

Pendant toute l'opération, le docteur avait éprouvé au cerveau une singulière sensation dont il n'a pas pu se rendre compte.

Depuis, j'ai produit cet effet sur beaucoup de personnes, entre autres sur M. *Shareatine*, chargé d'affaires de Russie, à Naples, et devant MM. les ambassadeurs de Russie, d'Espagne, d'Angleterre, de France, etc. Sa jambe fut prise et tendue, et je pus lui enfoncer des aiguilles sans qu'il éprouvât la plus petite sensation.

A Nantes, dans une séance publique donnée à l'hôtel de ville, M. *Ernest Merson*, propriétaire du *Journal de l'Ouest*, était sur l'estrade ; je lui pris les pouces, ses yeux se fermèrent sans qu'il pût les ouvrir ; il me pria de cesser, mais je ne l'écoutai pas ; je lui pris un bras que je plaçai horizontalement, puis une jambe, et je le laissai dans cette position pendant vingt minutes : je pus lui enfoncer des épingles dans le bras et dans la jambe sans qu'il éprouvât la moindre sensation ; il ne pouvait baisser ni sa jambe ni son bras, et il continuait à me prier de les lui rendre, ce que je fis après une demi-heure, à son grand contentement et à celui de l'assemblée, qui ne pouvait croire ce qu'elle voyait.

En mars 1841, dans le bureau du journal le *Pilote du Calvados*, devant MM. Courty, Seminel, rédacteurs du journal ; Raisin, doyen de l'École secondaire de médecine ; Bertrand, doyen de la Faculté des lettres, et plusieurs autre personnes, je magnétisai M. Raisin fils, âgé de quarante ans et fortement constitué.

En quelques minutes il eut les yeux fermés ; je produisis de la paralysie dans les bras et dans les jambes, et une insensibilité assez grande pour que ces messieurs pussent lui enfoncer des épingles sans qu'il accusât de la douleur.

Après avoir été dégagé, il se promenait dans la chambre. M. Seminel, avec qui il était très lié, le plaisantait en marchant devant lui ; M. Raisin leva la jambe pour lui donner un coup de pied ; l'ayant manqué, il voulut lui en donner un second ; mais, lorsqu'il voulut lever le pied, il resta cloué au parquet ; j'avais paralysé la jambe en apercevant son premier mouvement. Un moment après, je le clouai à la cheminée contre laquelle il s'appuyait.

Ces deux expériences lui donnèrent un choc assez violent pour provoquer un malaise subit ; il n'y avait que peu d'instants qu'il avait déjeuné, et il eut un étouffement et un spasme ; mais en deux minutes je le calmai, et je le remis dans un tel état de santé qu'il se sentit assez d'appétit pour aller dîner.

Je produisis le même effet sur M. Rahbone, à Birmingham.

Pour obtenir cet effet de catalepsie et d'insensibilité, il suffit d'attaquer le muscle extenseur, le deltoïde par exemple, en le touchant avec le doigt sur l'épaule, et en lançant avec force le fluide, puis on exécute quelques passes pour envahir tout le bras, et bientôt le membre se trouve cataleptisé.

J'ai produit assez souvent cet effet : c'est un puissant moyen de conviction, et c'est surtout une preuve bien positive que le fluide est la seule cause des phénomènes, et que la volonté n'agit pas sur le sujet, puisqu'il jouit de toutes ses facultés intellectuelles.

L'insensibilité existe toujours dans l'état cataleptiforme ou raideur musculaire.

Somnolence — Paralysie — Insensibilité — Catalepsie entière Sensation

La somnolence se produit rarement seule, presque toujours elle est accompagnée de quelques-uns des phénomènes dont je viens de parler, et qui sont plus complets sans l'être autant que dans l'état de sommeil. Cependant, il arrive quelquefois qu'il ne se présente aucun autre effet.

A Birmingham, en 1841, en séance publique, M. Jabet, attorney, voulut être magnétisé.

Je lui pris les pouces, et en peu de minutes il fut jeté dans un état de somnolence ; je lui cataleptisai les bras en croix, puis les jambes horizontalement ; je le laissai vingt minutes dans cette position douloureuse et fatigante en apparence ; je le piquai sans qu'il donnât signe de sensation.

Je le dégageai, et, lorsqu'il fut remis dans son état normal, il fit au public, qui le lui demanda, le récit de ce qu'il avait éprouvé.

Le journal de Birmingham, du 24 octobre, reproduit ainsi ses paroles :

« A peine M. Lafontaine m'eut-il pris les pouces, que j'éprouvai un engourdissement, puis des petites secousses semblables à des étincelles électriques qui parcouraient mes bras, s'emparaient de tout mon corps et y produisaient un engourdissement total qui n'était pas désagréable ; puis un besoin de sommeil que le plus petit bruit venait détruire, ce qui me contrariait beaucoup. Lorsque je revenais à moi, il m'était impossible d'ouvrir les yeux, ni de remuer les bras ni les jambes, quoique je ne fusse pas insensible à ce qui se passait autour de moi. »

A la demande s'il avait senti les piqûres d'épingle, il répondit :

« Que non seulement il ne les avait pas senties, mais qu'il ne savait pas avoir les jambes et les bras dans la position où il les avait trouvés. »

En le dégageant, j'avais laissé subsister la catalepsie dans les bras et les jambes, afin de prouver que le fluide peut agir partiellement sur un membre, lors même que le corps est démagnétisé ; et cette preuve, je le répète, vient à l'appui de la nature toute physique du principe magnétique.

En août 1842, à Glasgow en Ecosse, dans une séance publique, M. *Anderson*, bien connu dans la ville pour s'occuper de science, fut magnétisé et mis dans un état de somnolence, de paralysie, d'insensibilité, de catalepsie. Je vais le laisser parler lui-même dans une lettre publiée par l'*Argus* du 4 août (journal de Glascow).

Après quelques réflexions générales sur le magnétisme, il dit :

« Le magnétisme m'était complètement étranger, et j'étais aussi impatient d'être convaincu que qui que ce fût dans la ville.

« M'étant assis vis-à-vis de M. Lafontaine, il me prit les pouces, et nous nous regardâmes fixement.

« Après dix minutes, j'éprouvai distinctement quelque chose, des sensations dans les poignets montant jusqu'aux coudes, semblables aux sensations galvaniques de l'argent et du zinc mis en rapport sur la langue ; dans le front de légères secousses, un engourdissement dans tout le corps ; ma tête tombait en arrière sans que j'eusse le pouvoir de la tenir droite ; la respiration devint embarrassée, la vue voilée et confuse. Après quinze minutes les paupières se fermèrent, et, malgré mes efforts, je ne pus les ouvrir.

« Cependant je restais sensible à ce qui se passait autour de moi, quoique enveloppé d'un tissu transparent qui devenait à chaque instant plus épais ; je ne pouvais en constater l'épaisseur, mais il me paraissait plus léger et moins épais quand il était éloigné de moi. C'était un véritable tissu fibreux, les fibres ressemblant à du verre filé ; de plus, les fibres n'étaient pas parallèles, mais s'entrelaçaient à tous les angles. Dans cette enveloppe, j'avais toujours ma connaissance jusqu'à un certain point, et j'étais heureux, sans désir de communiquer avec le monde extérieur, et pour quelques instants j'en fus quitte tout à fait Je ne sais combien de temps je restai dans cet état, mais quelques passes me dégagèrent complètement.

« Lorsque je fus tout à fait remis, M. Lafontaine m'étendit un bras sur lequel, en quelques secondes, je n'avais plus de pouvoir, et ce bras était tellement raide, qu'il a fallu toute la force d'un homme pour le remuer un peu ; plusieurs spectateurs essayèrent la force de cette raideur, et reconnurent qu'elle était indépendante de ma volonté.

« Je ne puis décrire la sensation nouvelle que j'éprouvai en voyant un de mes membres résister et à mes efforts et à ceux des personnes présentes, pendant que le reste de mon individu était libre d'agir, de sentir, de penser, de réfléchir comme à l'ordinaire. C'est vraiment magique. »

Dans une séance publique, à Paris, rue Duphot, je produisis le même effet sur *Mme Pinté*, dont le mari est avoué à Pontoise. Ses bras furent cataleptisés et rendus insensibles pendant la somnolence, et ils gardèrent cet état d'insensibilité au réveil.

Dans une autre séance, à laquelle assistait *M. Franck Carré*, premier président de la cour royale de Rouen, avec beaucoup d'illustres personnages, je produisis sur M. Blanc, qui était connu par vingt personnes dans la salle, la somnolence, la paralysie, l'insensibilité et la catalepsie ; je pus le piquer, le pincer sans qu'il le sentit, et, au réveil, il trouva ses bras et ses jambes cataleptisés sans éprouver de douleur.

Dans la même séance, un jeune homme conduit par un médecin fut jeté dans le même état : il se nommait Guerhard.

Sommeil — Paralysie — Insensibilité — Catalepsie — Paralysie des sens.

Le sommeil magnétique est le résultat de l'envahissement entier du système nerveux par le fluide du magnétiseur. Les effets, qui souvent ne sont que superficiels dans l'état de veille ou dans l'état de somnolence, deviennent profonds, entiers et complets dans le sommeil. Toutes les fois que j'ai produit le sommeil magnétique à l'aide de la méthode que j'ai indiquée, j'ai obtenu l'insensibilité complète non seulement du corps, mais des sens. La paralysie des sens ne s'obtient ordinairement que pendant le sommeil. Il est cependant des personnes sur lesquelles la paralysie des sens peut s'obtenir pendant la veille, et quelquefois même elle s'obtient sur celles qui n'ont jamais été magnétisées. Les plus grands bruits, les plus vives douleurs, les odeurs les plus pénétrantes, etc., ne pourraient détruire cet état ; il faut qu'il y ait dégagement du fluide communiqué ; il faut débarrasser entièrement le cerveau de tout le fluide que l'on a accumulé, sans cela point de réveil possible.

La volonté que l'on emploiera, selon la méthode de tous les auteurs, ne pourra détruire cet état ; il faut qu'il y ait action physique employée pour détruire l'action dont la cause est toute physique.

Un fait arrivé dernièrement à un magnétiseur très expérimenté, mais grand apôtre de la *volonté*, comme cause des effets magnétiques, est venu, probablement sans le vouloir, à l'appui de la théorie que j'ai avancée.

Il avait endormi un jeune homme qu'il magnétise quelquefois ; il lui avait apparemment communiqué une plus grande quantité de fluide : au bout de quelques minutes, il voulut le réveiller, mais il ne put y parvenir. Le magnétiseur se retira alors dans une chambre voisine, en disant qu'il est des cas où il faut s'éloigner du sujet pour obtenir la cessation des effets magnétiques.

Ceci est une erreur profonde. En s'éloignant le magnétiseur commettait une grave imprudence ; car, pendant son absence, des convulsions pouvaient se déclarer, ou bien il pouvait y avoir paralysie au réveil.

Sous aucun prétexte, le magnétiseur ne doit quitter la personne qu'il a jetée dans le sommeil magnétique. Avec de vives passes transversales devant le visage et la poitrine, et en soufflant froid sur les yeux, le réveil est infaillible ; et si, malgré cela, le sujet est encore saturé de fluide, il suffit alors au magnétiseur de tremper ses mains dans l'eau froide avant d'agir, pour obtenir le dégagement complet.

Du reste, ce petit accident a fait revenir un peu le susdit magnétiseur sur ses théories, car il a profité de cette occasion pour déclarer que *quelquefois la volonté ne suffisait pas pour réveiller.*

Non, la volonté ne suffit pas, puisqu'elle n'agit que sur *vous* et non sur le *sujet*. Soyez donc bien convaincu que, puisque vous avez transmis une portion de vous-même, quelque subtile qu'elle soit, elle est matérielle ; que l'effet que vous avez produit est physique, et le résultat d'une cause physique ; il vous faut donc une action physique, tant pour détruire l'effet produit que pour dégager le corps que vous avez envahi du fluide magnétique.

Dans une séance publique, à Manchester, devant douze cents personnes, après avoir essayé sur deux personnes sans pouvoir réussir, je vis M. Lynnil s'approcher de l'estrade.

Je vais laisser parler le *Guardian de Manchester*, du 13 novembre 1841 :

« M. G.-P. Lynnill (de Manchester), l'un des directeurs de l'Athénée, qui nous a autorisé à donner son nom comme un moyen sûr de lever tous les doutes ou de dissiper tous les soupçons, s'offrit pour qu'on le magnétisât.

« Tous ceux qui connaissent M. Lynnill savent qu'il est incapable du moindre compérage, et sa réputation, qui est celle d'une personne instruite et savante, ne pouvait laisser supposer qu'aucun des effets qu'il dit avoir éprouvés, aient été produits par une imagination superstitieuse ou ignorante.

« M. Lynnill était incrédule, mais il tut son opinion jusqu'à ce que ses propres lumières l'aidassent à former un jugement.

« M. Lynnill attendit avec patience le résultat. M. Lafontaine, qui était très fatigué, commença sans grand espoir de réussir, mais en dix ou onze minutes, il parvint à lui fermer les yeux et à provoquer un état de somnolence et d'insensibilité particlle, puis de demi-catalepsie ; ainsi les jambes placées horizontalement, au lieu de tomber immédiatement à terre comme le feraient les jambes d'une personne endormie naturellement, se baissèrent peu à peu. Le sommeil se déclara ; il était si profond, que ni les piqûres d'épingle, ni l'action de lui lever les jambes et de les laisser tomber n'ont pu réveiller le sujet.

« M. Lafontaine cataleptisa alors les deux jambes, puis il tira des capsules qui ne produisirent pas la plus petite contraction des paupières ; il y avait paralysie de l'ouïe. Le flacon d'ammoniaque ne produisit aucun effet sur l'odorat. M. Lynnill était comme mort et ne donnait aucun signe de sensation.

« A son réveil, produit par M. Lafontaine, M. Lynnill regarda autour de lui avec étonnement ; mais en peu de temps il fut remis, et il décrivit ses sensations à peu près de la manière suivante :

« Je n'étais pas d'abord insensible entièrement, mais il me semblait faire un rêve. La première sensation qui fut quatre à cinq minutes après le commencement de l'opération, fut une titillation dans les pouces, dans les bras, puis dans tout le corps. Cette sensation augmenta jusqu'à ce que la somnolence s'étendit sur moi, puis le sommeil. J'étais entouré d'une atmosphère dont la sensation était celle de l'eau enveloppant entièrement le corps d'un plongeur dans la mer ; je ne perdais pas tout à fait le sentiment de mon existence : cependant, j'étais pour ainsi dire mort pour tout ce qui m'entourait, mais j'avais la conscience qu'il se passait quelque chose autour de moi dont je ne pouvais me rendre compte.

« Lorsque M. Lafontaine me prit la jambe gauche, je sentis

une titillation parcourir toute ma jambe (c'était celle sur laquelle on avait fait le premier essai de catalepsie), mais ce fut la dernière sensation que j'aie éprouvée ; je m'endormis profondément jusqu'au moment où l'on me réveilla. J'ignore si l'on m'a piqué.

« M. Lynnill ajouta qu'il n'avait aucun goût dans la bouche et qu'il n'éprouvait rien après l'opération, si ce n'est un léger tremblement, effet naturel de toute secousse dans le système nerveux. »

Dans la séance publique du 13 novembre à Manchester, j'obtins les mêmes effets sur une autre personne, et malgré tout le bruit que pouvaient faire quinze cents personnes réunies et presque toutes incrédules.

Je vais encore laisser parler le *Guardian de Manchester* du 17 novembre 1841 :

« M. *Higgins*, bien connu et demeurant ici, s'offrit pour être magnétisé. Il était dix heures une minute et demie lorsque l'opération commença ; à dix heures quatre minutes les yeux se fermèrent ; un bruit qui se fit dans la salle les lui fit ouvrir ; cependant on voyait que c'était avec difficulté. Dix minutes et demie après le commencement de l'opération les yeux se fermèrent de nouveau, et, après quelques passes, il fut dans le sommeil le plus complet.

« M. Lafontaine fixa les deux jambes l'une après l'autre dans une position horizontale ; puis le bras droit en ligne droite, élevé à quelque distance du bras du fauteuil.

« Dans cette position ridicule et fatigante, M. Higgins resta assis, les yeux fermés, la figure plus pâle que d'habitude, mais en toute apparence profondément endormi. L'effet que ceci produisit sur l'auditoire jusque-là entièrement incrédule (à en juger par les expressions de doute exprimées tout haut) était tout à fait l'opposé de celui produit sur M. Higgins.

« La curiosité avide des spectateurs, le cou tendu, le corps en avant, le regard fixé sur le sujet, le silence le plus complet, changèrent l'aspect de l'assemblée jusqu'alors si incrédule et si bruyante.

« On constata l'insensibilité par des piqûres d'épingle, par des coups de pistolet tirés près de ses oreilles, par de l'ammoniaque liquide concentrée qu'on lui fit respirer. Il ne donna pas signe de sensation pendant ces diverses expériences.

« M. Lafontaine le réveilla à l'instant et comme par un coup de baguette magique. M. Higgins ouvrit les yeux, mais les applaudissements immenses des spectateurs, l'éclat des lumières et le nombre des personnes qui l'entourèrent avec empressement, furent un choc trop violent pour son système nerveux encore sous l'impression magnétique ; il eut une légère attaque de nerfs, qui fut aussitôt calmée par M. Lafontaine. »

Les médecins présents, en lui touchant les mains, les trouvèrent glacées et tout le corps brûlant et en transpiration. Les jambes et les bras furent également démagnétisés et rendus à leur premier état de flexibilité ; il donna ainsi le détail de ses sensations :

« Après une ou deux minutes, je sentis une titillation me parcourir les bras et le corps, et lorsque M. Lafontaine me fit des passes, je perdis connaissance tout d'un coup, et je ne sais rien de ce qui s'est passé depuis. J'étais incrédule lorsque je me suis assis. Je n'avais jamais vu magnétiser. »

Le docteur *Robert*, chirurgien à l'hospice de Beaujon à Paris, voulut se convaincre ; il vint chez moi avec une jeune dame de sa clientèle, dans laquelle il avait toute confiance : en quelques minutes elle fut endormie, rendue à l'état d'insensibilité, de catalepsie, dans les bras et les jambes. Le docteur la piqua, lui fit respirer du soufre, de l'ammoniaque, lui tira des coups de pistolet ; rien n'émut la dame, et son sommeil fut complet. Le docteur sortit convaincu que le magnétisme pouvait être de quelque utilité.

A Birmingham, le docteur *Elkington*, sceptique déterminé, voulut dans une séance publique être magnétisé. Quoique très fatigué par diverses expériences, je commençai. En quelques minutes j'obtins un clignement d'yeux, un engourdissement dont il se débarrassa en se remuant sur le fauteuil ; je doublai d'efforts, et bientôt les effets reparurent plus positifs que d'abord ; il se démena comme un possédé, eut des mouvements convulsifs, me fit des grimaces, sauta à un pied du fauteuil, puis tout à coup il tomba complètement endormi. Alors je cataleptisai une de ses jambes et l'un de ses bras, puis je les piquai sans qu'il donnât signe de sensation. Comme il avait montré une incrédulité offensante, je voulus maintenir la catalepsie au réveil, afin qu'il ne pût rien nier. Je le réveillai avec précaution, et je parvins à mon but. Lorsqu'il fut réveillé, le docteur Partridge lui dit :

— Eh bien, docteur, vous avez dormi.

— Non, non, s'écria-t-il, je n'ai pas dormi.

Ces paroles furent accueillies par les bruyants éclats de rire de l'assemblée, qui avait suivi la lutte dans le plus profond silence.

— Et votre bras ? et votre jambe ? lui répliqua le docteur Palmer.

— Oh !

La figure du docteur Elkington exprima la plus grande stupéfaction. Il essaya de baisser sa jambe et son bras, mais il ne put ; il employa son autre main, mais ce fut impossible

Il convint alors qu'il était vaincu ; il indiqua ses sensations, qui étaient une titillation dans les bras et dans tout le corps, sensations qu'il comparait aux étincelles électriques, puis un engourdissement et un besoin de sommeil auquel il avait cherché vainement à résister.

Le docteur Melson se leva ; il fit remarquer l'incrédulité du docteur Elkington, ses efforts pour résister et la force que j'avais employée pour l'endormir. Il déclara que les résultats que je venais d'obtenir pouvaient être regardés comme le triomphe de la vérité, et comme l'expérience la plus intéressante et la plus convaincante qu'il eût jamais vue.

Le bras et la main du docteur éprouvaient un tremblement qu'il ne pouvait maîtriser. Je lui rendis l'usage complet de ses membres, en arrêtant ce tremblement sur-le-champ.

CHAPITRE VIII

EFFETS PHYSIQUES DANS LE SOMNAMBULISME

Somnambulisme naturel

Dans le sommeil magnétique, il se déclare quelquefois un état de somnambulisme pendant lequel le sujet suit ses propres idées, agit d'après lui-même et indépendamment du magnétiseur, auquel il répond à peine, et sous la puissance duquel il n'est pas ou très peu.

C'est le somnambulisme *naturel* qui, sous l'influence magnétique, se déclare comme dans le sommeil naturel.

On confond souvent cet état avec le *somnambulisme magnétique*, dont il diffère par plusieurs points. Ainsi, dans celui-ci, le somnambule est toujours dans la dépendance du magnétiseur et sous son influence active, obligé de répondre à ses questions, d'agir selon sa volonté, et il ne peut s'y soustraire par aucun moyen.

Au contraire, dans le *somnambulisme naturel*, le somnambule secoue le joug ; et c'est à peine s'il s'aperçoit de l'action du magnétiseur ; encore est-ce pour le braver et n'en faire qu'à sa tête : c'est tout au plus si le magnétiseur, réunissant toutes ses forces, peut le dompter un peu par moments et le réveiller quand il le veut.

J'ai produit cet état à Tours sur une jeune femme. Pendant son somnambulisme, elle avait les yeux ouverts et fixes, ne me répondait que lorsque je la touchais, et encore me fallait-il agir fortement. Elle suivait le cours de ses idées et continuait seule une conversation commencée dans l'état de veille, discutant et même disputant, ne voulant jamais qu'on la réveillât, et repoussant toujours l'influence que je cherchais à prendre.

A Bagneux, je trouvai un maçon nommé *Michel* qui, dans cet état, dansait toujours, tout en restant assis sur sa chaise ;

ses pieds faisaient les pas d'une contredanse. Il causait continuellement avec sa danseuse imaginaire, riant, chantant, se livrant à une intarissable gaieté. Je pouvais facilement le faire parler, mais il m'échappait aussitôt.

Il était tout à fait insensible, non seulement du corps, mais des sens ; les expériences que nous fîmes sur lui, chez le docteur *Labbé*, nous le prouvèrent.

A Londres, une jeune fille, qui avait été magnétisée par M. du Potet et par le docteur Elliotson, fut jetée par moi dans le somnambulisme naturel pendant une séance publique. Elle était, dans cet état, tout à fait indépendante de moi, et l'insensibilité était complète comme dans le somnambulisme magnétique. Elle s'occupait beaucoup d'une autre personne qui était endormie, et faisait à elle seule une longue conversation.

Lorsque je voulus l'éveiller, elle s'y opposa d'abord avec force ; elle me prenait pour un de ses parents qui voulait la sermonner ; elle courut se réfugier au milieu du public, et ce fut avec peine que je parvins à la réveiller.

Somnambulisme magnétique

Le somnambulisme magnétique est la veille dans le sommeil ; c'est l'âme dégagée de la matière et jouissant de ses facultés propres. Elle semble indépendante du corps, tout en y tenant toujours par un fil, mais les liens sont relâchés par l'anéantissement de la matière.

Pendant cette phase, tous les phénomènes dont nous avons parlé apparaissent avec plus d'exactitude, si cela est possible.

Il est encore d'autres phénomènes physiologiques qui ne se trouvent que dans cet état, ou du moins il est très rare de les rencontrer dans la somnolence ou le sommeil.

Ces effets sont :
La localisation de la sensibilité ;
La transmission de sensation ;
La sensation ou appréciation des objets magnétisés ;
La vue du fluide vital ;
L'attraction entière.

Ici, je suis obligé, pour la plupart de ces effets, de les prendre sur des personnes magnétisées plusieurs fois ; cependant il en est quelques-uns que j'ai rencontrés en magnétisant pour la première fois, comme on le verra dans le cours de ce chapitre.

Localisation de la sensibilité

Je n'ai rencontré qu'une seule personne sur laquelle j'aie obtenu, dès la première fois, la localisation de la sensibilité.

Miss *Sarah Gregory*, à Sheffield, me présenta cet effet, magnétisée devant plusieurs médecins dans un salon.

Je pus rendre insensible le bras, laisser l'avant-bras sensible, et produire l'insensibilité de la main. Ainsi, je piquais le bras, elle ne sentait pas ; je piquais l'avant-bras, elle donnait signe de sensation, et en piquant la main, j'obtenais l'insensibilité la plus complète. Je pus changer ces effets à volonté, c'est-à-dire déterminer la sensibilité du bras, l'insensibilité dans l'avant-bras, quand la main, au contraire, restait sensible.

Je n'ai magnétisé cette jeune personne que cette seule fois.

Transmission de sensation

J'ai obtenu cet effet sur beaucoup de personnes, mais elles avaient été magnétisées fréquemment ; pour l'obtenir, il suffit de charger avec force la partie que l'on veut rendre insensible, et de dégager, par de légères passes vives, la partie à laquelle on veut rendre la sensibilité.

Je n'ai obtenu cet effet qu'une fois encore sur une personne magnétisée pour la première fois.

Ce fut en séance publique, à Leeds, en Angleterre, sur un négociant (M. *Oldenbourg*).

En dix minutes, je l'avais endormi, et quelques instants après il était arrivé au somnambulisme.

Je plaçai à côté de lui le sujet dont je me servais habituellement, je mis une de ses mains dans celle de M. Oldenbourg.

Voulant montrer l'insensibilité sur les deux personnes, je piquai M. Oldenbourg, qui ne donna pas signe de sensation.

Je piquai ensuite mon sujet, miss *Mary*; elle n'accusa pas de sensation; mais M. Oldenbourg s'écria qu'on lui faisait mal et qu'il ne voulait pas être piqué.

Cependant Mary ne sentait rien lorsqu'on piquait M. Oldenbourg : lui seul avait la transmission de sensation.

Je répétai plusieurs fois cette expérience, et toutes les fois que je piquai Mary, M. Oldenbourg se plaignit; et, lorsque je le piquai lui-même, il n'accusa jamais de sensation.

Clarisse Nau, une de mes somnambules, me présenta cet effet d'une manière bien exacte. Dans une petite séance, à Tours, M. Renard, le proviseur du collège, voulant faire cette expérience d'une manière concluante, me pria de descendre dans la cour de l'hôtel. Un docteur descendit avec moi et me pinça, me tira les cheveux, les oreilles, me piqua les jambes, et il eut l'idée de me mettre le doigt dans la bouche, ce qui me causa presque un vomissement. Pendant ce temps, Clarisse Nau éprouvait toutes les sensations, et souffrait à chaque place où l'on me faisait souffrir.

Ces transmissions de sensation se présentent chez les somnambules qui donnent des consultations; souvent elles ne voient pas les organes affectés, mais elles sentent les douleurs que le malade éprouve, et cela par le seul contact.

J'ai vu une somnambule se gratter tout le corps et y accuser des démangeaisons atroces, qui étaient produites par le contact seul des cheveux d'un malade. La personne avait des dartres vives sur toute la surface du corps. Dans un cas comme celui-ci, il faut, avant de réveiller la somnambule, bien la dégager des effluves contenus dans les cheveux, et lui rendre le calme.

Sensation ou appréciation des objets magnétisés

Les somnambules, en touchant plusieurs objets semblables, tels que des pièces de cinq francs, parmi lesquelles il s'en trouvera une qu'on aura magnétisée, ne se tromperont pas ; ils indiqueront toujours exactement, même quand la pièce aurait été magnétisée la veille. Ce n'est pas qu'ils *voient*, mais ils sentent le fluide sur la pièce.

Vue du fluide

Il n'est pas nécessaire que les somnambules soient clairvoyants pour voir le fluide. Il est même des personnes qui, dans la somnolence seulement, voient positivement, les yeux fermés, le fluide, et l'apprécient. Il est semblable, pour la couleur, au fluide électrique ; cependant, quelquefois il est aperçu blanc comme de l'argent.

Mlle *Anna Shervill*, lorsque je la magnétisai, voyait le fluide sortir de mes mains, brillant comme du feu et un peu bleuté. Elle le voyait la pénétrer et parcourir en elle tout le trajet des filets nerveux, puis envahir son cerveau.

Les somnambules voient le fluide et prétendent même pouvoir en apprécier la qualité et l'intensité par la couleur plus ou moins brillante, et indiquer la force et la puissance magnétique de tel ou tel individu. Nous avons fait souvent cette expérience dans nos cours, en faisant magnétiser une bouteille par chaque élève. Les indications des somnambules sur la couleur plus ou moins vive du fluide, correspondaient parfaitement avec l'apparence physique des élèves et leur force magnétique.

Attraction entière

L'attraction se présente plus généralement chez les personnes très nerveuses et arrivées à l'état de somnambulisme.

A Orléans, une jeune fille nommée Blanche, et que plusieurs médecins m'avaient fait magnétiser en leur présence, m'offrit le phénomène de l'attraction à un point très développé.

J'ai vu plusieurs personnes très vigoureuses la retenir avec force, entre autres M. Danicourt, le rédacteur-propriétaire du journal *le Loiret*, et M. de Saint-Maurice, rédacteur de *l'Orléanais*, tous deux y mettant toute leur force musculaire, au risque de briser les membres de la jeune fille ; elle était éloignée de moi à une distance de trente mètres à peu près ;

sitôt que, par un signe, je l'attirais à moi en présentant le bout de mes doigts et en les reployant un peu, Blanche, qui me tournait le dos, faisait des efforts surhumains pour se dégager ; ne le pouvant pas, elle entrainait ces deux messieurs, malgré toute la résistance qu'ils faisaient pour se maintenir à la même place. Dès qu'ils la lâchaient, elle arrivait en arrière, et tombait sur mon bras sans connaissance.

J'ai produit cet effet sur des personnes que j'avais magnétisées souvent, lors même qu'elles étaient éveillées. D'un bout d'un salon à l'autre je faisais lever une somnambule, qui arrivait près de moi en me demandant ce que je voulais.

Ce phénomène d'attraction se produit de deux manières. Souvent, et presque toujours, il est un simple effet physique, auquel la transmission de pensée du magnétiseur, ou la bonne volonté du sujet, ne vient point en aide. Il en est de même dans les expériences que j'ai citées au chapitre intitulé *Analogie des fluides magnétiques animal et minéral*, où le sujet est dans un état de catalepsie tel qu'il ne peut faire un mouvement, soit de la tête, soit des pieds ou des mains.

Vous observez le même phénomène lorsque vous placez un sujet, debout, sur ses pieds, et qu'ayant produit la catalepsie entière, vous l'attirez, soit par derrière, soit par le côté ; il tombe en suivant le mouvement que vous lui imprimez, et en vous disant, avec un sentiment de crainte : *Je tombe, je tombe*. Non seulement il tombe sans que sa volonté lui vienne en aide, mais encore sans pouvoir faire un mouvement pour arrêter sa chute, quoiqu'il veuille l'empêcher.

Dans le cas précédent, où le sujet n'est point cataleptisé, où il est retenu physiquement par la force musculaire des personnes qui le tiennent là, aussitôt qu'il ressent l'effet d'attraction, sa volonté vient en aide au magnétiseur ; et, comme il est libre de ses mouvements, il fait des efforts pour se débarrasser des étreintes qui le retiennent.

Si le sujet est clairvoyant, aussitôt qu'il voit la pensée du magnétiseur, et sans être averti par un jet de fluide, il se met en devoir de venir le trouver.

Dans ces deux cas, la volonté du sujet et la transmission de pensée viennent en aide au magnétiseur ; c'est ce qui explique comment il faut que le magnétiseur déploie bien plus de force lorsque le sujet est réduit à l'état cadavérique, que lorsqu'il est dans l'état ordinaire et libre de ses mouvements.

Ainsi, ce phénomène se produit par un effet tout physique, et par un effet de transmission de pensée, qui est la cause transitoire, et toujours le résultat de la cause physique, le fluide.

A Nottingham, j'obtins le phénomène d'attraction sur une jeune fille pendant la somnolence et dès la première fois. Le docteur *Lightfoot*, fort incrédule, conduisit à une séance publique une jeune fille, afin de la faire magnétiser. Après quelques instants, cette fille fut jetée dans l'état de somnolence, il y eut insensibilité. Tout à coup je m'aperçus qu'il y avait attraction dans la main. Je la fis lever et marcher vers le docteur *Attenburow*. Pendant qu'elle marchait, j'étais placé derrière, à dix pas. Je cherchai à l'attirer, elle s'arrêta ; son corps balança ; puis, bien que le docteur l'appelât en avant, elle recula vers moi. Je cessai de l'attirer, aussitôt elle marcha en avant ; puis, lorsque je l'attirai de nouveau, le même effet se produisit ; elle s'arrêta, balança et recula.

A Londres, *M. Busch* et *miss Rummer* conduisirent chez moi une dame habitant ordinairement Chelthenham, chez laquelle le fait d'attraction se présentait d'une manière curieuse et sans que le magnétiseur cherchât cette expérience.

Je magnétisai cette dame, le docteur Mayo était présent. En quelques minutes, elle fut dans un état de somnolence complète, qui bientôt disparut pour la laisser dans un état particulier, les yeux fermés sans qu'elle pût les ouvrir, les mâchoires contractées et la langue paralysée sans qu'elle pût la remuer.

Dans cet état, sa tête se pencha en avant jusqu'à son estomac ; puis elle s'avança lentement ; je reculai, elle s'avança toujours jusqu'au moment où elle me toucha.

Je me levai, elle me suivit. Si j'allais de côté, la tête s'inclinait du même côté et venait me trouver. Je la conduisis de cette manière sur un sofa, et là, posant mes mains entre sa tête et moi, je rompis pour un instant cette attraction, qui, chez moi comme chez elle, était indépendante de la volonté.

Après quelques instants cependant, cette force attractive reparut, la tête se pencha de mon côté, la dame tomba sur le tapis et vint me trouver en se traînant sur la tête et sur les reins, sans s'aider ni des mains ni des pieds. Lorsqu'elle fut près de moi, je me penchai au-dessus de sa tête, et elle se trouva assise sur le tapis ; je montai sur une chaise et, plaçant ma tête au-dessus de la sienne, j'agis avec force ; elle se trouva sur ses pieds, relevée comme par un ressort sans qu'elle se fût aidée des mains.

Je me jetai à terre et m'étendis derrière elle sur le tapis. Sa tête se pencha en arrière et vint par terre frapper ma poitrine ; ses pieds n'avaient pas remué, ses mains étaient restées pendantes près du corps, elle formait en ce moment le cerceau comme ferait le plus souple acrobate.

Ce qu'il y avait de curieux, c'est que cette dame ne dormait pas, et faisait tous ses efforts pour résister à cette force qui l'entraînait malgré elle. Elle n'en éprouvait cependant ni douleur, ni fatigue, ni contrariété.

Je la laissai ainsi posée la tête en bas sur ma poitrine, les pieds sur le tapis, sans qu'elle éprouvât le moindre malaise. Ce fut avec de grandes difficultés que je séparai ensuite sa tête de ma poitrine.

Je répétai, dans l'espace d'une heure, toutes ces expériences, tantôt en restant passif, tantôt en agissant fortement. Alors les mouvements d'attraction étaient d'une violence et d'une vivacité extraordinaires.

J'ai magnétisé cette dame deux fois, et j'ai eu chaque fois les mêmes effets.

On peut aussi produire l'attraction sur des personnes éveillées qui ont été quelquefois magnétisées, pour leur santé, par exemple, et qui cependant n'ont jamais été endormies. En voici un exemple qui s'est passé à Marseille en 1851.

En revenant d'une séance publique, j'accompagnai chez lui M. *Chapelle*, le pharmacien ; plusieurs personnes réunies dans son salon parlaient des expériences qui avaient eu lieu, et quand nous entrâmes, on m'interpella aussitôt, en me proposant de magnétiser Mme Chapelle ; je me récusai, en alléguant la grande fatigue et l'épuisement que j'éprouvais.

J'avançai cependant que je pourrais probablement, tout en restant près de la porte du salon, attirer jusque-là Mme Chapelle. Elle m'en défia, et, tout en riant, elle saisit les bras du fauteuil sur lequel elle était assise, et dans une surexcitation nerveuse qui devait m'être favorable ; je me mis en devoir d'agir ; dès les premières passes, elle me demanda grâce. Son mari et les personnes présentes insistèrent pour que je continuasse, bientôt elle glissa de dessus son fauteuil : elle se retint au pied, mais elle l'entraîna, et roulant sur le tapis, tout en faisant des efforts pour s'arrêter, elle arriva ainsi au milieu du salon. — Je cessai, trouvant l'expérience concluante.

Mme Chapelle n'était point endormie, ni même en somnolence ; elle était tout éveillée et jouissant de toutes ses facultés ; cependant il lui avait été impossible de rester sur son siège ; elle avait fait des efforts d'autant plus grands que son amour-propre était en jeu, ne voulant point être maîtrisée par la puissance magnétique.

Sommeil à distance

Le sommeil à distance ne se produit que sur des personnes qui ont été magnétisées souvent. Il n'est pas nécessaire que le sujet soit prévenu qu'on va le magnétiser ; pour qu'une expérience de ce genre soit exacte, il faut au contraire que le sujet ignore complètement ce que l'on veut faire.

A Rennes, M. *Dufihol*, recteur de l'académie, M. *Rabusseau*, inspecteur, vinrent un jour avec plusieurs autres médecins à l'hôtel où j'étais logé.

Après avoir causé beaucoup, M. Dufihol me pria de l'accompagner chez lui, me prévenant qu'une dame désirait causer avec moi.

Je pris mon chapeau et je sortis avec M. Dufihol ; lorsque nous eûmes traversé la cour, nous entrâmes dans une des salles de l'hôtel, et M. Dufihol entama une conversation dont je ne voyais pas le but. Après un quart d'heure, il me dit :

« — Vous avez prétendu pouvoir endormir votre sujet à

distance sans qu'il soit prévenu : voulez-vous maintenant essayer cette expérience ? »

J'acceptai.

— Combien vous faut-il de temps ?

— Quatre à cinq minutes.

— Commencez.

Trois minutes après, je prévins M. Dufihol que le sujet devait être endormi.

Il me pria de rester dans la salle, il traversa la cour, monta l'escalier, et, comme il arrivait près de la porte, il entendit ces messieurs dire au sujet :

— Eh bien, vous dormez ? Réveillez-vous !

— Il dort !

M. Dufihol entra précipitamment et trouva le sujet endormi : alors il m'appela et dit :

« — En présence de faits comme ceux-ci, il faut croire, messieurs : c'est moi qui ai prié M. Lafontaine d'endormir le sujet de la grande salle de l'hôtel. »

J'ai fait des expériences de ce genre sur beaucoup de sujets, et toujours j'ai réussi quand, à mon égard, on avait pris les mêmes précautions.

On lit dans l'*Auxiliaire Breton* de janvier 1841 :

« La séance étant terminée, beaucoup de personnes ont entouré M. Lafontaine, et ont, avec le plus vif intérêt, discuté sur les effets divers du magnétisme. C'est à ce moment qu'a eu lieu l'expérience la plus concluante de la soirée. Le sujet s'était éloigné, et causait avec des gardes de ville, auprès d'une des braisières qui avaient été allumées pour échauffer la salle. « Pourriez-vous, dit quelqu'un à M. Lafontaine, l'endormir d'ici ? — Sans doute, répondit-il..... entourez-moi toujours, afin qu'il ne me voie pas... » Au bout de quelques moments, le sujet était plongé dans le sommeil. — « Pourquoi, dit-on alors à M. Lafontaine, n'avez-vous pas fait cette expérience en public ? — Comment pouvais-je, a-t-il répondu, préparer cette scène ?... Elle a été improvisée, elle ne pouvait se produire autrement. »

A Cinq-Mars-la-Pile, deux heures avant de donner une séance publique, je me trouvais chez le docteur *Renaud*. Il y avait une douzaine de personnes ; on discutait magnétisme ; on me proposa d'endormir mon sujet de la maison du docteur à la salle de la mairie, dans laquelle je donnais la séance. J'acceptai : on mit pour conditions que je ne sortirais pas de la maison, que deux de ces messieurs resteraient avec moi et m'indiqueraient l'instant où il faudrait commencer à endormir le sujet ; que deux autres iraient chercher la somnambule qui était à l'hôtel, la conduiraient à la mairie, et ne lui parleraient pas de ce qu'on voulait faire. J'acceptai toutes ces conditions avec plaisir. Il y avait à peu près un demi-kilomètre de distance de la demeure du docteur à la mairie.

Lorsque l'heure fut arrivée et que les deux personnes qui étaient restées avec moi, et dont l'une était M. de la Béraudière, me prévinrent que je pouvais commencer, je crus pouvoir leur assurer quatre minutes après que le sujet était endormi. Nous partîmes alors et, lorsque nous arrivâmes, le sujet dormait.

Le sommeil n'avait été complet qu'après cinq minutes. Dès la seconde, les premiers effets s'étaient fait sentir, tels que le battement des paupières et la torpeur.

L'expérience était concluante.

A Nantes, pendant mes séances publiques, j'endormais souvent à distance d'un seul geste, par derrière, la somnambule *Manette*, qui était mon sujet à cette époque.

Souvent, lorsqu'elle tournait le dos au public pour remettre ses bas qu'on lui avait ôtés pour l'expérience des aimants rotatifs, on me faisait un signe pour l'endormir, et à l'instant même elle tombait foudroyée, tenant son bas à son pied sans exécuter le moindre mouvement.

Ce sont là des expériences qui prouvent réellement l'émanation du fluide et son action sur les personnes qui ont été souvent magnétisées.

Je pourrais ajouter à ces faits, comme preuve que la distance plus ou moins grande n'est point un obstacle à l'action du fluide, et qu'il peut atteindre partout la personne sur laquelle on le dirige, et sans qu'elle soit prévenue, le sommeil que je produisis de Lyon à Marseille.

Une dame s'endormit au théâtre de Marseille, en voyant jouer les *Mousquetaires de la Reine*; elle était avec plusieurs personnes, et trouvait un grand plaisir au spectacle, quand, tout à coup, ses yeux se fermèrent; elle fut plongée dans le sommeil, au grand étonnement des amis qui l'accompagnaient; bientôt le somnambulisme se déclara; elle rentra à l'hôtel, se déshabilla et se coucha, toujours en somnambulisme; ce ne fut que le matin qu'elle se réveilla; mais elle fut lourde, engourdie toute cette journée. Je l'avais magnétisée en me promenant sur les bords du Rhône, à Lyon.

Insensibilité à l'électricité

J'ai souvent soumis des somnambules à l'électricité dans l'état de catalepsie, et je les ai trouvés insensibles.

A Caen, dans le cabinet de physique de l'académie, je soumis mon somnambule Eugène à une pile des plus fortes; M. Delafoy, professeur de physique, dirigeait lui-même les expériences.

A cette séance assistaient une vingtaine de médecins, parmi lesquels M. le docteur *Lebidois* qui se distinguait par son incrédulité; il doutait même de la loyauté de M. Delafoy, et l'accusait de ne pas donner les secousses aussi fortes qu'il le prétendait.

Pour le convaincre, je lui proposai de soutenir les chocs avec le somnambule; il accepta: il prit d'une main l'un des cylindres, de l'autre une chaîne tenue également par Eugène, qui, de l'autre main, tenait un cylindre.

M. Delafoy, piqué qu'on doutât de sa loyauté, et convaincu par les expériences précédentes qu'Eugène était complètement insensible, donna un choc tellement fort, que M. Lebidois fut renversé par terre et qu'il resta quelques moments avant de pouvoir se remettre. Eugène, au contraire, était resté calme, impassible, et n'avait absolument rien senti.

Il n'était pas possible de douter de l'insensibilité, et la majeure partie des médecins de la ville, qui étaient présents, demeurèrent convaincus que, par le magnétisme, on pouvait rendre insensible tout le corps d'un individu.

Je fis plus, je voulus leur prouver que, tout éveillé, on pouvait paralyser la sensibilité d'une partie du corps même à l'électricité.

Après avoir réveillé Eugène, je lui cataleptisai les deux bras ; j'agis fortement sur la poitrine, sur les épaules, sur les trajets des muscles et des nerfs, et je le soumis de cette manière à l'électricité.

On remit les deux cylindres dans les mains d'Eugène, après lui avoir préalablement mouillé les mains avec de l'eau acidulée, comme dans les expériences précédentes ; M. *Delafoy* donna une secousse électrique. Eugène, qui d'abord était fort effrayé, se remit bientôt n'en ayant rien senti, et fut le premier à demander d'autres essais qui furent exécutés.

Je fis l'expérience sur les membres inférieurs, je cataleptisai les jambes ; et, après lui avoir mouillé les pieds nus, nous y attachâmes les cylindres, et on donna des secousses, ce qui amusait très fortement Eugène, qui, jusqu'à ce moment, ne croyait pas à tout ce qu'on lui disait des expériences faites sur lui pendant son sommeil.

J'ai donné cette preuve d'insensibilité sur beaucoup de personnes, et je l'ai toujours regardée comme la plus convaincante.

Voici un cas où je produisis une insensibilité assez grande pour que, dès la première fois, je pusse soumettre le sujet à une batterie.

A Dublin, dans une séance publique, je magnétisai M. *Ford* ; en quelques minutes il fut endormi, cataleptisé et rendu insensible. Je le soumis à une batterie galvanique, et il soutint le choc sans éprouver la moindre sensation.

Le *Freeman*, journal du 14 mai 1842, rapporte ainsi cette expérience :

« Un jeune homme de vingt ans, le fils de M. *Ford*, demeurant dans Grafton street, s'avança pour être magnétisé. Il s'assoupit peu à peu, ses yeux se fermèrent, sa bouche se contracta fortement, sa tête tomba sur l'épaule, et, au bout de quelques minutes, il fut plongé dans un sommeil profond. M. Lafontaine lui rendit alors les membres cataleptiques, de la même manière et avec autant de succès que ceux de la somnambule présentée dans la séance.

« Plusieurs médecins, parmi lesquels se trouvait le docteur *Packenham*, de Mary street, examinèrent minutieusement M. Ford pendant qu'il se trouvait dans cet état, et ils furent d'accord pour déclarer qu'ils n'avaient jamais vu un cas de catalepsie aussi bien prononcé que celui présenté par les jambes de ce jeune homme. On piqua M. Ford sans qu'il le sentit ; on lui fit respirer du soufre, on tira des coups de pistolet ; enfin, on le soumit au choc d'une batterie galvanique : il n'y eut chez M. Ford aucun signe de sensation, pas la plus petite contraction, c'était un cadavre.

« Le succès de cette expérience sembla faire beaucoup d'impression sur l'assemblée, d'autant plus que Ford n'avait pas vu M. Lafontaine avant cette expérience et n'avait jamais été magnétisé, et que les médecins qui, avant la séance, avaient exprimé leur incrédulité, se déclarèrent convaincus de la réalité des effets produits par le magnétisme. »

J'ai fait souvent une expérience qui est de nature à mériter l'attention des savants.

Placez, sur un tabouret isolant, un sujet magnétisé et mis dans un état complet d'insensibilité ; mettez-le, par un fil de fer ou de cuivre, en rapport avec une machine électrique. Si vous le chargez d'électricité, il reste complètement insensible à toutes les étincelles que vous pouvez tirer de toutes les parties de son corps.

Mais, si vous dégagez un côté du visage, par exemple, vous obtenez simultanément la sensibilité du côté dégagé, et l'insensibilité du côté que vous avez laissé saturé du fluide.

La ligne de démarcation est tellement tranchée, que j'ai vu souvent un côté du nez sensible, et l'autre côté insensible à chaque étincelle.

Vous pouvez changer à volonté cette sensibilité et rendre sensible tantôt un côté, tantôt l'autre, soit en dégageant le côté insensible, soit en chargeant le côté sensible.

CHAPITRE IX

EFFETS PSYCHOLOGIQUES DANS LE SOMNAMBULISME

Nous allons entrer dans la plus belle phase du magnétisme, où l'âme se montre ce qu'elle est: une essence toute divine.

Il ne faut pas croire cependant que chaque sujet arrivé au somnambulisme jouisse au même degré de ces prodigieuses facultés de l'âme. Comme je l'ai déjà dit, la direction du somnambulisme nous est inconnue; nous le produisons, jusqu'à une certaine limite, à volonté; mais le forcer à être toujours le même avec la sublime empreinte de sa spiritualité: voilà ce qui nous est interdit jusqu'à ce jour. C'est de lui-même qu'il se développe, et nous ne pouvons que l'aider et le soutenir.

Je vais présenter des faits dans lesquels la matière n'a aucune part, ou du moins ne remplit qu'un rôle inerte.

J'ai produit le somnambulisme lucide sur deux cents personnes du monde, qui n'avaient jamais été magnétisées avant de l'être par moi.

J'ai pu l'observer encore en magnétisant vingt et une personnes qui déjà avaient été mises dans cet état par d'autres magnétiseurs.

J'ai donc rencontré ce phénomène sur deux cent vingt et une personnes, et j'ai pu l'étudier sous toutes ses faces.

Transmission de pensée

La transmission de pensée est le premier phénomène où le corps est complètement étranger ; on confond souvent cet effet avec la vue sans le secours des yeux.

Lorsque vous venez, malade, près d'un somnambule, vous croyez, soit d'après vos sensations, soit d'après votre médecin, avoir telle ou telle maladie ; vous établissez, par le contact de votre main, un rapport direct entre votre cerveau et celui du sujet. De ce choc des deux systèmes nerveux, les deux cerveaux se trouvent en accord parfait ; le somnambule voit ce qui se passe dans le vôtre, et, guidé du reste par la transmission physique qu'il a de vos sensations, il vous dit votre maladie en vous décrivant vos souffrances. Il y a là seulement *transmission de pensée* ; de même que, lorsque vous mettez un objet dans votre poche et que le somnambule vous indique quel est cet objet, il peut fort bien ne pas le voir, mais en avoir connaissance par vous-même qui le savez.

Dans un cas pareil, le somnambulisme n'est pas utile et peut devenir dangereux, si l'on exécute les ordonnances thérapeutiques indiquées par le somnambule.

A Tours, j'avais une somnambule qui était douée d'une grande lucidité. M. *Renard*, proviseur du collège, homme très sceptique, venait chaque jour, muni de divers objets qu'il avait soigneusement enveloppés et qu'il gardait dans sa poche. Il n'était pas plus tôt en rapport avec Clarisse la somnambule, qu'immédiatement elle lui nommait l'objet qu'il avait caché avec tant de soin.

Pour prouver que c'était bien une *transmission de pensée* et non *la vue*, je faisais exécuter un ordre mental ; c'est-à-dire que, sans prononcer un mot, sans faire un signe, en concentrant ma pensée sur une action quelconque dont je voulais l'accomplissement, la somnambule se levait et faisait ce que je voulais.

Chez M. le docteur Bretonneau, notre spirituel Béranger, tenant à se convaincre par lui-même de la réalité de la transmission de pensée, prit la main de Clarisse et lui dit : *Obéissez !* Après quelques secondes on vit Clarisse se lever et aller droit à M. Bretonneau, au milieu d'une trentaine de personnes, le prendre par la main, le faire lever et l'amener à Béranger, qui déclara que c'était bien là ce qu'il avait voulu qui fût exécuté.

Dans une autre séance, on écrivait sur un morceau de papier le nom d'une dame ; on me communiquait le papier, et un instant après on voyait la somnambule se lever, prendre un bouquet et le porter à la dame indiquée.

Dans la transmission de pensée, il y a un point de contact qui permet au somnambule ordinaire de voir et d'apprécier exactement, même sans le secours de cette brillante seconde vue, dont sont doués les somnambules lucides.

Vue sans le secours des yeux

Mme de Loyauté (chanoinesse) fut magnétisée par moi dans une soirée, chez le duc de Luxembourg. En huit minutes, elle fut plongée dans le sommeil, et vingt minutes après la lucidité apparut dans tout son éclat. Nous ne pûmes cependant pas en jouir, car chacun voulut faire des expériences banales pour se convaincre de cette lucidité. Ainsi, cinq personnes changèrent les aiguilles de leurs montres, sans regarder où elles les arrêtaient. On présentait une montre au-dessus de la tête; la somnambule répondait : telle heure, tant de minutes ; on présentait une montre derrière le sujet, même résultat. Un autre gardait sa montre dans la main, et Mme de Loyauté indiquait toujours exactement l'heure aux montres de chacun.

Une de ses amies, Mme la marquise de ***, la pria de se transporter chez elle. Aussitôt Mme de Loyauté annonça que la chambre des enfants était toute bouleversée, qu'elle voyait des paquets, des caisses. Cette dame se récria, prétendant que cela n'était pas possible, qu'elle n'y concevait rien. Comme la demeure de la marquise n'était pas très éloignée, on y envoya quelqu'un, qui revint dire que c'était la plus grande exactitude, que la femme de chambre préparait des paquets pour un voyage qui devait s'effectuer dans deux jours.

Ici, il y avait vue positive ; ainsi l'âme s'était transportée chez cette dame, ou plutôt elle avait vu sans se déplacer, parce que, pour elle, il n'y a ni distance, ni entraves, ni corps opaques.

En 1842, à Paris, je produisis le somnambulisme sur

Mme Vully de Candolle, qui offrit des phénomènes de clairvoyance positifs. Le journal *les Feuilles publiques*, du 24 septembre 1842, s'exprime ainsi :

« M. Lafontaine, dont le bon goût ne le cède en rien au talent, avait fait choix d'une jeune et jolie dame : était-ce pour prêter plus de charmes à sa magie ? Nous l'ignorons, mais il y a cela de vrai que le talent et la beauté auront toujours le pouvoir de captiver l'esprit, si ce n'est le cœur, et dès lors nous ne serions que faiblement surpris qu'il y ait eu prévoyance ou calcul dans le choix de l'habile magnétiseur.

« Le choix du sujet une fois fait, vinrent ensuite les expériences. Mme V..., après s'être commodément assise dans un fauteuil, avait livré complaisamment ses doigts à la pression magnétique, et riait au nez de la science avec infiniment de grâce : non pas qu'elle défiât sa puissance, mais plutôt, je crois, parce qu'il me paraît impossible qu'une jolie femme puisse regarder fixement un homme sans lui rire au nez. Je puis me tromper, mais, quoi qu'il en soit, je me résigne. Si le rire est souvent près des larmes, je pense qu'il n'est pas loin du sommeil magnétique : en moins de trois minutes, cette jeune femme, si vive, si rieuse, si bien éveillée il y a un instant, était plongée dans un sommeil profond, dans une complète insensibilité.

« Ici l'observateur devient sérieux ; ce ne sont plus les préliminaires gais ou bizarres qui tout à l'heure excitaient la raillerie : ce sont des choses les plus étranges et les plus curieuses qui viennent captiver vivement sa curiosité.

« M. Lafontaine nous avait annoncé qu'il existait chez Mme de V... un genre de clairvoyance qui lui permettait de distinguer différents sujets placés au-dessus de sa tête, entre autres l'heure que marquait une montre. Cette expérience pourrait prouver sans réplique qu'il y avait un transport du sens de la vue au sommet de la tête. En effet, après avoir demandé à Mme de V... si elle pouvait reconnaître les objets qui lui seraient présentés, et sur la réponse affirmative qu'elle fit d'abord avec effort, M. Lafontaine prit une montre qu'il lui plaça sur la tête et la pria d'indiquer l'heure. Après quelque hésitation, que devait nécessairement produire l'impression d'une première expérience, Mme de V... annonça neuf heures un quart; puis on déplaça les aiguilles deux fois de suite, et deux fois l'heure fut indiquée avec la plus grande exactitude. Cette première expérience terminée, M. Lafontaine prit un autre objet, le plaça au-dessus de la tête de Mme de V... et lui demanda quelle en était la couleur, la forme et la nature ; elle répondit alors aussitôt : *C'est vert, c'est carré*; enfin *c'est un portefeuille*; ce dernier mot fut dit avec un léger mouvement d'impatience.

« Ces deux expériences terminées aux applaudissements unanimes des spectateurs émerveillés, M. Lafontaine prit la main d'une dame, la plaça dans celle de la magnétisée, et lui demanda quelle était la personne qui lui donnait la main ; la réponse, faite sans la moindre hésitation, fut on ne peut plus satisfaisante, et donna lieu aux questions suivantes, adressées sans prétention et pour la première fois à Mme de V... :

« D. Vous reconnaissez bien la dame qui vous donne la main ?

« R. (*d'un ton d'humeur*). Mais je vous l'ai déjà dit : c'est Mme ***

« D. Pourriez-vous me dire si cette dame jouit d'une bonne santé ?

« R. Physiquement, oui ! mentalement, non !

« D. Pourriez-vous nous dire les causes du mal et les moyens de le guérir ?

« R. Oui !

« Ici la discrétion du magnétiseur s'opposa à ce que de nouvelles questions fussent adressées à Mme de V... malgré les pressantes instances de la dame, peut-être plus curieuse de savoir si la cause d'un mal peu grave, sans doute, pouvait être ainsi révélée, qu'elle ne l'était de connaître les moyens de s'en guérir.

« Vint ensuite le tour d'un quasi jeune homme, qui prit la main de la somnambule, et fut reconnu aussitôt. On lui dit qu'il souffrait d'un étouffement, qu'il avait la respiration gênée ; il crut d'abord qu'on allait lui parler de quelque peine de cœur, et il s'apprêtait à rire, mais Mme de V... attribua cette affection à un excès de travail et prescrivit le repos, ce qui lui rendit sa gravité et lui fit faire de sérieuses réflexions sur les destinées des pharmaciens, par suite de l'adoption du magnétisme.

« Enfin une troisième personne se soumit à peu près aux mêmes expériences, qui eurent un égal succès.

« Mais ce qu'il y a eu surtout de remarquable ou plutôt d'inconcevable, c'est l'effet que produisirent à deux différentes fois, sur une dame qui, du reste, prêtait peu d'attention aux expériences, les passes que faisait M. Lafontaine pour magnétiser Mme de V... Cette dame, quoique placée à une grande distance du magnétiseur, succomba deux fois à l'influence magnétique ; la seconde fois elle était debout, et peu s'en fallut que, dans sa chute, elle ne se brisât le crâne à l'angle d'une cheminée. Ce n'était pas du reste la première fois que cet accident se produisait.

« Ce fut ainsi que cette charmante soirée se termina, trop tôt sans doute aux grands regrets des convives qui avaient joui de la faveur d'y être admis, et qui, assurément, en conserveront longtemps un agréable souvenir.

« Sans doute, ces expériences étaient bien simples, mais il faut convenir néanmoins qu'elles n'en avaient pas moins une très grande importance et surtout une incontestable réalité. D'un autre côté, il n'y avait pas là une assemblée à persuader, des savants à combattre, des détracteurs à convaincre ; il s'y trouvait quelques observateurs incrédules peut-être, mais qui avaient d'autant moins de défiance, qu'ils savaient que chez M. Lafontaine la bonne foi égale le mérite.

« Et maintenant à ceux qui veulent des expériences plus convaincantes, plus extraordinaires ; à ceux qui veulent des prodiges, nous leur dirons : Allez à la prochaine séance que donnera M. Lafontaine, et si vous n'êtes qu'incrédules, vous serez bientôt du nombre des croyants, et le magnétisme aura fait, avec un nouveau prosélyte, un pas de plus dans le progrès. »

On lit dans la *Gazette de Lyon*, du 30 juillet 1847, journal sérieux et religieux, un long article sur une séance de magnétisme dont j'extrais ce passage :

« Une seconde épreuve va commencer, celle-ci est plus importante à l'endroit de la clairvoyance. Il s'agit de lire dans une lettre fermée, sinon de longs passages, du moins quelques lignes bien tracées, et alors il n'est pas besoin que le somnambule conserve des tampons sur les yeux. A l'appel de M. Lafontaine, des lettres pleuvent de toutes parts sur la table placée devant le somnambule. Celui-ci les rassemble, les sépare, les rassemble encore pour les examiner les unes après les autres ; il les porte contre ses lèvres, et surtout et souvent contre ses narines pour les flairer. Cette épreuve paraît lui coûter de grands efforts ; il serait presque tenté d'y renoncer ; cependant il s'arrête à l'une de ces lettres, dont la dimension surpasse celle des autres, et se met à en transcrire le contenu sur un carré de papier qui est devant lui. La lettre est alors ouverte pour la confronter avec la transcription ; ces deux pièces sont en tout point conformes, sauf la substitution d'un *d* à un *t*. Elle contenait ce vers d'un fameux sonnet : *Grand Dieu! tes jugements sont remplis d'équité*. Et la transcription énonçait: *Grand Dieu! des jugements sont remplis d'équité*. Cette légère erreur ne diminue en rien pour nous l'importance de l'épreuve.

« C'est M. de *Moidière* qui avait écrit le vers précité, et l'on sait qu'il n'est pas homme à favoriser les rouerles des charlatans. »

On ne lira peut-être pas non plus sans intérêt l'extrait suivant du *Courrier d'Indre-et-Loire,* du 17 avril 1840 :

« Ceux qui ont assisté aux réunions particulières et à la soirée que M. Lafontaine a donnée mardi, ont pu se convaincre combien cet agent, que l'on nomme *magnétisme*, est mystérieux, délié, insaisissable. Les plus incrédules se taisent aujourd'hui devant les faits, et n'osent plus parler qu'avec une extrême réserve de cette puissance occulte qui se révèle dans le sujet qu'elle domine, par un travail prodigieux de cerveau et un instinct d'esprit et de cœur qu'on ne peut ni exprimer, ni définir. Pour nous, nous n'avons ici qu'à rapporter les faits.

« Mardi, avant la séance publique, M. Lafontaine réunit à l'hôtel de Londres quelques personnes, parmi lesquelles se trouvaient plusieurs médecins de notre ville; en deux ou trois minutes, il a endormi la jeune fille dont il a fait, depuis qu'il est à Tours, le sujet de ses expériences. Peu d'instants après, elle était à l'état de somnambulisme, et sa clairvoyance était telle, qu'elle a pu lire sans hésitation, dans un journal qui lui a été présenté, ces mots : *Avis et Demandes*, bien qu'elle eût un bandeau sur les yeux et qu'un des assistants, qui certes n'était pas compère, appuyât fortement ses doigts sur le bandeau.

« La somnambule a joué ensuite une partie de dominos et ne s'est trompée qu'une fois. Un de ces messieurs, pour éprouver par lui-même la réalité des faits dont il venait d'être témoin, demanda à être mis en rapport avec la somnambule. L'opérateur communiqua alors tout son pouvoir, et, sans geste ni parole, M. Renard fit exécuter un ordre. Le sujet est d'une telle sensibilité nerveuse, que personne autre que le magnétiseur ou la personne mise en rapport ne peut la toucher sans provoquer les plus violentes convulsions. M. Caillaud l'ayant par hasard atteinte d'un léger contact, la somnambule tomba comme frappée de la foudre, et ses convulsions ne cessèrent que par le secours de M. Lafontaine.

« Nous n'entrerons pas dans de longs détails sur les expériences de la séance publique, qui n'ont pas toutes complètement réussi. Il faut en attribuer la cause à la chaleur excessive que le gaz répandait dans la salle. L'expérience qui a fait le plus de plaisir, fut celle du chant. Sur l'invitation de M..., la somnambule se mit à chanter, et, sur un signe qu'un des spectateurs fit à M. Lafontaine, elle s'arrêta; puis, à un autre signe, elle reprit à la syllabe où elle avait été interrompue.

« L'absence de l'ouïe a été constatée par un coup de pistolet tiré à l'oreille, comme l'absence d'odorat par une allumette mise en combustion et passée sous le nez de la somnambule sans qu'elle ait manifesté la moindre impression.

« Après une expérience qui n'avait pas réussi, l'opérateur, par sa seule volonté, fit mettre à genoux la somnambule pour la punir. C'est une des expériences les plus difficiles, car il faut que le sujet comprenne la pensée du magnétiseur, et il faut que celui-ci triomphe de la volonté et de l'amour-propre du sujet, et l'amour-propre est une passion dominante chez les somnambules. »

Ce qu'on appelle les *vues à distance* ne sont souvent que des transmissions de *pensée*, c'est-à-dire que la personne donnant la main à la somnambule l'envoie chez elle, s'y transporte elle-même par la pensée ; la somnambule, sans y aller, voit dans la pensée de la personne avec laquelle elle est en rapport direct par le contact.

Il est cependant des vues à distance qui sont bien véritables, et où la transmission de pensée ne joue aucun rôle. En voici des exemples :

Miss Scotow, marraine de la jeune Georgiana Burton, sourde et muette, que j'avais fait entendre, ne pouvait, même en la voyant parler et entendre, croire que ce fût le magnétisme qui avait produit ce merveilleux effet, le magnétisme auquel elle ne croyait pas.

Je lui proposai, pour la convaincre, de la magnétiser elle-même ; elle y consentit : en sept à huit minutes, elle fut plongée dans le sommeil, et quelques instants après le somnambulisme se déclara.

Après avoir répondu à diverses questions, tout à coup elle s'écria : « — Oh ! mon Dieu ! que de monde, que d'hommes ! Ils parlent vivement, ah ! ils se disputent, ah ! les lumières s'éteignent, ils se sauvent tous. »

A mes questions : Où vous trouvez-vous ? — elle me répondit : Je ne sais. — Est-ce à la Chambre des pairs ? des lords ? des communes ! des députés ? — Non, non ! je ne sais. — Est-ce à une réunion politique, où l'on discute le renversement du gouvernement ? — Non, non ! — Mais enfin où êtes-vous ? dans quel quartier ? — Je ne sais, mais c'est près d'un pont, il y a quelques boutiques dessus : — bien, c'est le

Pont-Neuf. — Après ? — Dans la rue qui suit le pont, se trouve à droite une petite rue étroite (il est à remarquer que cette dame était à Paris depuis deux jours et n'avait pas été dans ce quartier). C'est dans une maison dont la porte donne dans une cour, puis il y a une grande salle dans laquelle tous ces hommes sont réunis ; ah ! je les vois, on rapporte des lumières, ils causent, ils sont plus calmes !

Voulant savoir ce que pouvait être cette réunion, et où elle avait lieu, j'insistais pour que la somnambule se transportât à l'un des bouts de la rue, pour voir le nom écrit sur le mur.

Elle chercha sans en trouver ; elle se dirigea de l'autre côté, et elle n'aperçut qu'un D et un A, ce qui était exact.

Le lendemain, j'allai à la recherche de la rue indiquée, et je reconnus que c'était la petite rue d'Anjou qui aboutit à la rue Dauphine.

En effet, toutes les lettres étaient tombées d'un côté, et à l'autre bout de la rue il ne restait que le D et l'A ; toutes les autres s'étaient également détachées. Je reconnus la porte, et je demandai au concierge s'il y avait des réunions dans cette maison. Il m'apprit qu'une société, qui s'occupait de sciences, donnait ses séances dans une grande salle, où il y avait eu la veille une réunion fort agitée, parce qu'il s'agissait de nommer un président. A ma demande s'il n'y avait pas eu de bataille, il me répondit négativement, mais que le lustre en tombant avait occasionné une panique, et que tout le monde s'était sauvé.

Il est impossible d'expliquer comment cette dame, arrivée depuis deux jours à Paris, et qui n'avait pas été de ce côté, pût se transporter d'elle-même dans cette séance, dont elle n'avait eu aucune idée dans son état de veille, et dont ni moi ni aucune des personnes présentes n'avions connaissance.

Voici un trait analogue, sans cependant qu'il soit semblable.

Une dame était venue chez moi consulter, en octobre 1845, une jeune somnambule qui ordonna un remède tellement bizarre, que je voulus avoir l'avis d'une autre somnambule.

Je traitais à cette époque une dame, dont le somnambulisme était arrivé à un degré de lucidité fort remarquable.

Je lui demandai si, sans aucun autre indice que le numéro de la maison et le nom de la rue, elle pourrait voir un malade que je ne connaissais pas, que je n'avais jamais vu, et sur lequel je désirais avoir son avis. Elle me répondit que cela se pouvait, et immédiatement elle se transporta vers l'endroit indiqué, m'apprit que ce malade habitait au rez-de-chaussée, qu'elle voyait un monsieur dans une chambre faisant suite à un salon. Elle me dépeignit parfaitement ce malade, me dit qu'il avait une plaie horrible au côté gauche de la poitrine, et témoigna un affreux dégoût de ce qu'elle voyait (tout cela était exact, et, d'après ce que je sus depuis, son dégoût se comprend, car ce malheureux malade était atteint d'un cancer).

Tout à coup la somnambule bondit et s'écria : Mais il y a du remède ; que ce monsieur aille voir les sauvages, ils le guériront.

— Comment ! lui dis-je, vous voulez qu'il aille en Amérique ? que signifie cette plaisanterie ?

— Mais, répondit-elle, je ne parle pas d'Amérique, je parle des sauvages qui sont ici (les Indiens O-Gibwas se trouvaient en ce moment à Paris).

— Il y en a un grand, continua-t-elle, nez aquilin, les yeux très étincelants ; il se tient fort droit, un des plus âgés ; il n'est pas médecin, mais il sait.

Remarquez que je vous rapporte ici exactement les paroles de la somnambule, c'est-à-dire des phrases décousues, sans suite, et c'est là le défaut des somnambules. Elles vont pour ainsi dire par saccades, sautant des pieds à la tête ; voyant à la fois toutes les parties du corps, et disant comme elles voient.

Après qu'elle eut dépeint cet homme, j'insistai afin de connaître le remède, et voici ce qu'elle nous dit :

— Il y a le suc de trois plantes — lui seul peut les indiquer — l'une est une plante grasse — elle se trouve dans les savanes ; la deuxième est comme de l'herbe simple, mais plus large et dentelée sur les côtés ; elle se trouve dans les bois, auprès des arbres. Puis elle dessina les deux feuilles. La troisième est la plante qu'ils mâchent quand ils sont piqués par les serpents. Ils font de ces trois plantes une espèce d'onguent avec le fiel d'un ours et la graisse d'animaux morts.

Je fis observer que peut-être les sauvages n'auraient pas ici ces plantes ; à cela elle me répondit :

— La plante grasse est dans la grande serre, à droite, au Jardin des plantes ; la deuxième est dans la même serre, dans un petit pot à l'angle gauche. Le sauvage possède la troisième : en voici la forme, elle ressemble à la menthe. Il n'y a pas de médicaments à prendre à l'intérieur. Il faut magnétiser le malade fortement.

Puis elle me pria de lui rappeler la figure du sauvage, en me disant : Vous me conduirez éveillée près d'eux ; je le reconnaitrai.

Cette dame était malade depuis longtemps ; non seulement elle n'avait jamais été voir les Indiens O-Gibwas, mais elle n'en avait pas même entendu parler.

Deux jours après, se trouvant assez bien, nous la conduisîmes, avec plusieurs membres de sa famille, boulevard Bonne-Nouvelle.

Nous arrivâmes un peu avant la fin des exercices publics des sauvages.

A peine Mme *** fut-elle assise, qu'elle me montra l'Indien désigné si parfaitement par elle, que nous l'avions déjà reconnu d'après le portrait qu'elle nous en avait fait.

Après les exercices, lorsque tout le monde fut parti, je m'adressai à l'interprète, et lui expliquai le motif de notre visite. Il me répondit qu'il croyait que les Indiens s'empresseraient de soulager un malade si cela était en leur pouvoir, et il fit prévenir le chef qui vint aussitôt.

En effet, *Maugguados* (c'est le nom du chef) nous dit que l'Indien désigné par nous était le chef de guerre, qu'il n'était pas médecin, mais qu'il pratiquait, parce qu'en effet il *savait*. Il ne put s'empêcher de nous témoigner sa surprise de la connaissance que nous avions de leurs moyens de guérison. Je lui fis expliquer en anglais (qu'il parlait fort bien) comment nous avions acquis cette connaissance. Rien ne saurait peindre son étonnement et l'intérêt qu'il prit, par la suite, aux expériences magnétiques auxquelles il assista. Je lui montrai même à magnétiser ; il s'exerça sur son jeune fils, et obtint quelques effets.

Du reste, il nous dit qu'il était tout disposé à essayer de guérir le malade.

On fit venir *Dicon* (c'est le nom indien du chef de guerre). Lorsqu'on lui eut expliqué ce dont il s'agissait, il dit qu'il n'avait pas les plantes ici, mais que, si on voulait les lui procurer, il ferait bien volontiers l'onguent. Il examina la plaie, car le malade, M. C., était aussi venu ; l'Indien nous dit que s'il était dans son pays, il aurait bientôt guéri ce monsieur.

Je proposai de venir chercher les plantes au Jardin du Roi ; ils acceptèrent.

M. *de Mirbel*, auquel j'allai demander l'autorisation d'entrer dans les serres, eut l'extrême bonté de faire mettre à ma disposition toutes les plantes dont je pourrais avoir besoin.

Le lendemain matin, nous nous rendîmes au Jardin des plantes, avec les deux chefs et l'interprète ; nous entrâmes dans la serre indiquée par la somnambule, et, après l'avoir visitée, *Dicon* nous dit qu'il n'avait pas trouvé les plantes. Nous visitâmes plusieurs autres serres sans obtenir aucun résultat.

Craignant un manque de bonne foi de la part des Indiens, je demandai à Mme ***, qui nous accompagnait dans nos recherches, si elle voulait bien consentir à être endormie. Bientôt elle fut plongée dans le sommeil complet et dans le somnambulisme. Je la priai alors de vouloir bien m'indiquer dans quel endroit se trouvaient les plantes. Elle se mit à rire, et me dit : « Les deux plantes étaient bien à la place que j'ai indiquée le premier jour, mais depuis elles ont été changées de place, voilà pourquoi nous ne les avons pas vues (le jardinier en chef nous dit qu'en effet cela était vrai). Mais *Dicon*, poursuivit-elle, les a trouvées dans la même serre et en a pris des feuilles. »

Je fis demander si l'Indien avait trouvé les plantes, il me répondit que non ; mais la somnambule dit aussitôt en lui touchant le côté : « Il les a là, dans la poche. » L'Indien sourit,

EFFETS PSYCHOLOGIQUES DANS LE SOMNAMBULISME 111

regarda à plusieurs reprises cette dame endormie, et avoua qu'en effet il les avait prises, que seulement il n'avait pas la troisième, mais qu'il la trouverait si on voulait le mener dans un bois.

Deux jours après, conformément à son dire, il trouvait au bois de Boulogne la troisième plante ; et le soir il préparait un breuvage qui soulagea le malade.

Cependant, ayant cru remarquer, d'après l'effet que produisit cette espèce de tisane, que les plantes cultivées dans les serres n'avaient pas les mêmes propriétés que celles qui s'épanouissaient au soleil de leur pays, il préféra ne pas faire l'onguent. Ce fut aussi l'opinion de tous les naturalistes auxquels j'en parlai. Il n'y eut donc, pour le malade, que soulagement sans guérison.

Ce résultat m'engagea à prier les Indiens de m'envoyer les plantes aussitôt leur retour dans leur pays : je les attends prochainement, et je serai bientôt à même de savoir si ce nouveau remède aura la propriété de guérir d'aussi affreuses maladies que le cancer (1).

Ce n'était pas avec le secours des sens, ce n'était pas en conservant sur la surface du corps, soit au front, soit à l'épigastre, soit à la nuque, un point de vision, que la somnambule aurait pu s'élancer ainsi dans l'espace ; c'était donc ce que nous avons en nous d'immatériel qui a pu se transporter vers des objets éloignés, et comprendre instinctivement d'abord ce qui pouvait guérir, et indiquer ensuite où se trouvaient ces objets.

Voici un autre exemple de vue à distance :

En 1839, à Bruxelles, je magnétisai la sœur de Mlle Jawureck, artiste de l'Opéra ; pendant son somnambulisme, elle m'avait prié de la laisser se transporter à Mons. Tout à coup elle s'écria : Du sang ! du sang ! et elle eut une convulsion qu'il me fallut calmer. Revenue à elle, elle retourna à Mons, et, au milieu de sanglots, de mots entrecoupés, je compris qu'un officier qu'elle connaissait, et qui se trouvait en garnison à Mons, venait d'avoir un duel, dans lequel il

---

(1) Je n'ai jamais rien reçu.

avait été blessé d'un coup d'épée par un de ses intimes amis, officier comme lui dans le même régiment.

Le lendemain, cette dame recevait une lettre de Mons, qui lui annonçait le duel, et dans laquelle on la priait de partir sur-le-champ pour cette ville.

Blanche, à Orléans, dès la première séance dans laquelle elle fut mise en somnambulisme, voyait, dans une pièce éloignée, le docteur Lhuilier se lavant les mains, puis se baissant devant le feu pour les chauffer. Lorsqu'il revint dans le salon, les autres médecins lui demandèrent ce qu'il avait fait, et il dit exactement ce que la somnambule avait annoncé.

J'ai vu cette somnambule et plusieurs autres lire, dans un livre fermé, la page indiquée par les personnes présentes, et sans qu'elles sussent ce qu'il y avait à cette page.

J'ai vu plusieurs somnambules lire des lettres dans les poches des personnes qui les avaient, même quand elles n'étaient pas décachetées, et dont, par conséquent, les personnes ignoraient le contenu.

Dans le *Courrier d'Indre-et-Loire*, du 4 juin 1840, on lit :

« Hier, dans une séance particulière, la clairvoyance s'est manifestée par la lecture de quelques mots écrits sur un papier roulé, et par l'indication de toutes les maladies dont une dame était affectée. Dans une séance précédente, un jeune homme ordonna, par transmission de pensée, d'aller couper une mèche de cheveux à un de ses amis qui était présent, ce que la somnambule exécuta sans hésiter. »

Un des somnambules dont la lucidité est la plus brillante et la plus constante, quoiqu'il lui arrive parfois de ne pas voir exactement, c'est sans contredit Alexis Didier, magnétisé par M. Marcilliet.

J'ai eu des somnambules qui, sur des cheveux, voyaient positivement les organes affectés, la cause première de la désorganisation, et indiquaient les remèdes qui guérissaient les malades.

Voici une consultation de somnambule suivie d'un traitement :

« *Diagnostic donné par la somnambule.* — Boule hystérique. — Fièvre nerveuse qui entretient la maladie et qui en a été la cause ; — deux taches au cœur, dont le ventricule droit est hypertrophié. Un peu de gonflement au foie. — Tumeur au côté droit formée de sang vicié et entretenue par les nerfs. — Il s'y développe du pus, et si l'abcès vient à se vider, ce sera par le rectum, — crises nerveuses, — insomnies, — douleurs d'estomac, — névralgie à la tête, — flueurs blanches, — constipation. — Tout cela est le résultat du mal de côté et de la fièvre nerveuse.

« *Traitement*. — Beaucoup de distraction, éviter l'ennui, — magnétiser la malade, et lui faire seulement fermer les yeux, porter l'action sur le côté droit et le cœur. La durée de la séance sera d'une demi-heure.

« Sans le magnétisme on ne peut pas guérir.

« Pour faire disparaître les taches au cœur, la malade prendra quatre tasses froides d'infusion de houblon, pendant trois jours, et on magnétisera cette boisson.

« Le lendemain, prendre un bain à cinq heures et demie du soir, avec trois livres de sel commun dedans.

« Deux jours après, un autre bain sans sel, à cinq heures cinq minutes.

« Tous les matins, excepté les jours de bain, prendre une cuillerée à bouche de *lachesis*.

« Pour nourriture, de la soupe à l'oseille, du potage gras, du poisson, des œufs, de la volaille ; pas de vin, pas de café, peu de pain.

« La distraction est indispensable. »

Le diagnostic de cette consultation fut considéré comme très exact par le médecin ; et il voulut suivre le traitement indiqué.

Je fus alors appelé pour magnétiser la malade, car la somnambule était la mienne, cette jeune fille que j'ai guérie de l'épilepsie et qu'on a vue souvent à mes séances.

Elle m'avait été demandée par M. Longprez, ce grand ami du magnétisme, et qui a consacré sa vie au soulagement de l'humanité.

Je trouvai une jeune femme âgée de vingt-six ans, grande et forte, douée d'un esprit pénétrant, d'un caractère fier et résolu ; le plaisir, comme les peines, lui apparait sous un aspect grave : en un mot, c'est une femme exceptionnelle.

Elle est créole blanche, elle a été élevée jusqu'à l'âge de douze ans sous le soleil brûlant des colonies ; sa nature vivace s'est développée avec une énergie remarquable.

Dans son enfance, son père craignait de la contrarier, parce qu'une fois il l'avait trouvée presque inanimée ; de violentes palpitations s'étaient déclarées à la suite d'une contrariété.

Bien que largement conformée, il y a toujours eu chez cette dame une forte prédisposition aux insomnies et aux congestions cérébrales.

Les maux de tête et les fièvres cérébrales ont du reste toujours sévi dans la famille.

Toutefois, jusqu'à l'âge de vingt ans, cette dame a toujours été bien portante, sauf quelques maux de tête et de l'insomnie ; lorsque, après un chagrin violent, des accidents nombreux se manifestèrent d'abord au cerveau, puis à la poitrine, et dans la cavité abdominale (les sommités de la Faculté la crurent *phtisique*).

Un abcès considérable se déclara dans le côté droit du ventre et, malgré la médecine, cet abcès se vida seul par le fondement, pour éclairer la Faculté qui ne l'avait pas reconnu.

Peu à peu le rétablissement s'opéra, et, après un an de soins assidus, la santé première sembla revenue ; mais ce n'était qu'une apparence, car après un chagrin nouveau le même mal reparut ; même faiblesse, même insomnie, même dégoût de toute nourriture, crises nerveuses très violentes, crises hépatiques, même abcès ; enfin craintes permanentes de la famille, qui voyait avec effroi le moment assigné approximativement par les médecins, c'est-à-dire l'ouverture de la tumeur qui pouvait percer dans les intestins et causer rapidement la mort, ou dans le rectum et entraîner une convalescence de plusieurs mois.

On fit donc appeler ma somnambule, et, le 26 septembre 1845, je magnétisai la malade.

Le soir même, la gaieté reparut un peu, et après quelques

jours il y avait un mieux sensible, les forces revenaient ; le 30, la somnambule disait :

« Madame se porte mieux que le 25, le cœur n'est pas aussi gros ni si enflé, — la tache noire inférieure interne a presque disparu, — dans deux jours elle n'y sera plus. L'autre n'est pas aussi vive ; la cause de ce mieux doit être attribuée à une grande fluidité du sang provoquée par le magnétisme. — Hier des douleurs vives au cœur se sont fait sentir pendant la magnétisation, ces douleurs ont été causées par l'absorption en partie et le mouvement de la tache inférieure. — Le cœur est beaucoup mieux, — le côté ne va pas aussi bien en proportion, — cependant les douleurs sont moins vives, moins longues et moins fréquentes. — La tumeur est moins grosse, — elle devrait l'être encore moins, mais cela provient de ce que la tache du cœur, en se déplaçant, a transporté du mauvais sang dans la tumeur ; — la tumeur disparaîtra sans aboutir. La manière dont on a magnétisé fait descendre les matières purulentes qui l'entouraient. »

Je continue à magnétiser sans chercher le sommeil, mais en envahissant suffisamment le système nerveux, et de manière à en être le maître. Je magnétise localement la tumeur, et je fais en effet descendre l'humeur, ce qui provoque dans la cuisse et la jambe droite des douleurs intolérables lorsque je touche, mais qui semblent fuir sous mes doigts, descendre jusqu'aux pieds et sortir par l'orteil ; enfin je puis toucher impunément sans produire la moindre sensation douloureuse.

Le 16 octobre, les médecins, après avoir examiné avec soin le côté, ont trouvé que la tumeur avait beaucoup diminué, de telle sorte qu'on la sent à peine à travers les parois abdominales ; mais il existe dans la région de l'urètre droit, à la hauteur du bord supérieur de l'os des iles, un gonflement bilobé qui offre de la dureté et produit de la douleur vive au toucher.

Le somnambulisme se présenta naturellement sans que je l'eusse cherché, et la lucidité fut si remarquable, que la malade put examiner elle-même son état dès le premier jour qu'elle dormit.

Nous en profitâmes aussitôt, et voici ce qu'elle nous dit, après avoir confirmé ce qu'avait avancé la première somnambule :

« Elle ajouta que ce qui la faisait souffrir lorsqu'on la touchait, était un cordon blanc creux, qui partait du milieu d'un organe brun en forme de croissant, et qui arrivait à la vessie ; que, dans ce cordon, circulait une liqueur blanchâtre comme de l'urine, et que l'intérieur en était écorché par deux corps durs en forme de gravier.

« Un autre corps dur, plus petit, se forme au haut du *rein*. On peut les entraîner par le magnétisme en magnétisant deux fois par jour. »

La malade nous annonce qu'il y a six ans, elle a déjà eu des coliques néphrétiques.

« Le reste de la tumeur s'en ira par le rectum, ce soir dans la première selle. »

Le lendemain elle nous dit :

« Je me suis trompée, le rectum n'est pas encore perforé, il n'y a qu'amincissement : ce soir seulement il y aura commencement d'évacuation. »

En effet, le médecin reconnut le lendemain beaucoup de pus rendu.

« Les calculs commencent à sortir de la vessie ; il y en avait ce matin dans les urines (ce que le médecin avait constaté).

« Il existe dans la crosse de l'aorte des petits boutons semblables à de petites verrues, et, cette nuit, il y a eu une secousse violente par suite d'un engorgement de sang rouge dans la crosse de l'aorte, et la rupture en a été imminente. Ce n'est que par un régime doux que l'on peut ces jours-ci combattre cette affection. — Il faut agir entièrement sur la tumeur. »

A force de magnétisation locale, la tumeur fut entièrement vidée par le rectum ; le docteur trouvait tous les jours une grande quantité de pus ; bientôt les petites peaux qui entourent une plaie apparurent, et la tumeur se cicatrisa.

Pendant ce temps, les crises nerveuses avaient disparu ; les forces, la gaieté, l'appétit étaient revenus ; les soubresauts au cœur étaient moins fréquents ; le poumon, qui avait présenté quelques tubercules, allait mieux (dans une autre consultation la somnambule en avait parlé) ; la malade sortait, et la guérison fut bientôt complète.

Voici donc une somnambule qui a pu voir et lire dans l'intérieur du corps, indiquer les organes affectés et la manière dont ils l'étaient ; elle a pu indiquer les remèdes qui convenaient, et tout ce qu'elle a pu dire a été confirmé par la malade elle-même lorsqu'elle est arrivée au somnambulisme. (S'il s'agit d'elles-mêmes, les somnambules sont toujours d'une clairvoyance parfaite.) Faut-il déduire de là, comme de toutes les expériences que je vous ai citées, que le somnambulisme est d'une utilité et d'un grand secours dans les maladies? Non, on se tromperait ; car si les somnambules, dans leur lucidité, lorsqu'elle est parfaite, peuvent voir tout ce que nous avons dit, elles peuvent aussi dans leur somnambulisme ne rien voir du tout, et, ce qui est plus dangereux, il peut leur sembler voir des choses qui n'existent que dans leur imagination.

Voici un exemple : je magnétisais une jeune Anglaise chez laquelle des crises hystériques s'étaient déclarées, à la suite de magnétisation dans les salons par un ami de la famille. Pendant les deux ou trois premières séances que je donnai, les mêmes accidents se présentèrent.

Une dame amie de la famille, M⁽ᵐᵉ⁾ la comtesse de Vauréal, vint chez moi en mon absence, et consulta ma somnambule sur des cheveux de miss O...

La somnambule dit :

« Le mal existe depuis longtemps et est causé par un ver d'une grosseur de deux doigts, long d'un mètre ; — lors des crises, ce ver porte sa tête vers le cœur, de là les effets d'engourdissement, de catalepsie qui n'étaient pas causés par le magnétisme. — Il n'y en a qu'un, — il semble manger le cœur. — Il faudrait ne pas donner d'aliments. Cette bête grossit, elle a l'air vorace, elle semble vouloir tout ronger. — Cette bête a une tête de la forme d'une tête d'homme, — les yeux très grands. — Elle est ordinairement au-dessous et sur le côté externe du cœur ; — lorsque des aliments sont pris, cette bête revient à l'estomac et produit des désordres dans les digestions. — Elle a deux pattes comme celles d'une grenouille. — Elle semble s'être formée de beaucoup de vers qui existaient, elle s'en est nourrie et elle a grossi rapidement ; depuis six mois elle s'est beaucoup augmentée. — Elle a fait un creux près de l'estomac ; elle dort souvent, alors la personne sent quelque chose de lourd. — La malade a de grandes douleurs aux reins et au dos ; il y a des maux d'estomac, puis des étouffements ; il existe des crises nerveuses. »

Les sensations étant à peu près celles que la malade accusait, la famille me pria de voir une autre somnambule pour avoir une certitude.

Je me transportai chez une somnambule qui souvent m'avait donné des preuves de lucidité ; je lui remis les cheveux, et je pensai à toute autre chose, afin que la somnambule ne pût voir dans ma pensée ; du reste, je ne croyais pas au ver.

Voici ce qu'on me dit :

« Le sang ne circule pas comme il doit le faire, — la personne mange bien cependant, — les poumons sont larges, néanmoins la respiration est difficile, — le cœur ne bat pas plus vite, — mais la poitrine a quelque chose ; — les nerfs sont bien malades ; la poitrine n'est malade qu'à cause des nerfs, et je trouve la peau qui recouvre les poumons toute plissée ; elle ne doit pas agir comme elle le voudrait, — les membres ne sont pas forts. — Je vois maintenant qu'elle ne mange pas bien, elle dort mal, avec une grande agitation. — La malade s'ennuie beaucoup. — Dans tout le ventre il y a beaucoup d'inflammation, — mais le plus malade, c'est la poitrine, surtout l'enveloppe des poumons ; — cela fait tousser, cela va même jusqu'aux bronches. — Elle est très faible, — il n'y a de fièvre que la nuit. — Je vois le petit intestin plus malade que le gros. — Je vois quelque chose qu'il contient : — oh ! des glaires ! — qu'il y en a ! — Qu'est-ce qu'il y a donc sous ces glaires ? — Il n'y a pas de tubercules dans l'intestin, les digestions se font lentement. — On rend souvent des matières grisâtres entourées de glaires ; —

ces matières se trouvent dans le petit intestin, elles y séjournent longtemps. — Je vois une petite chose ronde, blanche ; — c'est vieux, c'est rond, gris ; je ne vois ni tête, ni queue, ce ne sont pas des vers ; attendez que je voie bien. — Oh ! ce sont des vers, il n'y en a pas qu'un. — Dans l'intestin qui reçoit la nourriture, ce n'est plus la même chose ; cela a une forme de ver ; cela a une tête qui est grosse comme le pouce ; elle tourne jusqu'à l'intestin grêle ; c'est attaché après ; c'est long d'un mètre, — ça a des yeux ronds, gros, une bouche large comme le pouce ; il se nourrit de sang et du suc des aliments. — Il est né avec l'individu et il s'est développé en lui. — Si on l'empoisonne, je crains qu'il ne l'étouffe. »

Lorsque je vis que cette seconde somnambule m'accusait la même chose que la première, je commençai à être ébranlé et je pensai qu'elles pouvaient à elles deux avoir raison ; la seconde ordonna un traitement qui fut approuvé par la première.

D'autres consultations eurent lieu, et toujours les deux somnambules virent l'animal, elles accusèrent sa mort et sa sortie ; mais, hélas ! s'il sortit, il se fit invisible, ce qui était difficile, puisque toutes les deux l'avaient désigné comme ayant un mètre de long.

Ces deux somnambules se trompaient ; il n'y avait pas de ver, et c'était un effet de leur imagination ; la coïncidence d'opinion et de vue est difficile à expliquer ; mais enfin le fait est là : il n'y a pas eu le plus petit indice de ver, je le répète, elles s'étaient trompées.

Si deux somnambules peuvent se tromper sur les cheveux de la même personne, si leur imagination peut divaguer comme dans le cas ci-dessus, n'est-on pas autorisé à dire que le somnambulisme ne peut être de quelque utilité ? Quant à moi, je l'affirme dans toute la franchise de mon âme, non, le somnambulisme n'est pas utile, il est plutôt dangereux dans l'état actuel des choses.

Lorsque je fais des expériences de lucidité, je ne mets point de bandeau sur les yeux ni sur la figure ; cette pratique fatigue et échauffe inutilement les somnambules, et n'est pas nécessaire ; car, que prétendons-nous et que voulons-nous prouver ? que les somnambules, dans l'état magnétique, peuvent voir, sans le secours des yeux et à travers les corps opaques. Eh bien, couvrons les objets de manière que les somnambules, avec les yeux, même ouverts, ne puissent les voir, nous atteindrons le but bien mieux et nous convaincrons davantage.

Lorsque je veux faire lire, je prends un livre fermé, je le tiens sous une table, et je dis à la somnambule de lire à telle page, telle ligne ; elle le peut, puisqu'elle n'a pas de point de vision sur le corps, puisque c'est la partie immatérielle de son être, son âme enfin, qui voit.

De même, enveloppez les objets dans des boîtes, ou de toute autre manière, afin que, si on les lui donne à toucher, elle ne puisse, ni par les yeux, ni par le contact, reconnaitre l'objet.

Pourquoi, me dira-t-on, avec des somnambules comme vous prétendez en avoir rencontré, ne vous êtes-vous pas présenté à l'Académie pour gagner les trois mille francs déposés par M. Burdin?

Pourquoi ? Je répondrai d'abord, pour ma part, que les somnambules, dans la lucidité desquelles j'aurais eu assez de confiance pour m'exposer ainsi, n'étaient point celles que j'aurais pu présenter devant l'Académie, leur position dans le monde le leur interdisait.

Mais quand cette raison particulière n'existerait pas, je n'aurais voulu à aucun prix, dans l'état actuel du somnambulisme, risquer une semblable démarche : je sais trop combien la lucidité est capricieuse, fugitive et indépendante du magnétiseur, et bien certainement j'aurais pu avoir une déception.

Du reste, je ne crois pas que ce soit par la clairvoyance, par le somnambulisme, qu'il faille solliciter l'adhésion des corps savants au magnétisme animal. C'est en leur présentant le magnétisme sous le point de vue utile, c'est en leur montrant son efficacité comme moyen curatif, c'est enfin en leur soumettant les premiers effets, et non les derniers, que l'on pourra les décider à l'adopter et à en ordonner l'emploi

Je n'ai pas voulu commettre la faute que beaucoup de magnétiseurs ont faite ; c'eût été bien plus impardonnable à moi qui ne présente, dans mes séances, que des faits physiologiques, et qui ne m'occupe du magnétisme que sous le point de vue médical et direct, abandonnant le somnambulisme comme n'étant point d'une grande utilité dans l'état actuel de la science.

Mais, quoique je ne veuille pas présenter moi-même le somnambulisme, quoique je le regarde comme n'étant utile que lorsqu'il se déclare chez le malade même, je suis forcé de constater son existence et toutes les merveilles dont il est accompagné ; je ne puis nier que, dans bien des cas, les somnambules ne soient d'une clairvoyance extraordinaire et ne voient des choses à cent lieues, comme si elles étaient sous leurs yeux. Malgré cela, l'emploi du somnambulisme me paraît blâmable tant que nous n'aurons pas trouvé le moyen de fixer et de diriger la lucidité.

Croit-on que l'on inspire au public une opinion favorable du magnétisme, lorsqu'on voit des magnétiseurs s'en aller chercher au fond de la terre des trésors, ou jouer à la Bourse, à la loterie, sur le dire des somnambules ?

Jusqu'à ce jour, jamais un trésor n'a été trouvé par un somnambule, jamais on n'a gagné à la Bourse, et jamais on ne gagnera à la loterie ; les châteaux allemands deviennent des châteaux en Espagne avec le somnambulisme.

État extatique sous l'influence de la musique

J'ai fréquemment soumis des somnambules à l'influence de la musique. Louise, que j'ai guérie de l'épilepsie ; Eugène, Mélanie et une jeune fille de Bagnères-de-Bigorre, sont ceux que j'ai présentés au public parisien.

Mélanie et la jeune fille de Bagnères, par leurs poses gracieuses et leur humilité ; Eugène, par son extase de contemplation qui le jetait dans un état effrayant, impressionnaient vivement l'assemblée. Je pouvais approcher de leurs yeux des bougies allumées sans provoquer le moindre mouvement des paupières, la moindre contraction de la pupille : il y avait insensibilité complète de l'œil. La musique gaie leur faisait mal et leur donnait des convulsions. Louise, dont les poses étaient peut-être plus gracieuses, plus sensuelles, éprouvait, pendant cet état semi-extatique, un certain plaisir à entendre une contredanse ; elle s'y laissait aller et dansait, mais une réaction physique se produisait lorsqu'on prolongeait soit une contredanse, soit une valse ; il s'opérait alors un dégagement : le fluide dont elle était envahie s'évaporait, le sommeil cessait, et elle se trouvait dans un état mixte, qui n'était ni la veille, ni le sommeil magnétique, quoiqu'elle fût encore sous l'influence du fluide.

Je produisais l'*extase* véritable par la magnétisation sur Mme Lefébure, c'était une *extase* toute *contemplative*. Elle consentit, en 1845, à paraître deux ou trois fois dans mes séances de la rue Duphot, et elle impressionna vivement le public.

L'extase, sous l'influence de la musique, est quelquefois très salutaire dans certaines affections nerveuses, et j'ai obtenu, en l'employant, des améliorations très grandes, et même des guérisons, en provoquant, avec cet auxiliaire, de très fortes transpirations.

L'extase proprement dite, produite par la magnétisation directe, est également salutaire ; mais il n'est pas toujours prudent de l'employer, ou plutôt il faut, pour le risquer, être bien sûr de soi. Je me suis trouvé dans des cas où la mort était si imminente, que j'ai dû l'employer comme dernière ressource, et j'ai été assez heureux pour réussir.

CHAPITRE X

DANGERS ET ACCIDENTS DU MAGNÉTISME

Nous chercherons à démontrer ici, par quelques exemples, combien la pratique du magnétisme présente de dangers pour les personnes qui ne le connaissent pas du tout. Nous essayerons de faire voir combien, même avec certaines connaissances, lorsqu'on n'est pas très prudent, il est facile de produire de fâcheux effets.

La plus grande partie des individus qui magnétisent à l'occasion ne comprennent pas que, dès que leur action a commencé, ils ont porté un trouble dans la circulation et dans l'organisme entier, et qu'alors la vie du patient est dans leurs mains ; qu'ils peuvent le rendre fou, épileptique, paralytique, idiot, etc., etc. ; qu'ils peuvent même provoquer la mort instantanée. Nous ne saurions donc trop recommander la prudence à tous ceux qui magnétisent et qui cherchent à produire le sommeil et le somnambulisme ; et qu'on soit bien persuadé que nous n'exagérons rien, que peut-être même nous n'en disons pas assez, et que si nous voulions publier tous les accidents dont nous avons connaissance personnellement, et que nous avons été appelé à réparer, on y regarderait à deux fois, même pour des cas de maladie, avant de se livrer à certains professeurs de magnétisme qui, malheureusement, sont souvent moins instruits que le plus simple amateur, et qui agissent avec d'autant plus d'imprudence et de maladresse qu'ils veulent cacher leur ignorance.

Il est certains accidents qui sont produits par une magnétisation mal entendue, mais il en est d'autres aussi qui résultent de la trop grande susceptibilité des sujets, sans qu'on puisse s'en prendre aux magnétiseurs.

Ceux-là sont les moins dangereux ; le mal peut être réparé promptement, si l'on s'arrête avant que ces accidents soient arrivés à leur paroxysme.

Lorsqu'on cherche à magnétiser une personne d'une sensibilité nerveuse extrême, on peut provoquer, sans qu'il y ait maladresse, un peu de suffocation qui dégénérerait en étouffement, si aussitôt l'on n'y apportait remède, en dégageant promptement les plexus par des passes transversales faites vivement devant l'épigastre, et en agissant sur les bronches pour ramener la circulation interrompue dans les organes de la respiration. Il faut aussi dans ce cas promener légèrement les doigts, du cou à l'estomac ; quelquefois il est bon de frapper doucement sur la poitrine avec le bout des doigts.

Pendant le sommeil, un somnambule peut quelquefois être effrayé par un accident fortuit et indépendant de la magnétisation, et alors il peut se produire une congestion au cerveau, si l'on n'arrête pas à temps le sang qui s'y précipite avec force.

J'ai vu au Mans, dans les salons du père de M. *Trouvé,* maire de la ville, une jeune personne qui, arrivée au somnambulisme, fut effrayée involontairement par la personne qui causait avec elle.

Des cris : *Au feu ! au feu !* se firent entendre avec force dans la rue ; cette personne épouvantée s'écria, en lâchant la main du sujet : *Au feu ! ô mon Dieu ! sauvons-nous !* La somnambule, en rapport avec cette dame par le contact, fut effrayée, et le sang lui monta tout à coup à la tête, avec une violence telle, que deux médecins présents se précipitant vers elle, et tirant leur lancette pour la saigner, s'écrièrent : *Prenez garde ! elle peut mourir !* En effet, la malheureuse jeune fille était bleue ; je m'élançai et, en attaquant immédiatement avec force l'artère carotide et les jugulaires, j'arrêtai le cours du sang et je le fis descendre aussitôt. Ceci fut fait avec une telle promptitude, que le docteur Lepelletier, qui était l'un des médecins, ne pouvait en croire ses yeux. Je calmai ensuite le système nerveux par quelques passes, et peu d'instants après je pus réveiller la jeune personne, qui n'accusa aucun malaise au réveil.

Lorsque vous magnétisez une personne dont la digestion n'est pas encore terminée, surtout lorsqu'elle a fait un léger extra, comme dans le cas suivant, vous pouvez produire une congestion et la mort presque instantanée.

Pendant mon séjour dans la ville du Mans, plusieurs personnes ayant dîné ensemble voulurent essayer de se magnétiser les unes les autres. L'un des convives, fort et très sanguin, se présenta comme sujet, et un autre qui avait assisté aux leçons que je donnais à l'Hôtel de Ville se mit en devoir de l'endormir. Bientôt, en effet, il éprouva quelques symptômes, le magnétiseur redoubla son action, et alors se manifestèrent des accidents. Le magnétisé commença à étouffer, puis la respiration lui manqua tout à fait : il devint rouge, bleu, et glissa du fauteuil sur le parquet. Le magnétiseur se troubla, la société fut effrayée, et chacun prit la fuite. Heureusement on vint m'avertir ; j'accourus, et employant les moyens que j'ai cités plus haut, après avoir préalablement pris les pouces pendant une minute, j'attaquai fortement les carotides, je dégageai la tête du sang qui s'y était porté, et je fis revenir le magnétisé à lui, car il était en syncope. Je m'occupai ensuite de faire cesser les désordres occasionnés dans la digestion ; je portai mon action sur la poitrine et l'estomac par quelques passes et des insufflations chaudes, afin de calmer les contractions ; puis je travaillai à dégager les intestins d'abord, ensuite l'estomac ; en une demi-heure, le mal était réparé. J'avais fait boire un verre d'eau magnétisée, qui avait aidé à rétablir le calme et à détruire tous les désordres produits.

Dans ces deux cas, il n'y avait pas eu ignorance des pratiques magnétiques : dans l'un, il y avait eu frayeur, provoquée par une tierce personne, et, dans l'autre, imprudence en magnétisant trop tôt après un repas.

Ce dernier accident est un de ceux que les magnétiseurs nouveaux produisent le plus fréquemment, et ce n'est pas étonnant, car c'est presque toujours après un repas, où les têtes se sont échauffées par la conversation, qu'ont lieu les provocations et les défis.

Convulsions

Dans une des leçons que je donnai à l'Hôtel de Ville du Mans, M. Richelet produisit des convulsions atroces sur une jeune fille, en magnétisant trop fortement le cerveau pour obtenir du somnambulisme. Il put les arrêter promptement en suivant les indications que je lui donnai, et que voici :

Il faut appuyer avec force le bout des doigts sur l'épigastre et projeter un jet violent de fluide, afin d'empêcher les contractions du diaphragme, puis dégager la tête par quelques passes depuis les épaules jusqu'aux pieds; ces passes doivent être faites les mains entièrement ouvertes et sans force, afin que l'émission du fluide s'effectue doucement et n'ait point l'intensité que vous obtenez en agissant avec la pointe des doigts; dans ce cas, vous produisez l'effet d'un arrosoir percé d'une grande quantité de pertuis; les jets d'eau sont beaucoup plus minces et plus doux que lorsqu'ils s'échappent à travers de larges orifices (la comparaison n'est pas élégante, mais elle rend parfaitement ma pensée).

Dans la même leçon, M. ***, maître clerc chez un notaire, magnétisait une femme; tout à coup il produisit, en agissant trop fortement sur le cerveau, un seul mouvement convulsif qui mit le corps en cerceau : la tête touchait les talons et y semblait adhérente.

Les efforts physiques que lui et plusieurs personnes présentes firent pour redresser le corps furent tout à fait inutiles. Je lui indiquai comment il fallait agir, mais il était si troublé, si inquiet, qu'il fut impuissant à détruire cet effet de tétanos qui pouvait devenir dangereux en se prolongeant.

On avait enlevé le sujet pour le placer sur une table : son corps présentait littéralement la forme d'un cerceau. Je me mis à l'œuvre, et, joignant l'action à la démonstration, je touchai l'épigastre avec le bout des doigts; à l'instant même les muscles se détendirent, et le corps s'allongea sur la table, de sorte que le sujet se trouva couché sur le dos. Avec quelques passes, la parole revint et l'équilibre fut rétabli.

Cette femme ne dormait pas, elle était seulement dans cet état de torpeur dans lequel on ne s'appartient plus, parce que le système nerveux est envahi, mais pendant lequel on ne perd pas la conscience de son *moi*, sans cependant pouvoir en donner connaissance à l'extérieur.

Impossibilité de réveiller

Pendant mon séjour à Rennes, on fit venir de Janzé un jeune garçon de quinze ans, qui avait été plusieurs fois magnétisé par le receveur de l'enregistrement du lieu, et qui était très lucide, disait-on. En effet, il put faire quelques expériences exactes.

Un soir, M. Dharembert, son magnétiseur, se trouvant chez les dames Brierre, voulut magnétiser une jeune fille ; puis l'idée lui prit de me magnétiser de loin. Je me trouvais en ce moment à l'autre bout de la ville, dînant paisiblement chez M. Jolly, l'avoué.

Le fluide de M. Dharembert, au lieu de venir à moi, avec lequel il n'avait aucun rapport, frappa le jeune Baptiste et l'endormit profondément. Le magnétiseur le réveilla ; mais, recommençant son manège, le jeune homme tomba de nouveau endormi. Un domestique en le relevant l'enleva de terre et le posa dans un fauteuil. Il se déclara alors un état tout particulier, qui approche de l'extase pour l'apparence et de la maladie appelée *catalepsie*.

M. Dharembert voulut faire cesser cet état, mais il ne le put. On m'envoya chercher.

Lorsque j'arrivai, je trouvai le jeune Baptiste, les yeux grands ouverts et fixes, n'entendant pas même son magnétiseur, mais sans raideur dans les membres ; ceux-ci restaient dans la position qu'on leur imprimait. J'indiquai les moyens d'action pour détruire cet état et pour obtenir le réveil.

Le magnétiseur put faire cesser l'état cataleptique, mais il lui fut impossible de réveiller le sujet.

Je me mis en devoir d'agir moi-même, et en quelques instants je le réveillai complètement.

Je me retirai ; mais, une heure après, le même accident se représenta par suite de nouvelles magnétisations sur d'autres personnes. On vint me chercher de nouveau.

Je démontrai alors combien il était imprudent d'agir ainsi à la légère ; je fis cesser la catalepsie, en posant une main sur la tête, et l'autre sur l'épigastre, puis je fis quelques passes. Je réveillai ensuite par les moyens ordinaires indiqués dans un autre chapitre, et je rétablis l'état normal en dégageant fortement.

J'ai vu beaucoup de cas où les magnétiseurs amateurs ne pouvaient parvenir à réveiller ; bien des magnétiseurs de profession ne dégagent pas complètement les personnes qu'ils magnétisent. C'est une faute, et il en résulte souvent des malaises et parfois des accidents.

M. le docteur Rey qui, à Marseille, avait assisté chez moi à plusieurs séances de magnétisme, magnétisa, en juin 1850, une jeune fille qu'il avait chez lui. Après l'avoir parfaitement endormie, il voulut la réveiller ; mais, soit qu'il eût trop chargé le cerveau, comme cela est probable, soit toute autre cause, il ne put y parvenir. Il était neuf heures du soir, il m'envoya chercher ; j'étais sorti, et, en attendant que j'arrivasse, il continua à provoquer le réveil, mais toujours sans résultat. Enfin, rentrant à minuit, je le trouvai tout bouleversé sur le pas de ma porte ; je le tranquillisai en lui promettant de tout réparer. En effet, en cinq minutes, je fis cesser le sommeil, puis la jeune fille revint parfaitement à elle, sans avoir le plus petit malaise.

Léthargie

La léthargie est un des accidents rares, elle ne se présente pas pendant la magnétisation, elle n'arrive que plusieurs heures après, et cela tout à coup, sans que rien puisse vous avertir ; le sujet tombe foudroyé, et bientôt tous les symptômes apparents de la mort se présentent. Le pouls est sans pulsations, le souffle ne marque plus sur une glace ; pour tous, la mort est évidente.

Pendant mon séjour à Nantes, un garçon de café, sur la place du Théâtre, fut magnétisé par un commis-voyageur ; deux ou trois jours après, ce fut un autre qui le magnétisa ; un troisième passant dans la ville le magnétisa également. Les deux premiers n'avaient produit aucun accident ; mais, soit que le troisième eût moins de connaissance pratique, soit qu'il voulût produire plus fortement certains phénomènes, le fait est que le lendemain du soir où il fut magnétisé par le troisième, le jeune homme tomba raide dans la salle de billard, sans donner signe de vie. On le porta sur son lit, et on alla chercher les médecins ; on vint m'appeler aussi, mais j'étais sorti, et je ne rentrai que quelques heures après.

Je me transportai au café, et je trouvai dans la chambre de ce jeune homme plusieurs personnes, entre autres l'un des médecins distingués de la ville, le docteur Fouré, qui, lorsque j'arrivai, me dit : *Ah ! vous voilà, l'homme puissant ! eh bien, faites revenir celui-là !* Puis, se retournant vers les autres assistants, qui étaient des médecins, des pharmaciens, il dit : *Je me retire, je n'ai plus rien à faire ici ; il y a deux heures que j'y suis sans produire aucun résultat.*

Je demandai qu'on voulût bien m'instruire de ce qui était arrivé à ce jeune homme. — J'appris que, magnétisé la veille, il était, le lendemain matin, tombé dans l'état où il se trouvait, que, depuis trois heures, il n'avait pas donné signe de vie, malgré tout ce qu'avait pu faire le médecin, et que probablement il était mort.

En effet, les extrémités étaient glacées, le pouls ne battait plus, le cœur n'avait point de pulsations, la respiration était arrêtée, le souffle ne paraissait pas sur une glace ; de plus il était raide, et avait l'œil terne et vitreux ; enfin, pour tous il avait cessé de vivre.

Je compris qu'il y avait accident provoqué par une mauvaise magnétisation, il restait à savoir si je pourrais détruire l'effet terrible produit par cette grave imprudence.

Je tâtai le pouls, et, après quelques moments, il me sembla sentir une faible, mais bien faible pulsation, qui devait être le résultat de mon action ; je n'en étais pas sûr, mais il ne m'en fallut pas davantage pour me faire espérer, et je me mis à agir avec force et courage.

Je pris les pouces comme pour magnétiser, puis je soufflai chaud sur l'épigastre et sur le cœur : je cherchai à ranimer un peu cet organe en le stimulant par une action forte, en présentant le bout des doigts, et en donnant avec vigueur sur toute la région du cœur et sur tout l'appareil respiratoire ; puis, faisant deux ou trois grandes passes, soufflant chaud sur le cerveau, j'obtins, deux minutes après, un léger mouvement des paupières, ensuite une légère pulsation de l'artère ; je redoublai et j'obtins une inspiration forte, puis des clignements de paupières. Une des personnes présentes s'écria qu'il y avait plus de trois heures qu'il n'en avait fait autant. Je dégageai fortement le cœur et le cerveau, et j'appuyai avec intensité les doigts sur l'épigastre; les yeux s'ouvrirent alors, et bientôt après le mouvement reparut, le jeune homme reprit connaissance et recouvra la parole. Il était ressuscité, car pour tous il était mort cinq minutes auparavant.

Quelques instants après cet événement, on le vit aller et venir dans le café comme s'il ne lui était rien arrivé.

Il y avait eu agglomération du fluide vers les centres nerveux; on ne l'avait pas assez dégagé, et le lendemain tout le fluide se portant avec force vers le cerveau avait interrompu ses fonctions; la circulation s'était arrêtée, et les symptômes de la mort avaient paru. Il est probable que la mort s'en serait suivie réellement, s'il était resté quelques heures encore dans cet état.

Cette résurrection fit grand bruit à Nantes et, trois jours après, donnant une séance publique, je présentai ce même jeune homme bien portant, et j'obtins sur lui tous les phénomènes que j'obtenais sur mes autres sujets.

Paralysie

La paralysie d'un ou de plusieurs membres se présente quelquefois à la suite d'une magnétisation. Il faut alors replonger dans le sommeil, laisser dormir une heure, et pendant ce temps agir par des passes et par un léger massage sur le membre paralysé. Lorsque c'est la langue, il suffit d'endormir de nouveau et au réveil de bien dégager.

J'ai vu souvent cet effet de paralysie; il n'est pas fort dangereux lorsque le sujet reste calme. S'il s'effraye, le sang peut monter au cerveau et provoquer une congestion.

A Paris, je fus appelé un soir dans un salon, pour une jeune dame qui, ayant été magnétisée par un amateur, avait perdu, au réveil, l'usage de la parole et du bras droit. La famille était désespérée, et le magnétiseur ne savait plus où il en était; il devenait fou des reproches qu'on lui faisait et qu'il se faisait lui-même.

La jeune dame, très impressionnable, s'était effrayée

lorsqu'au réveil elle ne put parler ; elle augmenta l'accident par sa frayeur, et la paralysie, qui d'abord n'était que sur la langue, se déclara aussi dans le bras droit.

A l'instant où j'arrivai, il se déclarait une crise nerveuse ; il me fallut d'abord la faire cesser, puis, lorsque la dame fut revenue à elle, je la tranquillisai en lui promettant que le lendemain elle pourrait se servir de son bras et de sa langue.

Je plongeai la jeune dame dans le sommeil, je la laissai dormir deux heures, et pendant ce temps j'agis sur le bras paralysé, tantôt par des passes, tantôt par une espèce de massage. Quant à la langue, j'espérais que le sommeil seul détruirait la paralysie.

En effet, la dame put parler au réveil, après avoir été fortement dégagée. La paralysie du bras ne céda le lendemain qu'après une seconde magnétisation.

Il était resté, à la suite de cet accident, un tremblement nerveux dans tout le corps, que je ne pus dissiper entièrement qu'après quatre séances.

Idiotisme

Quelquefois l'idiotisme se présente à la suite d'une convulsion provoquée par la magnétisation.

Pendant mon séjour à Caen, le garçon d'écurie de l'hôtel d'Angleterre s'avisa de vouloir magnétiser mon sujet ; celui-ci se défendait, et ne voulait point y consentir. Mais tout à coup l'influence se fit sentir et il tomba endormi. Il ne le fut pas plus tôt, que des mouvements convulsifs se manifestèrent ; le garçon épouvanté vint me chercher et ne me trouva pas ; j'étais sorti ; alors il appela au secours tous les habitants de l'hôtel. Heureusement le maître de l'hôtel, me sachant au cabinet de physique de l'Académie, m'envoya chercher. Je fis cesser promptement les convulsions, mais lorsque je réveillai mon sujet, il n'avait plus d'intelligence ; mon pauvre somnambule était complètement idiot.

Je l'endormis de nouveau, et je ne le réveillai que quatre heures après ; pendant le sommeil j'avais magnétisé à grandes passes, cherchant à agir sur le cerveau tout en le dégageant ; l'idiotisme persista ; alors je l'endormis encore, et je ne le réveillai que seize heures après. Cette fois l'idiotisme cessa, le cerveau se remit à fonctionner comme de coutume, l'intelligence était revenue, et le surlendemain il ne restait plus trace de cet accident.

Convulsions, idiotisme

M. M... ne manquait pas de certaines notions magnétiques ; il avait suivi un cours, et il avait déjà magnétisé plusieurs fois avec succès Mlle R..., jeune fille très nerveuse. Un jour, voulant montrer certaines expériences à quelques personnes, il chercha à produire la lucidité en chargeant fortement le cerveau : tout à coup, au lieu des effets qu'il espérait, il eut des rires, des pleurs, enfin une attaque de nerfs ; et bientôt la pauvre enfant haletant, suffoquant et risquant d'étouffer, se tordit dans des convulsions violentes. Il y eut un moment de calme ; M. M.... croyait tout fini, mais il se trompait ; les yeux devinrent fixes et hagards, des mots sans suite s'échappèrent de sa bouche ; puis, la face présenta les symptômes de l'idiotisme, et ensuite les convulsions recommencèrent.

Après une heure d'essais infructueux pour détruire un si dangereux état, M. M..., qui ne pouvait se dissimuler son impuissance, mit tout amour-propre de côté, et m'envoya chercher. C'est à Genève, en 1853, qu'eut lieu cet accident.

Lorsque j'arrivai, Mlle R... se tordait sur un canapé, d'où elle glissait jusqu'à terre ; tantôt ses talons et sa tête se touchaient, ses bras faisaient le moulinet, ses jambes étaient lancées en haut, en bas, à droite, à gauche, avec une force extrême, et au milieu de tout cela, des cris, des rires, des rires qui font mal à entendre, de ces rires où l'intelligence n'a point part, où la folie se reconnait facilement.

Je vis aussitôt toute la gravité du mal produit ; mais en reconnaissant la constitution hystérique de Mlle R..., j'eus l'espérance de faire cesser promptement un désordre aussi grand.

Il ne s'agissait pas de prendre les pouces au milieu de tous ces mouvements convulsifs et désordonnés pour chercher à calmer ; il fallait agir fortement et avec brusquerie ; aussi j'attaquai vigoureusement l'estomac en appuyant avec le bout des doigts et en les retirant vivement. Bientôt, par ce moyen, je fis cesser la contraction du diaphragme ; puis, après deux ou trois insufflations chaudes sur l'épigastre, les membres tremblèrent un moment, puis ils se détendirent ; je fus alors entièrement maitre des convulsions ; le calme était rétabli physiquement, mais l'harmonie entre l'intelligence et la matière était loin de l'être ; aussi lorsque, après dix minutes de grandes passes, je réveillai, je reconnus, non plus un état de folie, mais un état d'hébétement, qui continua toute la journée. Le lendemain, je magnétisai pendant une heure. Quoique j'eusse travaillé fortement le cerveau par des passes et des insufflations, je trouvai encore le même état au réveil ; la jeune fille avait les yeux ternes et sans vie intellectuelle ; elle répondait avec justesse aux questions qu'on lui faisait, mais elle restait sans initiative pendant des heures entières. La seconde journée se passa sans aucune nouvelle convulsion.

Le surlendemain, voyant que cet état persistait, même après la magnétisation, je l'endormis de nouveau, et je provoquai avec intention des convulsions ; ce fut alors une lutte horrible de mouvements convulsifs, de folie furieuse, de cris ; je maintins cet état pendant une demi-heure ; puis, le faisant cesser brusquement et instantanément par les moyens que j'ai indiqués plus haut, je magnétisai pendant deux heures à grandes passes, répétant souvent des insufflations chaudes sur la tête, sur l'estomac, et imposant les mains sur le cervelet et sur le bas-ventre, j'eus, après un travail de trois heures, le plaisir de voir, au réveil, reparaitre entièrement l'intelligence. Depuis ce moment, le calme fut rétabli, et Mlle R.... ne se ressentit en rien d'un si déplorable accident, qui avait duré trois jours, et qui aurait pu ne pas être détruit.

Folie, épilepsie

Depuis que je magnétise, je n'avais jamais occasionné le plus petit accident, lorsque, en mars 1850, je produisis la folie.

Je magnétisais Mme Azéma, femme du directeur de l'un des théâtres de Marseille. Elle était plongée dans un état de torpeur, et sur le point de passer au sommeil magnétique, lorsque je m'aperçus que Mme Valdeyron, son amie, qui était près de la fenêtre, s'endormait. C'était d'autant plus étonnant, que j'avais essayé de magnétiser celle-ci sans pouvoir réussir à l'endormir complètement.

Je la montrai à son mari qui m'engagea à continuer. Après quelques passes, ses yeux se fermèrent ; puis, tout en magnétisant d'une main Mme Azéma, je cherchai à attirer jusqu'à moi Mme Valdeyron ; elle se leva, puis se rejeta sur sa chaise en disant : Non, non, je ne veux pas. Mais aussitôt elle se releva, fit un pas en avant, chercha à se retenir au siège sur lequel était son mari, et, tout en larmes, elle arriva jusqu'à moi.

Mais, au moment où je lui touchai le front pour la faire asseoir, Mme Azéma éclata en sanglots, puis elle eut des spasmes, des mouvements, enfin une crise d'hystérie très violente.

Je compris alors mon imprudence, et, tout en faisant d'une main cesser les convulsions de Mme Azéma, je dégageai vivement Mme Valdeyron.

Alors, tout entier à Mme Azéma, j'eus bientôt calmé tout le système nerveux. Après quelques instants de calme, je réveillai ; mais je m'aperçus alors que l'accident était plus grave que je ne l'avais pensé d'abord : les yeux hagards, la figure hébétée, un air idiot, m'annoncèrent que cette jeune femme était loin d'être dans son état normal.

Je l'endormis de nouveau ; j'agis alors fortement sur le cerveau, tout en cherchant à le calmer, ainsi que tout le système nerveux ; j'y parvins promptement. Après m'être assuré que tous les symptômes de désordre étaient disparus, je la réveillai, et j'eus le bonheur de la voir entièrement revenue à la raison, et n'ayant aucun souvenir de ce qui lui était arrivé.

Cet accident peut se présenter souvent lorsque, magnétisant une femme nerveuse, vous porterez votre action sur un autre sujet et que, surtout, vous ferez de violents efforts pour produire un effet.

Mme Azéma non seulement ne s'est jamais aperçue de ce qui s'était passé, mais elle ne l'a jamais su.

A Manchester, le docteur N., magnétisant un jeune homme, produisit la folie furieuse et l'épilepsie. Il fallut l'emporter, le hisser dans une voiture et le transporter chez lui. Nous nous mîmes à quatre pour cette difficile opération, et il fallut huit hommes pour le monter dans sa chambre ; il nous renversa tous dans l'escalier, ses forces étaient centuplées. Fort heureusement, dans ce moment, je pus m'emparer de l'estomac et appuyer mes doigts sur l'épigastre ; je le maintins, et nous arrivâmes dans sa chambre, où nous eûmes toutes les peines du monde à le coucher.

Je l'endormis à force de magnétisation; alors je fus maitre et des convulsions et de la folie ; mais, lorsque je le réveillai après quelques heures, la folie se représenta dans toute sa fureur ; puis il y eut un accès d'épilepsie, avec convulsions et écume à la bouche.

Ce fut pendant cette crise épileptique que je parvins à l'endormir de nouveau ; il me fallut trois jours et trois nuits, sans le quitter et en le maintenant toujours dans le sommeil, pour ramener la raison et faire cesser les crises épileptiques.

Lorsqu'il fut rétabli, je restai quelque temps sans pouvoir le magnétiser : à peine l'avais-je endormi qu'il s'éveillait aussitôt comme s'il éprouvait une secousse violente.

On peut voir, par les exemples que je viens de citer, que le magnétisme peut offrir des dangers dans des mains inexpérimentées. En effet, si le magnétiseur ne connait pas la force dont il dispose, s'il ne sait comment la diriger, il peut faire beaucoup plus de mal que de bien. C'est pour cela que le choix d'un magnétiseur ne doit point se faire légèrement, et qu'avant tout il faut chercher l'homme expérimenté qui, par une pratique suivie, a pu acquérir une connaissance profonde des lois qui président aux développements des phénomènes magnétiques.

Dans ce chapitre, je passe sous silence les maux de tête, les petits engourdissements, les malaises, qui sont presque toujours la suite d'une magnétisation mal entendue.

Quelquefois il se présente un autre danger.

A Nantes, devant une trentaine de médecins et plusieurs autres personnes, parmi lesquelles se trouvaient quelques dames, je magnétisais une jeune fille nommée Manette, que j'endormais à distance ; le docteur Guépin me conduisit dans une salle à côté, et me pria d'endormir la somnambule ; je le fis à l'instant, et cela fut si prompt, que la jeune fille, qui marchait dans la salle en causant avec une dame, s'arrêta tout à coup, ses yeux se fermèrent et ses mains devinrent froides. La dame qui causait avec elle, et qui lui tenait la main, la lâcha en la sentant glacée et humide à l'intérieur. (La sensation est semblable à celle qu'on éprouve en touchant à un reptile.) S'apercevant que la jeune fille était endormie, elle fut tellement impressionnée qu'elle eut une violente attaque de nerfs.

On la transporta dans une autre pièce, et je l'accompagnai pour faire cesser les accidents. Pendant que je m'occupais d'elle, une des demoiselles de la maison, qui la soutenait, eut une crise nerveuse. La sœur de cette demoiselle en eut une aussi, et la mère, grosse et bonne maman, plus large que haute, s'affaissa sur elle-même en voyant l'état de ses deux jeunes filles et roula par terre ; une troisième sœur éprouva les mêmes atteintes ; cinq personnes enfin, toutes impressionnées les unes par les autres, tombèrent dans des attaques violentes. Je renvoyai toutes les autres dames pour éviter que la contagion du mal ne les gagnât les une après les autres, ce qui serait infailliblement arrivé si elles fussent restées ; je fis mettre chacune des malades dans une chambre séparée, et, en moins de sept à huit minutes, j'avais ramené partout le calme en allant les magnétiser alternativement.

Le docteur Guépin nous fit remarquer combien l'imitation et l'imagination ont de puissance sur le physique, et il nous reporta aux convulsionnaires du cimetière Saint-Médard et aux trembleurs des Cévennes, chez lesquels l'imitation et l'imagination jouaient un rôle si important. Quant à la somnambule, elle était restée calme, grâce à ce qu'aucune de ces dames n'avait été portée dans la même salle qu'elle.

Lorsqu'on magnétise, il faut toujours se défier des femmes nerveuses et impressionnables qui sont présentes, souvent des accidents surviennent et peuvent devenir dangereux par suite de leur contact avec les somnambules ou de leur trop grande proximité.

Nous croyons en avoir assez dit pour éveiller l'attention des personnes qui se font magnétiser, et pour rappeler à la prudence celles qui s'avisent de magnétiser sans avoir des connaissances spéciales.

CHAPITRE XI

LE MAGNÉTISME AUXILIAIRE DE LA CHIRURGIE

A l'aide du magnétisme, abstraction faite du somnambulisme, on peut rendre les plus grands services à l'humanité, non seulement comme moyen thérapeutique dans diverses maladies, mais encore en utilisant son action pour les opérations chirurgicales, en produisant cette insensibilité qui permet de trancher, couper, comme sur un cadavre dans un amphithéâtre, sans que le patient éprouve la moindre sensation.

Le magnétisme peut encore être employé avec avantage pour le pansement douloureux des plaies incurables.

Enfin, l'on peut s'en servir pour hâter la cicatrisation après une opération.

Plusieurs médecins m'ont posé cette question :

« Le magnétisme agissant principalement sur le système

nerveux, et avec une force d'autant plus grande que la quantité de fluide est plus considérable, le sujet opéré, une fois tiré du sommeil magnétique, n'éprouverait-il pas une réaction des plus funestes, des spasmes violents qui pourraient engendrer le tétanos, et rendre le remède pire que le mal ? »

Je répondrai que non seulement il n'y a pas de réaction, mais qu'il y a même engourdissement et insensibilité continue dans la partie opérée, que ce soit un membre coupé ou des incisions dans le tronc, telles que l'extraction de glandes au sein, etc., etc.

Il semble qu'une certaine quantité du fluide communiqué reste dans la partie affectée et la maintienne sous sa dépendance. Nous pouvons d'autant mieux admettre ce fait, que l'expérience vient tous les jours à son appui. Lorsque, pendant le sommeil, nous avons produit la catalepsie et l'insensibilité dans un membre, si nous réveillons le sujet sans préalablement détruire la catalepsie, le membre reste cataleptisé et insensible malgré le réveil.

Il ne peut donc y avoir de réaction, attendu que le malade ne souffre pas au réveil ; bien plus, le travail inflammatoire et la suppuration se font bien plus promptement et sans qu'il y ait jamais à craindre de ces accidents qui surviennent si souvent après une opération. La circulation se rétablit avec facilité, la guérison s'effectue d'autant plus rapidement que le malade n'a pas eu toutes ses forces vitales épuisées par la surexcitation de la sensibilité pendant l'opération ; enfin, chaque jour, jusqu'à la guérison complète, il lui est communiqué de nouvelles forces par des magnétisations journalières.

Ici, comme dans beaucoup de cas, je me trouve en contradiction avec certains magnétiseurs philanthropes qui, à propos de sujets sur lesquels on expérimente, ne peuvent s'empêcher de les plaindre, et disent :

« Que si ces nouveaux martyrs ne souffrent point endormis, les chairs contuses, brûlées ou meurtries par des expériences de pure curiosité, sont douloureuses au réveil. »

Je suis forcé de leur dire qu'ils n'ont pas encore assez expérimenté, et qu'ils sont tout à fait dans l'erreur. Non, il n'y a pas sensations douloureuses au réveil, quelle que soit l'opération qui ait été faite ! Non, il ne peut y avoir de réaction, puisqu'il n'y a pas de douleur.

J'ai fait une foule d'expériences d'insensibilité ; j'en ai tenté de toute nature, en ne reculant devant rien : aussi m'appelle-t-on *bourreau* dans certaine Revue magnétique ; mais j'ai pour excuse ma conviction intime, basée sur l'expérience pratique, qu'il n'y a pas douleur pendant le sommeil magnétique, ni au réveil. J'ai regardé l'insensibilité comme un des plus grands bienfaits dont on puisse doter l'humanité, et je me suis attaché par tous les moyens possibles à en bien convaincre et les médecins et le public.

L'insensibilité, au surplus, est un des premiers effets du magnétisme, l'un des plus faciles à produire. Or, pour faire adopter les phénomènes magnétiques, pour obtenir que le magnétisme soit employé par les médecins, il faut leur présenter d'abord les effets les plus simples, qui, en quelque sorte, dépendent du magnétiseur et qu'il peut produire à volonté, et non pas, comme se sont attachés à le faire tous les magnétiseurs, les effets psychologiques qui souvent leur échappent au moment le plus nécessaire.

Aussi dans les séances publiques ne me suis-je jamais attaché qu'à présenter des effets physiques, laissant de côté la lucidité. C'est qu'il n'est pas encore temps, selon moi, de l'employer. Arrivons d'abord à ce que les médecins se servent du magnétisme, et dans les opérations et dans les diverses maladies, comme un moyen thérapeutique ; plus tard le somnambulisme prendra sa place de lui-même.

Prouvons maintenant, par des exemples, l'utilité chirurgicale du magnétisme.

Voici d'abord un rapport sur l'extraction d'une dent :

« Le samedi 19 du mois de juin 1843, à trois heures de relevée, en la demeure de M. Cohen, dentiste, place du Palais-Royal, 243, M. Lafontaine nous a présenté une dame âgée de vingt-neuf ans, demeurant à Paris, avenue Marbeuf, 27, affectée d'une douleur insupportable, produite par la carie d'une dent, qui l'avait décidée à en demander l'extraction.

« M. Lafontaine nous a déclaré qu'il allait magnétiser ladite dame et la mettre par ce moyen dans un état d'insensibilité tel, que l'avulsion de la dent cariée pourrait avoir lieu sans douleur. Mais avant de procéder à la magnétisation, il nous a engagés à constater l'état de la dent.

« L'examen nous a fait voir la dent, petite molaire du côté droit de la mâchoire supérieure, cariée d'un tiers à la partie latérale gauche, bien fixe et bien solide dans son alvéole ; de légères percussions pratiquées sur ladite dent produisaient des douleurs intolérables, qui annonçaient l'inflammation du périoste.

« Après cet examen, M. Lafontaine a commencé la magnétisation, et, au bout de vingt minutes, ladite dame était insensible, à tel point qu'on pouvait lui enfoncer des épingles à châle dans le cuir chevelu, le menton, les joues et sous les ongles, sans qu'elle donnât le moindre signe de souffrance. On a pu percuter impunément la dent, qui, avant la magnétisation, produisait de vives douleurs. Dans cet état, M. Cohen a procédé à l'extraction de la dent. Il l'a d'abord déchaussée et arrachée ensuite sans que le moindre signe, la moindre altération des traits accusât la plus légère souffrance de la part de ladite dame. Interrogée si elle avait souffert ou si elle souffrait encore, elle a répondu négativement.

« A son réveil, la brèche qu'elle a trouvée à la mâchoire supérieure lui a appris l'extraction de la dent malade.

« L'alvéole a saigné, comme il arrive toujours lors d'une semblable opération.

« Les personnes soussignées, en présence de qui ont eu lieu ces faits, se font un plaisir de les confirmer.

Paris, 19 juin 1843.

« Bergonier, d.-m., 69, rue de Provence.
« Ch. Place, d.-m.-p., 17, rue Sainte-Anne.
« Fossati, d.-m., 7, rue du Houssaye.
« P.-E. Dalibon, d.-m.-p., 14, rue de l'Échiquier.
« B. Rigaud, directeur de la *Tribune dramatique*.

« J. Vimeux, compositeur de romances.
« Henning (de Munchhausen), 12, rue d'Aguesseau.
« Cohen, dentiste, place du Palais-Royal.

« M. Granier (de Cassagnac) était présent et en a rendu compte dans le *Globe* du 14 juin. »

Voici une *autre extraction de dent* ; le *Haro*, journal de Caen, du 11 mars 1841, s'exprime ainsi après plusieurs réflexions :

« Hier M. Lafontaine, devant des personnes dignes de la confiance publique, a ajouté une nouvelle preuve à celles qu'il avait déjà données.

« Le jeune sujet qui l'accompagne souffrait beaucoup d'une dent, la première maxillaire gauche de la mâchoire inférieure. Les souffrances qu'il éprouvait depuis plusieurs jours étaient horribles.

« M. Lafontaine a fait extraire cette dent à son sujet sans qu'il ressentît la moindre douleur, bien plus, sans qu'il fronçât le sourcil, sans qu'il donnât le moindre signe de sensibilité.

« Avant l'opération, faite par M. Descourty, le sujet fut endormi et réduit à l'état d'insensibilité. Alors le pouls donnait cent pulsations. Pendant l'opération, bien qu'il fallût déchausser la dent avant de l'arracher, le pouls n'éprouva aucune variation (deux médecins tenaient chacun un bras) ; et, nous le répétons, le sujet était comme une statue de marbre. Dès que l'opération fut faite, que le jeune homme se fut gargarisé, qu'on lui eut nettoyé la bouche, tout cela durant le sommeil magnétique, le pouls donna soixante-seize pulsations, et au réveil quatre-vingt-huit.

« Nous renonçons à peindre l'étonnement du sujet à son réveil, lorsqu'il vit sa dent arrachée ; nous ne dirons rien non plus de la surprise des spectateurs, parmi lesquels se trouvaient des médecins, des avocats, des journalistes.

« Quelques-unes des personnes présentes étaient :
« Le docteur Raisin, doyen de l'Ecole de médecine.
« Le docteur Perrier.
« M. Bertrand, doyen de la Faculté des lettres.

« M. Courty, rédacteur du *Pilote*.

« M. Talbot-Descourty, dentiste. »

J'ai fait pratiquer bien d'autres opérations fort douloureuses, et le sujet n'a jamais rien senti. Des opérations ont été faites par d'autres magnétiseurs avec tout autant de succès. A Cherbourg, des malades ont subi des amputations dans l'état magnétique, sans éprouver la moindre sensation. Ces faits ont été publiquement constatés.

Voici le procès-verbal d'une opération faite à Cherbourg :

« L'an 1846, le 19 septembre, à trois heures et demie de l'après-midi ;

« Nous, soussignés, habitants de Cherbourg, après avoir assisté à une opération pratiquée aujourd'hui, avec le plus grand succès, par M. le docteur Loysel, aidé de M. Gibon, docteur-médecin, sur la demoiselle Anne Le Marchand, de Porthail, âgée de trente ans, et mise auparavant, en notre présence, dans l'état de sommeil magnétique et d'insensibilité absolue, attestons et certifions ce qui suit :

« A deux heures quarante minutes, la malade est magnétisée et endormie par M. L. Durand, à la distance de deux mètres, et en moins de trois secondes. Alors le chirurgien, pour s'assurer de l'insensibilité du sujet, lui plonge brusquement, et à plusieurs reprises, un long stylet dans les chairs du cou ; un flacon d'ammoniaque concentrée est placé sous le nez de la patiente. Celle-ci reste immobile ; aucune sensation n'est perçue, nulle altération ne se rencontre sur ses traits, pas une seule impression du dehors n'arrive jusqu'à elle.

« Au bout de cinq ou six minutes de sommeil, elle est réveillée par son magnétiseur en une seconde. Après quelques instants, elle est endormie de nouveau, comme la première fois, à une distance plus grande encore. Aussitôt les médecins sont avertis par M. L. Durand que l'opération peut être pratiquée immédiatement et en toute sécurité, et qu'ils peuvent également parler à haute voix sur l'état de la malade, sans crainte d'être entendus par elle, tant l'insensibilité est profonde et absolue.

« A deux heures cinquante minutes, l'opérateur fait, dans

le sens vertical, en arrière et au-dessus de l'apophyse mastoïde, une incision qui se dirige inférieurement dans une étendue de huit centimètres environ. Une couche musculaire se présente et est incisée à son tour. On aperçoit alors à nu le tissu d'une glande considérable qui, en quatre minutes et demie, est disséquée avec précaution et extirpée.

La plaie est lavée. On découvre en ce moment, chose qu'il est difficile de prévoir, deux nouvelles glandes, l'une supérieure, jetant des racines dans la profondeur des tissus, et se trouvant en contact avec l'artère principale du cou, la carotide ; l'autre, moins difficile à isoler à cause de ses rapports, se perdant entre les muscles situés latéralement dans la région cervicale. Ces deux dernières glandes furent extraites en trois minutes.

« Dans la dissection des glandes, une veine de gros calibre fut intéressée. Un instant, le chirurgien eut l'espoir d'arrêter le sang en faisant respirer la malade de manière à dilater fortement la poitrine. Elle le fit aussitôt sur la demande de son magnétiseur ; mais, ce moyen n'ayant pas été suffisant, l'opérateur dut pratiquer la ligature.

« La plus grande partie des spectateurs s'approcha ensuite de la malade. Plusieurs médecins introduisirent leurs doigts dans la plaie béante, qui avait plus de huit centimètres de profondeur, et sentirent distinctement les battements de l'artère carotide.

« Pendant toute la durée de l'opération, la demoiselle Le Marchand n'a pas cessé d'être calme et impassible ; nulle émotion ne l'a agitée ; aucune contraction musculaire n'a eu lieu, même pendant que le couteau pénétrait dans les chairs : elle était comme une statue. Enfin, l'insensibilité a été absolue, et pourtant rien ne paraissait changé dans l'organisme : il n'y avait ni malaise, ni syncope, ni léthargie, car la patiente a parlé à plusieurs reprises. Interrogée souvent, elle a toujours répondu qu'elle se trouvait très bien et qu'elle n'éprouvait aucune douleur. Nous l'avons même vue une fois se lever et se rasseoir, sur l'invitation qui lui en a été faite par M. L. Durand.

« La plaie fut lavée de nouveau. Quelques minutes après,

les bords furent réunis à l'aide de plusieurs épingles, dans l'intervalle desquelles furent placées les bandelettes de diachylon. Au-dessus de ces dernières furent appliqués, dans l'ordre voulu, un linge troué, de la charpie, des compresses et un bandage propre à maintenir les pièces de l'appareil.

« En ce moment, plusieurs personnes s'approchèrent encore de la malade. L'isolement fut détruit pour un instant par son magnétiseur, et elle put alors entendre diverses questions qu'on lui fit sur son état. Elle y répondit avec une aisance parfaite et un calme bien remarquable.

« Quand tout eut été remis en ordre, l'opérée fut réveillée en deux ou trois secondes. Elle se met à sourire, prend peu à peu conscience de sa position, et s'aperçoit enfin que l'opération est faite. Elle répond aux questions qu'on lui adresse avec un vif intérêt, — « qu'elle ne souffre pas du tout, qu'elle « n'a pas éprouvé la moindre douleur, et ne conserve aucun « souvenir de ce qui vient de se passer ». Ensuite elle se retire, et chacun peut voir sur sa physionomie le calme et le bien-être qu'elle éprouve.

« Un phénomène extrêmement remarquable que présente cette malade, magnétisée neuf fois seulement, c'est la rapidité incroyable avec laquelle son magnétiseur la fit passer plusieurs fois, en notre présence, et immédiatement avant l'opération, de la vie ordinaire au sommeil magnétique et à l'insensibilité la plus absolue. A plusieurs mètres de distance, un seul regard, soutenu par une volonté ferme, a suffi pour la plonger dans cet état extraordinaire, aujourd'hui si intéressant pour la science, et qui a le pouvoir d'amortir toute sensibilité dans les organes et d'éteindre la douleur. Son isolement du monde extérieur est si complet, qu'elle n'entend personne, pas même celui qui la magnétise, à moins qu'il ne la touche. Loin de détruire cet isolement, on l'a soigneusement conservé et fortifié, ce qui a permis à l'opérateur, aux médecins et aux nombreux assistants de s'entretenir tout à leur aise et à haute voix sur l'état de la malade, sans crainte de l'impressionner, même au plus fort de l'opération.

« Les soussignés déclarent, en terminant, qu'ils sont pleinement convaincus, à la vue d'un pareil résultat, que le sommeil magnétique pouvant, même en peu de séances, produire dans les organes l'insensibilité la plus profonde, est d'un précieux secours dans les opérations chirurgicales de toute nature, en épargnant au malheureux patient de cruelles souffrances, et, ce qui est souvent plus redoutable encore, la vue des préparatifs et les terreurs de l'opération.

« M. le docteur Obet a bien voulu rester constamment auprès de la malade, afin d'examiner de nouveau et attentivement cet intéressant phénomène, et de constater l'état du pouls et de la respiration, qui n'ont subi que des altérations peu considérables.

« Le présent procès-verbal a été rédigé sur les notes prises, avec une scrupuleuse exactitude, par M. Chevrel, avoué, membre du conseil d'arrondissement et du conseil municipal de Cherbourg, lequel a tenu la plume pendant toute la durée de l'opération, pour en consigner les détails les plus circonstanciés.

(Suivent les signatures de cinquante-deux témoins, parmi lesquels MM. Obet et Gibon, docteurs en médecine.)

« Aujourd'hui, 24 septembre, la plaie résultant de l'opération est complètement cicatrisée. Hier matin, les épingles et les fils qui les entouraient ont été enlevés, et la malade a pu se promener pendant une partie de l'après-midi. »

En novembre 1843, j'ai fait faire un accouchement dans l'état somnambulique ; il n'y a pas eu insensibilité, parce que je suis arrivé seulement quinze minutes auparavant. Je pus cependant endormir Mme Levau, et elle accoucha pendant le sommeil. Je la laissai dormir pendant une demi-heure après l'opération, et, lorsque je la réveillai, elle nous dit : *Ah ! dépêchez-vous, je vais accoucher.* Alors on lui présenta une petite fille, c'est à peine si elle voulait y croire.

Cette jeune femme ne devait accoucher que le 25 novembre, j'en avais prévenu l'Académie de médecine, mais le 17, sur les cinq heures du matin, elle fut prise de douleurs, à la suite d'une chute qu'elle avait faite en se mettant au lit le 16. Les douleurs s'étant calmées, elle ne me fit pas prévenir, pensant qu'elle n'accoucherait pas encore.

Mais, sur les huit heures, elles reparurent, et elle me le fit dire ; je ne pus arriver qu'à dix heures ; à dix heures un quart tout était fini.

Pendant le sommeil, le travail, les contractions de la matrice, tout avait eu lieu naturellement. Elle avait souffert, mais si j'étais arrivé une heure avant l'opération, afin d'avoir le temps d'envahir tout l'organisme et de le bien saturer de fluide, je suis convaincu qu'elle n'aurait rien senti.

Voici un autre fait qui s'est passé. Nous citons simplement la lettre du docteur Fauconnet, bien connu à Genève par son honorabilité :

EFFETS D'INSENSIBILITÉ MAGNÉTIQUE
PENDANT UN ACCOUCHEMENT

Genève, 5 janvier 1860.

Cher ami,

Dans un moment où l'attention de l'Académie de médecine se trouve portée sur les faits d'hypnotisme, communiqués par M. le docteur Broca, je crois devoir vous envoyer la relation de l'observation suivante, dont j'ai été témoin avec vous.

Mme M..., âgée de vingt-cinq ans, d'une constitution lymphatique et nerveuse, avait été soignée, il y a environ trois ans, par M. Lafontaine, pour des gastralgies compliquées de crises hystériques fréquentes. Sous l'influence du traitement magnétique, les crises nerveuses avaient disparu, et les fonctions de l'estomac s'étaient rétablies complètement.

Mme M... s'était endormie spontanément pendant les premières magnétisations de M. Lafontaine, et, depuis cette époque, chaque fois qu'elle eut recours à l'action calmante du magnétisme, elle tomba dans un sommeil accompagné de somnambulisme et d'insensibilité.

Mme M... s'étant mariée et étant enceinte, voulut se faire endormir pour le moment de son accouchement.

J'acquiesçai à son désir, et je fus appelé auprès d'elle le 30 décembre 1859, à huit heures du matin. Elle éprouvait quelques douleurs utérines ; je constatai l'effacement du col, un commencement de dilatation et une présentation de la tête.

M. Lafontaine magnétisa Mme M... vers dix heures et demie du matin, et, au bout de dix minutes, il obtint le sommeil avec insensibilité et somnambulisme.

Cet état a présenté ceci de remarquable, que Mme M... a continué à avoir conscience des contractions utérines qu'elle annonçait chaque fois qu'elles se faisaient sentir, sans éprouver la moindre sensation douloureuse : sa figure restait calme et souriante, et elle continuait la conversation commencée pendant que les contractions duraient. Je me suis assuré à plusieurs reprises que les contractions avaient effectivement lieu comme la malade les annonçait.

Dans l'intervalle, le pouls restait calme, égal et naturel : pendant la contraction, il s'élevait jusqu'à quatre-vingt-douze pulsations.

Vers une heure, Mme M... éprouva des angoisses d'estomac et des nausées qui provoquèrent de l'agitation et un état nerveux. Elle demanda à plusieurs reprises et avec instance à être réveillée. M. Lafontaine la réveilla, et, chose curieuse, Mme M... n'eut aucun souvenir de ce qui s'était passé pendant les deux heures et demie qui venaient de s'écouler ; elle n'éprouva plus aucune angoisse ni aucune nausée : et quand je lui demandai si elle avait encore des envies de vomir, elle répondit négativement.

Au moment où elle fut réveillée, Mme M... crut qu'elle était accouchée, et elle nous demanda si c'était déjà fini : une contraction de l'utérus la tira de son erreur, et, cette fois, la contraction fut accompagnée d'une douleur qui fit pousser des gémissements et des cris à la patiente.

Au bout d'un quart d'heure, M. Lafontaine essaya de nouveau de rendormir Mme M... ; mais les douleurs étaient trop rapprochées ; elles n'étaient séparées que par une minute d'intervalle, et chacune durait une demi-minute ; il ne put obtenir que l'occlusion des paupières sans sommeil et sans insensibilité. Cependant il réussit à maintenir Mme M... sous l'influence du magnétisme, et la perception des douleurs fut certainement moins forte que si elle eût été complètement dégagée.

A quatre heures et demie tout était terminé d'une manière parfaitement naturelle, et Mme M... avait la joie d'entendre le premier cri d'un bel enfant en parfaite santé.

Depuis lors, les suites de couches ont été heureuses, et la malade se trouve aussi bien qu'on peut le désirer.

Voilà le fait dans toute son exactitude : ajoutez-y toutes les réflexions qu'il vous suggèrera, et recevez, mon cher Lafontaine, les salutations cordiales de votre dévoué,

Ch. FAUCONNET, D.-M.-P.

Voici un des faits les plus remarquables et les plus rares, l'*insensibilité partielle de la tête obtenue sans sommeil magnétique.*

En septembre 1857.

M. Bolay, ancien juge dans le canton de Vaud, atteint d'un cancer à la face, a subi une opération par le scalpel, puis des cautérisations par le chlorure de zinc. Elles ont tellement ébranlé le système nerveux du malade par les souffrances horribles et continues qu'elles ont occasionnées, que les médecins ont dû renoncer à ce moyen, qui était cependant de toute nécessité

Dans ces circonstances, le docteur Hertmann, appelé en consultation délibérée à Lausanne avec MM. les docteurs Euler et Recordon, indiqua le magnétisme comme moyen de faire cesser la souffrance en provoquant l'insensibilité aux applications les plus douloureuses.

M. Bolay vint à Genève, et, après une dizaine de magnétisations, je n'avais point encore produit le sommeil magnétique ; j'obtenais seulement un sommeil naturel et un engourdissement de la tête au réveil. Cependant le temps pressait, il fallait opérer.

Le samedi 29 août, après une heure de magnétisation particulière sur la tête, le malade étant parfaitement éveillé, le docteur Hermann appliqua sur la tumeur cancéreuse un caustique à *lui*, composé de chlorure de brome, de chlorure d'or, de chlorure d'antimoine, etc., caustique dont l'action est instantanément douloureuse, et se continue ordinairement durant sept à neuf heures.

Pendant les vingt-quatre heures qu'on laissa ce caustique sur la plaie, le malade n'éprouva aucune souffrance; il n'osait s'en réjouir, car il doutait par cela même de l'efficacité du remède : mais quand on leva l'appareil, une large eschare de huit à dix lignes forma sa conviction.

Le lundi 31 août, à midi, après une magnétisation, le docteur Hermann fit sur la peau vide une nouvelle application du caustique; il n'y eut pas de sensation. Sur les trois heures et sur les neuf heures du soir, quelques picotements se firent sentir, mais ils cédèrent immédiatement à l'influence magnétique. Au lever de l'appareil, les chairs présentèrent une nouvelle eschare très profonde.

Il n'est pas surprenant qu'il y ait eu quelques sentiments légèrement douloureux : le sommeil n'ayant point été obtenu, l'insensibilité ne pouvait être complète dans la tête.

Le mardi et le mercredi, le malade fut très bien. Le jeudi 3 septembre, une nouvelle application fut faite avec un plein succès; il n'y eut pas la moindre douleur pendant les vingt-quatre heures.

En 1854, à l'hôpital mesmérique de Londres, on a fait l'ablation du sein d'une dame pendant qu'elle était magnétisée, l'insensibilité a été entière : la malade n'a pas donné le plus petit signe de sensation; son visage est resté souriant, comme au moment où elle s'est endormie du sommeil magnétique. A son réveil, elle a déclaré que non seulement elle n'avait rien senti, et qu'elle ne sentait rien, mais qu'elle avait même ignoré jusqu'à cet instant qu'on eût fait l'opération.

Un fait inouï, c'est qu'après avoir été opérée, cette dame a voulu monter seule deux étages pour arriver à sa chambre, ce qu'elle a exécuté, au grand étonnement des nombreux spectateurs qui avaient assisté à l'opération, et parmi lesquels se trouvaient beaucoup de médecins ; les docteurs *Elliotson* et *Symes* étaient présents, et tous ont signé le procès-verbal que nous avons sous les yeux.

En Angleterre, en France, en Amérique, on a fait beaucoup d'opérations chirurgicales sous l'influence magnétique ; le docteur Esdaile les a répétées à Calcutta toujours avec succès. Les détracteurs du magnétisme ont tourné contre lui-même l'opération du cancer faite par M. Jules Cloquet sur Mme Plantin, parce que cette dame est morte le dix-neuvième jour après l'opération. Il a été bien prouvé que cette mort a été tout à fait indépendante de l'opération et tout accidentelle. Mais la malveillance et l'incrédulité l'attribuèrent au magnétisme et l'exploitèrent à leur profit.

Cependant il est bien prouvé aujourd'hui que le magnétisme, loin d'être nuisible pour une opération, est au contraire très utile ; que non seulement il produit l'insensibilité, mais encore qu'il régularise la circulation, qu'il facilite la suppuration, qu'il active la cicatrisation, et qu'en outre son emploi n'offre aucun danger ; malgré cela on ne se sert pas du magnétisme, on préfère employer des moyens qui viennent de loin et dont l'usage est dangereux.

Voici deux dentistes de Boston, MM. *Jackson* et *Morton*, qui prétendent avoir découvert un moyen de rendre insensible aux opérations chirurgicales ; ils attribuent cette propriété à l'éther, et, sans plus considérer si la méthode est simple et innoffensive en elle-même, nos chirurgiens expérimentent.

M. Malgaigne a communiqué à l'Académie de médecine les résultats des essais qu'il a tentés, et qui ont, dit-il, parfaitement réussi quatre fois sur cinq. Il a cité l'exemple d'un homme amputé de la jambe, et qui dit n'avoir ressenti qu'un léger chatouillement.

La méthode consiste à faire respirer à la personne que l'on veut frapper d'insensibilité un air saturé de vapeur d'éther ordinaire. Il en résulte au bout de deux ou trois minutes une sorte d'ivresse, qui souvent peut plonger le sujet dans une léthargie profonde, mais qui d'autres fois développe seulement en lui un état de vertige, un évanouissement incomplet, suffisant pour le mettre à l'abri des douleurs les plus cruelles.

L'appareil dont on se sert se compose ordinairement d'un flacon à moitié rempli de fragments d'éponges humectés d'éther, et qui porte deux tubulures. L'une est garnie d'un tube de verre qui plonge jusqu'au fond du vase ; l'autre est surmontée d'un canal flexible terminé par une embouchure, assez développée pour que les mouvements respiratoires puissent s'exécuter librement par son intermédiaire. Cette partie flexible de l'appareil porte en outre un système de clapets disposés de telle sorte, que l'air inspiré vienne en totalité de l'intérieur du flacon, et que l'air expiré soit au contraire rejeté au dehors avant d'y pénétrer.

Telles sont les conditions essentielles de l'appareil improvisé dont on se sert chaque matin dans les hôpitaux pour essayer, sur la foi des inventeurs et de M. Malgaigne, d'assoupir toutes les personnes qui veulent bien se soumettre à l'expérience.

A l'Hôtel-Dieu, dans le service de M. Roux, un homme âgé de quarante ans, auquel on allait amputer la jambe pour une fracture compliquée de gangrène, usa inutilement, pendant un quart d'heure, de l'appareil à éther, sans en ressentir un effet bien marqué ; il subit l'opération avec courage, mais non sans éprouver de très vives douleurs. Ce fait n'est pas très concluant, parce que le malade, habitué à fumer, n'a sans doute pas fait pénétrer dans ses poumons les vapeurs éthérées. Il s'est servi de l'appareil, comme il aurait fumé sa pipe.

Le lendemain, deux expériences furent tentées sur un homme et sur une femme ; celle-ci, après quelques inspirations, refusa de continuer, accusant une sensation insupportable dans les organes respiratoires.

Quant à l'homme âgé de quarante-deux ans, habitué à boire abondamment du vin et des liqueurs fortes, il usa hardiment de l'appareil, mais il resta réfractaire à l'inhalation des vapeurs éthérées.

Dans le même service, un infirmier d'une vingtaine d'années, assez habitué aussi à l'usage des liqueurs spiritueuses, se soumit volontairement à l'influence des vapeurs d'éther, et ne tarda pas à tomber en syncope. Il resta dans cet état pendant quelques minutes ; après quoi, étant revenu à lui, il affirma n'avoir pas perdu complètement connaissance, mais avoir cessé de percevoir ce qui se passait autour de lui. Il ajoutait qu'on aurait pu lui couper bras et jambes sans qu'il en prît le moindre souci.

Au même instant, à l'autre extrémité de Paris, M. Laugier, qui s'était procuré un appareil, en essayait l'emploi à l'hôpital Beaujon sur les personnes qui venaient pour se faire arracher des dents. On réussit à extraire sans signe de douleur une dent molaire à une femme qui, après avoir témoigné une grande difficulté et une grande répugnance, avait fini par habituer ses voies respiratoires au contact du mélange éthéré qui sortait de l'appareil. Les élèves eux-mêmes, internes et externes, du service de M. Laugier, ont essayé, en présence les uns des autres, de provoquer en eux cette ivresse momentanée ; tous ils ont constaté quelle difficulté on éprouve à introduire dans les poumons ce mélange gazeux, contre lequel se révoltent l'arrière-bouche et le larynx. Tous ont éprouvé plus ou moins de suffocation, de larmoiement, et surtout une sensation brûlante très intense sur toute l'étendue de la muqueuse froissée par ce contact inaccoutumé. Mais il n'en est qu'un ou deux qui aient persisté assez longtemps pour en venir au point d'éprouver quelque vertige. Il paraît donc résulter des faits observés ici, que l'inhalation des vapeurs d'éther ordinaire (éther sulfurique) agit diversement sur des individus différents. Les uns sont réfractaires à cette influence, soit par leur constitution même, soit par suite de l'usage immodéré des liqueurs alcooliques. Les autres, plus impressionnables, tombent dans un engourdissement plus ou moins complet, après avoir fait usage, durant quelques minutes, d'un air saturé d'éther ; d'autres enfin ne paraissent pas pouvoir endurer ce traitement, à cause de l'impression trop vive des vapeurs sur les membranes muqueuses.

Les résultats, comme on le voit, ne sont pas aussi certains

que d'abord on le disait, et, de plus, ils sont très dangereux. En effet, croit-on pouvoir introduire impunément dans l'appareil respiratoire une vapeur aussi irritante que celle de l'éther, sans provoquer des inflammations, sans altérer fortement la santé du patient? Le remède ne sera-t-il pas alors pire que le mal? le malade qui vient d'être opéré aura-t-il la force de supporter la phlogose supplémentaire que vous lui aurez donnée?

Ensuite l'expérimentation même offre les plus grands dangers pour le patient, et il n'est peut-être pas inutile de rappeler à tous ceux qui vont se livrer avec ardeur à ces expériences, que la vapeur d'éther, en se mêlant à l'air, constitue un mélange gazeux explosif des plus dangereux. Tout flacon d'éther débouché répand dans son voisinage des torrents de vapeur qui coulent invisibles le long du vase, sur les tables, puis par terre, et risquent à tout moment d'aller s'enflammer, si quelque lampe ou un corps quelconque en ignition se trouve placé dans les environs et même à plusieurs pieds de distance du récipient à éther. Si, par malheur, le feu se communique à ce nuage d'éther, on n'en est pas quitte pour une explosion dans l'espace : l'incandescence se communique jusqu'au flacon même, le brise, projette en tous sens le liquide combustible qu'il renferme, et produit des désordres proportionnés à la quantité d'éther qui s'y trouvait renfermée.

Si maintenant on considère que l'air, chargé de vapeurs, aspiré par un sujet qu'on se propose d'opérer, est précisément ce mélange explosif; si l'on fait attention que, pendant les opérations, le chirurgien se fait éclairer par des bougies allumées, que les infirmiers passent et repassent, les lampes à la main, on se fera une juste idée du sort réservé au patient si le feu vient à se communiquer à l'air qu'il respire; une véritable explosion éclatera soudain, se communiquera même dans l'intérieur de la poitrine, amènera la rupture des bronches jusque dans leurs dernières ramifications, et réduira littéralement en miettes l'un des organes les plus immédiatement essentiels à la vie.

Le tableau n'a rien d'exagéré, il est l'expression fidèle

d'un phènomène très connu, transporté au sein de la machine humaine, où l'on n'a pas l'habitude de le voir se produire, mais où il se réalisera infailliblement si l'on n'y prend garde.

C'est toujours avec une répugnance extrême que l'on doit voir surgir toute invention qui tend à répandre dans la vie commune l'usage des liquides combustibles. L'éther est un des plus à craindre. Manié dans des laboratoires par des mains exercées, il ne laisse pas que de donner lieu, de temps en temps, à des événements déplorables ; que sera-ce donc si l'on s'en sert inconsidérément dans une salle d'hôpital ? C'est aux chefs de service et aux internes en pharmacie, qui ont des connaissances précises à ce sujet, d'apporter, dans les essais très louables qui vont se faire de toutes parts, une extrême circonspection.

Ces réflexions nous étaient suggérées, en 1846, par l'éther et le chloroforme. Les conséquences, les accidents nombreux, et même la mort, sont venus désenchanter les partisans de ces deux anesthésiques, et maintenant il est peu de médecins qui, hors des hôpitaux, osent les employer, malgré toutes les précautions et l'expérience acquise par la pratique.

Aujourd'hui, c'est l'hypnotisme qui surgit ; quoique nous ayons parlé autrefois du moyen prôné par M. Braid, nous ne pouvons nous dispenser, au moment où le monde savant semble s'en occuper sérieusement comme d'un nouveau moyen anesthésique, de rapporter ici ce que nous en disions, et d'en dire ce que nous en pensons aujourd'hui, puisque d'une des plus grandes notabilités médicales lui a accordé son patronage et l'a présenté à l'Académie.

En 1841, lorsque M. Braid présenta, à Manchester, ces effets qu'on appelle aujourd'hui *hypnotisme*, ce fut surtout pour démontrer que le magnétisme n'existait pas.

C'était à l'aide d'un bouchon placé sur le front qu'il opérait et qu'il prétendait obtenir du sommeil, de l'insensibilité, de la catalepsie ; il alla même jusqu'à prétendre présenter le phénomène de la lucidité.

Voulant alors nous rendre compte des phénomènes qui pouvaient être produits par ce moyen, nous fîmes, de concert avec plusieurs médecins et plusieurs savants, des expériences sur plus de cent personnes. Voici les résultats que nous obtînmes alors.

Sur l'une des personnes, fermeture des yeux après trois minutes, mais point de sommeil; les bras sont levés et tendus, mais ils peuvent être baissés à volonté par le sujet ; nous recommençons l'épreuve sur la même personne, il n'y a plus aucun effet.

Sur quatre autres personnes, les yeux se fermèrent après quatre minutes, mais ils s'ouvrirent à volonté.

Sur trois jeunes filles, sommeil profond après de violents mouvements convulsifs; à leur réveil deux déclarèrent être épileptiques, et la troisième avait souvent des accès nerveux hystériques. Un commencement de crise avait été produit par la fixité du regard sur le bouchon, et le sommeil en avait été la conséquence.

Sur dix autres, douleurs de tête; sur vingt autres, rien, absolument rien.

Sur une dame du monde, abolition de la vue, bien que les yeux fussent ouverts ; puis abaissement des paupières, mais clôture incomplète de la paupière gauche. La tête devenant lourde et douloureuse à cause de la position (la tête étant renversée en arrière pour mieux voir le bouchon), point de disposition au sommeil, ni même à la somnolence; les yeux se remplirent d'eau lorsqu'on eut soufflé dessus; mal de tête ensuite.

Sur plusieurs médecins, sur moi-même, douleurs de la tête et du cou, produites par la fatigue de la position.

Lorsque nous avions obtenu la clôture des yeux, si nous faisions quelques passes magnétiques sur le membre étendu horizontalement, nous produisions une raideur musculaire réelle et une modification dans la sensibilité.

Nous en conclûmes, à cette époque, 1841, qu'il y avait peu ou même qu'il n'y avait point d'effets réels par le bouchon, si l'on n'y adjoignait le magnétisme. M. Braid le comprit si bien que, depuis lors, pour avoir des effets positifs de catalepsie et d'insensibilité, il magnétisa à l'aide d'un tube de verre qu'il promenait sur les membres et sur tout le corps de ses sujets, afin de ne pas avoir l'air de magnétiser, et de pouvoir attribuer à toute autre cause qu'au magnétisme, tous les effets qu'il obtenait.

Aujourd'hui c'est sous le nom d'hypnotisme, et à l'aide d'une lentille d'un métal brillant posé à quinze centimètres du nez, que ces effets ont été présentés à l'Académie.

Une insensibilité momentanée, partielle ou entière, a été obtenue sur quelques personnes par cette espèce de fascination, et des opérations sérieuses ont été faites à l'aide de ce moyen, sans que les patients aient eu aucune sensation douloureuse. Quant à la catalepsie dans les membres, elle ne s'est présentée qu'à la suite d'une légère friction faite sur chaque membre. Voilà les faits réels exacts, et bien des gens partent de là pour nier avec plus de force que jamais le fluide magnétique et le magnétisme lui-même.

Quant aux effets que M. Braid appelle *de suggestion*, nous les laissons de côté pour l'instant ; nous en parlerons dans un autre chapitre.

Nous avons déjà dit, il y a longtemps, que nous étions loin de nier les effets de l'hypnotisme, et que nous les rattachions au magnétisme, qui souvent est inconsciemment employé par les opérateurs.

Pour nous, les effets de l'hypnotisme sont le résultat de la fascination qui, provoquant chez les patients un mouvement dans le système nerveux, fait affluer les fluides au cerveau, et détermine une sorte de paralysie, de suspension momentanée de la vie. C'est l'effet du serpent sur l'oiseau et même sur l'homme, qui l'arrête et paralyse tous ses mouvements par le regard fixé sur ses yeux.

C'est l'effet qui a lieu chez le poète, chez le musicien, lorsque tout entier à une idée qu'il poursuit, il est tellement concentré en lui-même, que les bruits du dehors ne l'atteignent pas, et qu'arrivant à l'exaltation entière, son intelligence s'illumine et des pages vraiment inspirées sortent de son cerveau.

C'est le fait des trembleurs des Cévennes qui, sans aucun moyen apparent, se concentraient, s'exaltaient au point de devenir non seulement insensibles, mais encore clairvoyants.

C'est le même effet qui se produisit chez les convulsionnaires du cimetière de Saint-Médard, à Paris, lorsque, dans la concentration et l'exaltation, ils trouvaient le moyen d'être insensibles aux tortures qu'ils se faisaient infliger.

C'est encore par la même cause que, dans leur exaltation religieuse, les martyrs trouvaient des jouissances au milieu des flammes de leur bûcher.

Savons-nous ce qui se passe dans l'organisme d'un homme qui tombe dans un accès de somnambulisme naturel spontané ?

Sommes-nous parvenus à découvrir la cause de ces accès périodiques d'épilepsie, à jours et à heures fixes, invariables, et qui, pendant leurs intervalles, laissent l'homme dans un état normal ?

Nous sommes aussi ignorants qu'au premier jour, des causes qui produisent tant d'effets divers dans l'organisme de l'homme, et le système nerveux est encore lettre close pour nous.

Mais comme l'éther et comme le chloroforme, l'hypnotisme abandonné à lui-même n'est-il pas dangereux ? l'ébranlement provoqué dans le système nerveux ne peut-il avoir de fâcheux résultats ? l'action de l'hypnotisme ne pouvant être ni dirigée, ni modifiée, quel sera le moyen de faire cesser ou de calmer un accident s'il se présente ? La seule ressource dans un cas pareil est d'interrompre l'effet ; mais cette interruption dans ce moment ne sera-t-elle pas elle-même pernicieuse ? La secousse qui sera commencée ne laissera-t-elle pas des traces dans l'économie du patient, ou ne se continuera-t-elle pas après et malgré l'interruption ?

Pour nous, ces questions sont résolues depuis longtemps, il faudra bon gré mal gré arriver au magnétisme. On aura beau le transformer, le débaptiser, il faudra revenir à lui, car lui seul pourra calmer et faire cesser les accidents, et il sera le complément de l'hypnotisme, en provoquant un sommeil plus profond et en faisant cesser tous les désordres qui pourraient se présenter.

Aussi, pour nous, loin d'être la négation du fluide vital et du magnétisme, l'hypnotisme vient au contraire, comme une preuve de plus, démontrer l'existence, la puissance et la vérité du magnétisme, et lui faire amende honorable, en avouant qu'il n'est lui-même qu'une des nombreuses phases sous lesquelles le magnétisme se dévoile à l'humanité.

C'est ainsi qu'en joignant le magnétisme à l'hypnotisme, il n'y aura aucun accident à craindre. L'insensibilité se produira presque toujours, la méthode sera simple et innocente, le patient se trouvera après l'opération dans le même état où il était auparavant, et il n'aura connu aucun danger; non seulement par la manière dont on aura agi, mais encore par la substance qu'on aura introduite dans ses organes, sa santé ne pourra nullement être altérée.

Espérons donc que bientôt justice sera rendue au magnétisme, et que des expériences sérieuses seront faites dans les hôpitaux de Paris pour constater son utilité et les avantages de son emploi.

CHAPITRE XII

THÉRAPEUTIQUE ET PRATIQUE DU MAGNÉTISME

Le magnétisme, considéré comme moyen curatif, ne doit pas être employé de la même manière dans les diverses maladies ; il faut connaitre l'agent dont on se sert et ses qualités multiples, pour pouvoir en tirer de bons résultats. Il faut savoir diriger la force dont on dispose.

Le magnétisme animal s'est annoncé, dans le principe, sans être accompagné de somnambulisme. Ce phénomène est une découverte postérieure, qui est résultée de la pratique habituelle du magnétisme ; je pense que le somnambulisme n'est point la partie essentielle du magnétisme, mais seulement un accessoire qui peut indifféremment se joindre au magnétisme ou en être séparé.

Mesmer lui-même, qui connaissait le somnambulisme, a toujours été de cette opinion.

Les physiciens et les médecins, en affectant la plus grande incrédulité sur le magnétisme animal, sous le prétexte que ce phénomène est inconcevable, ne donnent pas une raison satisfaisante de leur incrédulité, parce que la difficulté contre laquelle ils argumentent ne peut entrer en concurrence avec les témoignages imposants qui s'élèvent en faveur du magnétisme.

La difficulté de concevoir un phénomène n'en détruit pas la réalité, nous sommes environnés de merveilles naturelles sur lesquelles personne ne s'avise de soulever des doutes, bien qu'on ne puisse ni les comprendre ni les expliquer.

Par quelle fatalité les vérités les plus essentielles rencontrent-elles le plus d'entraves et éprouvent-elles tant de difficultés à s'implanter dans l'esprit des hommes? La plupart des corps savants chargés de l'instruction publique sont en position de n'en admettre aucune qui leur soit étrangère, quelque avantageuse qu'elle puisse être; c'est un produit prohibé qu'ils arrêtent aux portes de leur royaume.

Aujourd'hui, cependant, les médecins se rapprochent du magnétisme. Accoutumés depuis tant de siècles à voir la nature leur échapper sans cesse par des voies secrètes et profondes, ils ne pouvaient s'imaginer qu'elle eût dans toutes les maladies une marche absolument semblable, et qu'il existât un seul moyen pour réprimer ses écarts. Maintenant ils croient le rencontrer dans le fluide électrique; ils le modifient pour l'appliquer à la médecine, et en obtiennent des guérisons qui proviennent, sans qu'ils s'en doutent, du magnétisme vital, cet agent universel qui travaille perpétuellement la matière, répand la vie et la santé, et dont les phénomènes les plus frappants s'observent dans la médecine même; car la médecine prouve par elle-même l'existence et les propriétés de ce fluide.

Aussi a-t-on vu, de tous temps, les maladies s'aggraver et se guérir avec et sans le secours de la médecine, d'après différents systèmes et les méthodes les plus opposées.

Ces considérations ne permettent pas de douter qu'il

n'existe dans la nature un principe universellement agissant et qui, indépendamment de nous, opère ce que nous attribuons vaguement à l'art et à la nature.

Toutes les maladies pourraient donc être guéries par le magnétisme, qui rétablit l'harmonie dans les corps organisés. Les guérisons obtenues par l'air, par l'eau, par les plantes, par l'aimant, par l'électricité, ou par tout autre moyen, ne doivent être attribuées qu'au fluide magnétique qui se rencontre dans tous ces agents, selon les circonstances, plus ou moins renforcé.

Désormais la médecine sera pure et simple ; elle consistera à connaître les lois de cet agent vital, la manière dont il modifie l'organisme, sa direction, ses courants, les moyens de l'accumuler, de le renforcer, de le transporter et de le communiquer.

La plupart des maladies nous ont paru différentes, parce que nous n'en avons point assez examiné le principe.

Quels que soient leurs causes, leurs crises, leurs effets, elles ne sont toutes qu'une seule et même maladie, elles ont toutes un point central d'où elles partent, pour se diviser, comme les branches d'un arbre qui émanent d'un seul tronc et tiennent aux mêmes racines.

La santé est l'harmonie des forces vitales ; la maladie est leur défaut d'équilibre, leur aberration ; pour détruire le mal, il faut restituer au corps humain l'ordre de la nature, ce qui se fait par le magnétisme.

Il ne faut pas cependant conclure que le magnétisme seul suffise à toutes les maladies, et qu'il ne faudra jamais se servir ni des remèdes chimiques, ni des substances végétales. Là serait l'erreur : dans toutes les maladies, le magnétisme sera d'un grand secours, et son emploi sera toujours salutaire ; c'est en l'adjoignant aux ressources médicales et pharmaceutiques, c'est en combinant son action avec celle des remèdes de la médecine que des guérisons plus promptes, plus positives, seront obtenues.

Si l'on veut faire du magnétisme une *panacée universelle*, *unique*, pouvant à elle seule tout guérir, on tombera dans l'exagération, et par conséquent on sera à côté du vrai. Il faut considérer le magnétisme comme un auxiliaire puissant de la médecine ordinaire, dont l'emploi vient en aide aux remèdes pharmaceutiques, en donnant au corps malade le principe de vie, la force vitale qui lui manque, pour que l'action du moyen chimique se fasse entière et produise sur les organes l'effet que le médecin en espère.

Les maladies nerveuses sont naturellement celles sur lesquelles le magnétisme a le plus d'action ; cela se conçoit d'autant plus facilement que le fluide vital prend son principe dans le système nerveux, et que les nerfs lui servent de conducteurs. Cela est d'autant plus heureux que ces affections font le désespoir de la médecine, qui, jusqu'ici, n'a trouvé aucun moyen, je ne dirai point de guérison, mais même de soulagement.

Épilepsie

De toutes les maladies nerveuses, la plus douloureuse, la plus horrible est sans aucun doute l'épilepsie qui, dans ses accès, met l'homme au-dessous de la brute, et finit par le rendre idiot en le privant de toutes ses facultés intellectuelles.

Le magnétisme calme instantanément les accès épileptiques ; il soulage d'une manière constante en rendant les accès moins fréquents et moins violents, et souvent, très souvent, il guérit la maladie elle-même.

Cette horrible maladie est si fréquente aujourd'hui que je ne puis me dispenser de donner un nouvel exemple de guérison, qui pourra d'autant plus frapper les esprits que l'effet a été plus prompt.

En mai 1847, je me trouvais à Marseille, à l'hôtel des Empereurs, lorsqu'on vint me chercher pour une femme qui avait une crise d'épilepsie.

Je trouvai une jeune femme dans un état affreux ; se tordant les membres, l'écume à la bouche, se frappant la tête, malgré tous les soins que prenaient trois personnes pour l'en empêcher.

Ces crises se déclaraient tous les deux jours et elles duraient une, deux, et même trois heures.

Je fis cesser la crise en quelques minutes, je provoquai le sommeil ensuite, et je laissai, à une heure du matin, la malade dans un grand calme et un bien-être qu'elle n'était pas habituée à trouver après ses crises.

Je revins le lendemain, je provoquai le somnambulisme et les crises ne reparurent plus. Je magnétisai seulement *dix fois* et il y eut *guérison complète*.

J'ai revu bien des fois, en 1850 et en 1851, Mme Landy, c'est le nom de cette malade, et elle m'a toujours affirmé, ainsi que M. Landy, qu'elle n'avait jamais eu de crises depuis le mois de mai 1847 ; ainsi, c'est en dix jours que cette guérison a été obtenue.

Je me trouvai en octobre 1841 à Birmingham ; le docteur Melson, avec trois élèves en médecine, me conduisit chez une femme que lui avait indiquée le docteur Birt-Davies. Cette femme, nommée Mary Toy, avait des accès d'épilepsie tous les jours ; les convulsions étaient atroces, et il fallait plusieurs personnes pour la maintenir ; les accès duraient deux heures, jamais moins.

Je magnétisai cette femme, et lorsque nous revînmes quelques jours après, accompagnés du docteur Parker, elle nous annonça qu'elle n'avait pas eu de crises depuis le jour où nous étions venus. Je la magnétisai de nouveau, et je produisis un sommeil si profond, si calme, l'insensibilité était si complète, que les deux médecins parurent inquiets, et, en effet, il y avait de quoi l'être, surtout pour des hommes qui n'avaient pas vu d'autres phénomènes magnétiques.

Les extrémités étaient froides, le pouls et le cœur se faisaient à peine sentir. Sur leurs instances, je la réveillai ; elle se trouva très bien, et les attaques s'éloignèrent.

Il y avait dix jours que je l'avais magnétisée pour la première fois, et, depuis ce temps, aucune crise ne s'était déclarée ; or, avant la première séance, les accès se renouvelaient chaque jour.

Un jour, en allant voir son frère au *Queen's hospital*, elle eut un accès très violent. Le docteur Melson m'envoya chercher.

Je vais laisser parler le *Journal de Birmingham*, du 4

novembre 1841, qui rapporte ce fait à la suite du compte rendu d'une séance :

« Le docteur Melson prit la parole pour dire qu'il avait été témoin d'une application très heureuse du magnétisme par M. Lafontaine, au *Queen's hospital.*

« Un matin, Marie Toy attendait dans une salle un billet d'entrée pour son frère qui souffrait d'un rhumatisme. Il lui prit un de ses accès ; il fallut plus de quatre personnes pour la tenir et l'empêcher de se blesser ; elle était dans cet état depuis dix minutes, lorsque M. Lafontaine, que j'avais envoyé chercher, arriva. — Je l'introduisis, dit le docteur Melson, dans la chambre où était Marie Toy, et là, en présence du chirurgien de l'hôpital et de sept élèves en médecine, *il fit cesser* en cinq minutes l'accès qui devait durer deux heures au moins. »

Je profitai de cette circonstance pour magnétiser plus souvent cette femme, et les accès ne parurent plus que tous les mois. Plus tard, passant de nouveau à Birmingham, j'appris qu'elle avait été guérie radicalement par le docteur Birt-Davies qui, sur mes indications, avait continué à la magnétiser.

A Paris, je fus appelé, le 7 juin 1845, pour une jeune fille épileptique, qui avait des crises, dont les plus courtes duraient cinq heures, et qui souvent se prolongeaient pendant onze heures. Ces crises se renouvelaient tous les jours.

Je m'y transportai le soir avec M. Hello, avocat. Nous trouvâmes cette jeune fille, Louise Courteille, dont plus tard j'ai fait une somnambule.

Plusieurs hommes la maintenaient à peine sur un lit ; elle se tordait dans des convulsions horribles.

Il était sept heures et demie, et nous apprîmes que, depuis onze heures du matin, elle était plongée dans cette crise.

Je lui pris les pouces et, posant ensuite une main sur l'épigastre, je la maintins seul sans y mettre de force ; après dix minutes, j'étais maître de la crise. Je la laissai dans le calme pendant un quart d'heure, puis je fis complètement cesser l'accès, et elle reprit connaissance.

Cette malheureuse enfant était brisée, courbaturée, comme si elle avait accompli les plus pénibles travaux.

Je revins le lendemain vers midi, et je me décidai à essayer de la guérir : elle était restée à l'hôpital Saint-Louis pendant quelque temps.

Dans un cas d'épilepsie semblable, comme dans le premier que j'ai cité, il faut produire le sommeil pour qu'il y ait chance de guérison.

Je la fis asseoir et lui pris les pouces, donnant doucement d'abord, puis avec force, lorsque j'aperçus une contraction dans la pupille. Mais j'avais devant moi un système nerveux qui, sous l'empire de la maladie, réagissait tout à coup et se dégageait entièrement,

Ce ne fut qu'après deux heures et demie de magnétisation continue, sans interruption, que je parvins à lui fermer les yeux et à provoquer un peu de torpeur. Cela me suffit ; je fus certain qu'il n'y aurait pas de crise ce jour-là, et que le lendemain je pourrais l'endormir. En effet, le lendemain 9 juin, en vingt minutes elle fut profondément endormie, et une heure après se déclara le somnambulisme simple, pendant lequel on parle tout en dormant, sans qu'il y ait de clairvoyance.

Après la cinquième magnétisation, elle eut une crise, mais beaucoup moins longue.

Alors je joignis la musique au magnétisme, afin de calmer entièrement le système nerveux. J'en obtins de bons résultats. L'extase, sous l'influence de la musique, se développe et agit concurremment avec le magnétisme.

Vers le 5 juillet, elle eut une nouvelle crise, et le lendemain, dans son somnambulisme, elle déclara qu'elle en aurait une le 17 juillet, et qu'elle n'en aurait plus après.

En effet, le 17 juillet, à sept heures du soir, une crise se présenta ; je m'étais arrangé pour être près de chez elle : un quart d'heure après, j'avais calmé cette crise.

Le lendemain, 18 juillet, elle déclara qu'elle n'aurait plus de crises, sauf une seule, le 18 décembre, à onze heures du matin ; que ce serait la dernière, et qu'elle serait alors entièrement guérie.

Par des circonstances qu'il est inutile de rapporter ici, j'avais pris cette jeune fille chez moi ; elle eut, en effet, le

18 décembre, une crise à onze heures précises, au moment de son déjeuner.

Je la couchai sur un divan, et, au lieu de faire cesser la crise, je la laissai se développer, puis je l'arrêtai instantanément. Dès qu'elle fut remise, je l'endormis et la jetai dans le somnambulisme. Elle me déclara qu'elle était entièrement guérie ; en effet, depuis le 17 juillet 1845, elle n'a eu que cette crise, annoncée pour le 18 décembre 1845.

C'est en quarante jours que j'ai guéri cette jeune fille de son affreuse maladie.

Je ne suis point de l'avis des magnétiseurs qui, suivant le système de *Mesmer*, veulent constamment provoquer des crises, prétendant qu'ils amènent par ce moyen une perturbation dans la maladie en changeant les heures et les jours des accès.

Je crois que, lorsque la maladie n'a pas pour cause une lésion organique, il faut chercher à calmer le système nerveux plutôt que lui donner des ébranlements nouveaux.

J'emploie pour obtenir ce résultat le sommeil magnétique, que je produis comme je l'ai indiqué dans un chapitre précédent ; puis, après avoir fait des passes, je pose une main sur l'épigastre, et je la laisse pendant une partie du sommeil ; de cette manière j'empêche les contractions du diaphragme, et par suite les mouvements convulsifs dans les membres. Le calme reparait peu à peu, la circulation se fait librement et l'équilibre se rétablit.

Dans presque tous les cas d'épilepsie, il faut produire le sommeil ; cependant j'en ai rencontré quelques-uns dans lesquels il était plutôt nuisible. On doit alors magnétiser très légèrement, abandonner le cerveau, s'occuper plus particulièrement du cervelet, et faire des passes sur l'épine dorsale. Dans cette circonstance, on magnétisera seulement une heure.

En voici un exemple :

M. X. D..., du canton de Neuchâtel, fut pris à quatorze ans de crises épileptiques, qui d'abord ne se présentèrent que tous les ans, puis tous les six mois, et enfin tous les mois, surtout pendant l'hiver.

Il y avait dix ans qu'il en était atteint, quand, le 1ᵉʳ novembre 1857, il vint me trouver.

Je le magnétisai sans chercher à produire le sommeil. Pendant le traitement, qui dura jusqu'au mois de mai, il n'y eut qu'une seule crise, le 28 novembre, un mois après avoir commencé à être magnétisé ; depuis il n'en a jamais eu. Tous les malaises, les maux de tête, la constipation intense, etc., disparurent avec la maladie, et aujourd'hui le malade est parfaitement guéri.

J'ai beaucoup d'autres cas que je pourrais citer sur des jeunes filles, sur des enfants de trois ans, de huit ans, sur des jeunes garçons, qui tous ont été guéris très promptement et sans sommeil, par des magnétisations sur l'estomac, le cervelet et l'épine dorsale.

Hystérie

L'hystérie est encore une maladie nerveuse des plus épouvantables, et, dans certains pays, elle devient en quelque sorte constitutionnelle. Les accès, quoique n'offrant pas les mêmes symptômes que l'épilepsie, sont effrayants et par leur longueur et par leur violence. L'hystérie est un vrai Protée, elle change de forme à chaque instant, et lorsqu'on a fait disparaitre un genre d'accès et que l'on espère la guérison, les crises se sont transformées, et l'on se trouve devant des accidents nouveaux qu'il faut combattre encore.

Le magnétisme est peut-être le seul remède pour cette maladie toute nerveuse d'abord, et où l'imagination vient en auxiliaire augmenter les souffrances et multiplier les accès.

A Caen, Mˡˡᵉ Hélène Sh... avait depuis cinq ans des accès d'hystérie, qui duraient six heures et qui se renouvelaient tous les trois ou quatre jours. Elle souffrait en outre d'une douleur au côté droit qui l'empêchait presque de marcher. Elle éprouvait aussi des douleurs dans les reins et des palpitations fréquentes ; de plus, elle avait une névralgie dans la tête.

Tous les traitements qu'elle avait suivis, loin de la soulager, avaient au contraire irrité la maladie. En lui tirant du sang on appauvrissait, on affaiblissait l'organisme, et le système nerveux s'irritait d'autant plus.

Un jour, pendant que je me trouvais avec cette jeune personne dans un salon, elle eut une crise. Au cri que jeta sa mère, je demandai la permission de lui donner mes soins. Je passai dans une autre salle, et, quelques instants après, j'avais fait cesser l'accès, et elle reparaissait au salon calme et entièrement remise.

Depuis longtemps elle ne dormait plus. Elle dormit cette nuit-là pendant douze heures d'un sommeil calme et fortifiant, ce qui l'engagea à placer sa seule espérance dans le magnétisme.

Le lendemain, 28 avril 1841, je la magnétisai complètement ; je la plongeai dans le sommeil magnétique. Je fis disparaître les douleurs de tête, je calmai les palpitations ; la douleur du côté disparut à la suite d'évacuations produites par l'eau magnétisée ; dans son somnambulisme, elle annonça une crise à heure fixe, à quelques jours de distance.

Je la magnétisai un mois, elle eut pendant le traitement deux crises seulement. Mais depuis le 30 mai 1841, elle n'en a pas eu une seule. Aujourd'hui sa santé est devenue excellente, tous les petits accidents ont disparu avec les crises.

Pour arriver à ce résultat, j'avais provoqué le sommeil, afin que tout l'organisme fût entièrement envahi ; puis, pendant le sommeil, j'avais dirigé mon action sur le côté, à la place même où de vives douleurs se faisaient sentir, pensant qu'il pouvait y avoir un commencement de tumeur. Je m'étais appliqué à diriger le fluide sur ce point et à exécuter quelques passes pour entraîner ; j'avais posé la pointe de mes doigts, et effectué ensuite un mouvement de rotation en appuyant fortement. La douleur, après plusieurs magnétisations de ce genre, se calmait aussitôt mes doigts posés, et semblait descendre. Je la poursuivais, elle descendait dans l'aine, puis suivait le trajet des nerfs dans la cuisse et la jambe jusqu'au bout du pied.

Ce fut à la quatrième séance de ce genre que la douleur

sembla sortir par l'orteil. Je faisais souffrir extrêmement lorsque j'insistais sur la région où était la douleur ; et lorsque, par l'action, elle était descendue un peu plus bas, je pouvais toucher impunément et avec force cette même place qui auparavant était très douloureuse au simple toucher. Des évacuations abondantes mêlées de pus furent la conséquence de cette magnétisation, aidée de l'eau magnétisée que je faisais prendre au repas, mélangée avec le vin.

Lorsque, par ce procédé, on déplace une douleur, il faut la poursuivre sans discontinuer jusqu'au bout du pied, quelle que soit le temps qu'elle emploie à faire ce trajet. J'ai quelquefois consacré quatre heures à cette opération, et, pendant ce temps, j'ai toujours magnétisé fortement. Je considère la continuité d'action comme très essentielle et même indispensable dans un cas pareil.

Voici un nouvel exemple, dans lequel j'ai été forcé d'employer un autre mode de magnétisation.

Une dame Thuault avait des accès d'hystérie qui se présentaient par une perte de connaissance soudaine et courte. Sa tête tombait en arrière, ses yeux se convulsaient, des contractions nerveuses avaient lieu dans les membres ; la respiration, gênée d'abord, disparaissait, et elle était suffoquée ; puis tout à coup ses yeux s'ouvraient et l'accès était terminé. Ces crises se renouvelaient souvent dans la journée ; les pieds de la malade étaient continuellement glacés.

J'entrepris ce traitement en août 1845. Dans les deux premières séances, je produisis les accès avec plus de violence, en cherchant le sommeil. Je me décidai alors à agir plus superficiellement, et j'obtins un peu de calme ; elle fut trois jours sans accès. Mais la plus petite contrariété les produisait.

J'essayai sur elle la musique pendant la somnolence que je provoquais, et durant laquelle j'avais une main toujours sur l'épigastre, afin de maintenir le diaphragme sans contraction.

La musique la fit se tordre sur son fauteuil, puis se redresser et tomber en boule, tourner, tourner longtemps ; ses yeux s'ouvrirent, elle tomba à genoux, se calma et sembla prier.

Après une douzaine de séances, les accès devinrent moins fréquents et bientôt disparurent.

Je magnétisai Mme Thuault pendant six semaines, ses forces lui furent rendues, et les contrariétés ne produisirent plus de crises; le calme était rétabli, la circulation se faisait bien ; la malade enfin était guérie

Ce mode de traitement consistait donc dans une action qui provoquait la somnolence, dans l'application de ma main sur l'épigastre pendant la torpeur que je faisais durer une heure, et enfin dans l'emploi de la musique.

Je dégageais, comme toujours, fortement après la séance.

Au mois de février 1858, à Genève, Mlle Fanny Marcinhes, âgée de dix-neuf ans, éprouva une grande frayeur. Une suppression en fut la conséquence, et, bientôt après, divers accidents nerveux suivirent ; ce furent d'abord des maux de tête, des crises nerveuses qui se répétèrent souvent et devinrent de plus en plus fréquentes en augmentant de violence, au point qu'on en compta une vingtaine en vingt-quatre heures ; puis le cerveau fut vivement ébranlé, l'épine dorsale devint très douloureuse, et il y eut une paralysie des deux jambes, qui s'étendit au bras gauche ; la fièvre et le délire se déclarèrent ; l'estomac refusa ses fonctions, et la malade ne put rien avaler. On avait beaucoup de peine à introduire dans la bouche les médicaments qu'avait ordonnés le médecin qui donna des soins à cette jeune fille avec un vif intérêt, mais malheureusement sans succès.

Il y avait dix jours que cet état existait ; chaque minute aggravait la position de la malade qui s'affaiblissait de plus en plus, et qui ne donnait plus signe de vie que par les mouvements convulsifs qui l'agitaient.

Ce fut, comme toujours, dans ce moment désespéré qu'on eut recours au magnétisme.

Le 5 mars, à deux heures, je vis la malade. Elle était dans un délire complet, laissant échapper des paroles sans suite et à peine prononcées. Une attaque de nerfs accompagnée de convulsions violentes se présenta. Après l'avoir observée pendant quelques instants pour reconnaître de quel genre elle était, je la fis cesser instantanément en imposant les mains sur l'épigastre ; puis, après une heure de magnétisation, le délire avait disparu et l'intelligence de la malade était revenue. L'espérance rentra dans le cœur des parents en voyant cet heureux résultat.

Je la magnétisai de nouveau le soir même, et dès le lendemain les crises nerveuses furent réduites à quatre au lieu de vingt qui survenaient avant la magnétisation. La malade put boire un peu d'eau magnétisée, qui passa sans souffrance ; les maux de tête furent dissipés, et le quatrième jour, le 9 mars, elle n'eut qu'une seule crise.

Mais les jambes étaient toujours paralysées et dans une immobilité complète ; ce fut le 12 seulement que je parvins à rendre un peu de mouvement à la droite.

Le 14 mars, la malade put remuer un peu les deux jambes ; le 15, elles furent de nouveau rendues inertes à la suite d'une crise nerveuse. Enfin, le 28, elle marcha seule, et, depuis ce jour-là, la paralysie fut entièrement détruite.

Nous étions au 3 avril, la malade allait bien ; je me décidai à l'endormir alors, ce que je n'avais point fait jusque-là, suivant en cela les principes que j'ai énoncés, « que le sommeil ni le somnambulisme ne sont pas nécessaires pour obtenir la guérison ». Mais, dès le 14 mars, un accès de somnambulisme spontané s'était déclaré pendant une crise nerveuse, et, depuis ce jour, il se reproduisait chaque soir à la même heure.

En provoquant le sommeil magnétique, j'espérais transformer le somnambulisme naturel en somnambulisme magnétique, et, par cela même, l'empêcher de se déclarer spontanément et hors de ma provocation. J'en devenais alors maitre, et il ne pouvait se reproduire que selon mon désir. C'est ce qui arriva ; le sommeil et le somnambulisme se déclarèrent chaque fois que je magnétisai la malade, et ils ne se présentèrent plus hors de mon action.

Mlle Fanny n'avait plus de crise nerveuse depuis longtemps, lorsque, le 19 avril, elle eut une nouvelle frayeur qui fit déclarer une convulsion très violente et lui laissa un tremblement dans tout le corps, ainsi qu'une paralysie de la langue.

Je fis cesser aussitôt le tremblement nerveux, et par suite cette paralysie ; mais elle se représenta pendant quelques jours et à différentes heures, durant plus ou moins longtemps, paraissant sans motif et cessant de même. Elle fut ainsi jusqu'au 24 avril où elle disparut entièrement.

Le 13 mai, à huit heures du soir, il y eut une crise hystérique d'une violence extrême. Plusieurs personnes ne pouvaient parvenir à maintenir la malade sur son lit ; elle les enlevait et les entrainait avec une force décuplée. Tantôt elle était raide comme une barre de fer, tantôt elle se tenait toute droite sur la tête, les pieds en l'air, restant ainsi sans qu'on pût la coucher ; puis tout à coup, le corps s'affaissait, ou d'un bond formait le cerceau, la tête touchant les talons. De temps en temps, un son, qui n'avait rien d'humain, s'échappait de sa poitrine, et rendait cette scène encore plus effrayante.

Après quelques instants d'examen, qui parurent un siècle aux parents, je magnétisai avec force l'estomac ; aussitôt le diaphragme se détendit ; je fis plusieurs insufflations chaudes sur la région épigastrique et sur le cœur, la crise cessa immédiatement. Mais la malheureuse enfant était brisée, sans pouvoir remuer ; je fis alors quelques grandes passes ; bientôt elle se trouva bien, et elle passa une bonne nuit.

Le 14 mai, l'estomac lui fit mal, et il ne lui fut plus possible de rien avaler. L'eau magnétisée même, prise en très petite quantité, restait dans l'estomac en la faisant souffrir, puis elle s'en échappait avec bruit, comme si elle forçait une issue qui lui était fermée ; la douleur se faisait alors sentir dans les intestins, les jambes s'étaient de nouveau paralysées. Le 22 mai, tout était rentré dans l'ordre, Mlle Fanny se portait tout à fait bien, et jamais elle ne s'était sentie si forte.

Quelques crises, quelques malaises se sont encore présentés jusqu'au mois de septembre ; mais, depuis cette époque, la malade a repris toute sa santé.

Ce mois de mars, anniversaire de la maladie, il y a eu une légère indisposition, qui n'a pas empêché Mlle Fanny de vaquer à ses occupations, et aujourd'hui elle est entièrement guérie.

A l'appui de ces faits, nous croyons devoir donner de la publicité à la lettre que le père nous écrivit dans l'élan de sa reconnaissance :

Genève, le 30 mai 1858.

Monsieur Lafontaine,

Vous me pardonnerez la liberté que je prends de vous adresser ces quelques lignes pour vous exprimer tous les sentiments que je ressens pour vous, ainsi que ma vive reconnaissance pour les bienfaits que vous avez daigné nous prodiguer.

Non, Monsieur, jamais je ne pourrai vous dire tout ce que je pense, et toute notre vie à tous ne pourrait suffire pour vous prouver notre gratitude, car vous avez non seulement rendu la vie, mais changé l'existence de notre enfant.

Je sais, Monsieur, que jamais nous n'aurions pu vous payer, quand même nous aurions été dans l'aisance, car l'ardeur et le zèle ne se paient pas avec de l'argent ; je sais que vous remplissez votre vocation comme un sacerdoce (1)...

Recevez, Monsieur, l'assurance de mes sentiments affectueux.

P. Marcinhes,
rue du Seujet, 177.

Tous les accidents dont cette jeune fille a été atteinte appartiennent à l'hystérie, maladie très fréquente à Genève, où malheureusement tout le monde a des maladies nerveuses sans avoir des nerfs. Ceci semblera un paradoxe, et c'est cependant une vérité, car il n'y a pas, ou du moins très peu, de constitutions nerveuses dans la ville de Genève.

Dans ces maladies, le magnétisme sera toujours facilement maître de tous les accidents, toutes les fois que la médecine ne viendra point avec des remèdes intérieurs por-

---

(1) Nous supprimons la continuation des expressions d'une trop vive reconnaissance.

ter le désordre dans les organes essentiels qui ne sont point affectés.

C'est généralement une interruption dans la circulation nerveuse qui produit un trouble complet dans tout l'organisme, soit qu'elle soit provoquée par une accumulation de fluide sur un centre nerveux, soit, au contraire, qu'une partie essentielle en soit privée.

Il suffit de provoquer cette circulation pour rétablir l'équibre, et par conséquent la santé.

Le magnétisme est non seulement plus propre que tout autre remède à soulager dans ces cas-là, mais nous dirons même qu'il est le seul moyen pour obtenir une guérison dans de semblables maladies.

Chorée ou danse de Saint-Guy

A Dublin en Irlande, en 1842, le docteur Law, médecin à l'hôpital de Partdritge-Down, me conduisit dans cet hospice près d'une femme atteinte depuis plusieurs mois d'une chorée qui résistait à tous les moyens employés pour la faire cesser. Plusieurs fois par jour les crises se présentaient, et jamais on n'avait pu les arrêter.

Lorsque nous arrivâmes, elle était dans un accès ; je le fis cesser en deux minutes en lui prenant les pouces. Le tremblement convulsif s'arrêta, le calme se rétablit et dura plusieurs jours.

Me trouvant dans une autre salle quelques jours après, on vint m'avertir qu'un nouvel accès venait de se déclarer ; je me rendis près d'elle, accompagné de plusieurs médecins

Je provoquai le sommeil magnétique en prenant les pouces : je fis quelques passes, et le calme se rétablit pour toujours ; les accès disparurent, il n'y eut plus aucun symptôme de maladie.

Quelque temps après, elle sortit de l'hôpital complètement guérie.

A Caen, en 1841, M. Desalze, capitaine de cuirassiers, et le docteur Chevalier, vinrent me chercher pour un enfant qui, depuis plusieurs mois, avait une chorée qui mettait ses jours en danger. Le docteur ne croyait pas à l'efficacité du magnétisme, mais, ayant épuisé tous les moyens ordinaires, il l'accepta en désespoir de cause. A chaque crise il s'attendait à voir mourir le malheureux enfant. Les mouvements convulsifs, les contractions nerveuses n'avaient plus lieu dans les membres ; tout se passait au cœur et au diaphragme.

Le cœur était dans un tel état d'agitation, qu'il repoussait à plus de deux pouces la main qui se posait dessus.

Le moindre bruit, le plus petit mouvement provoquait une crise qui durait longtemps. L'enfant était littéralement ployé en deux depuis six semaines et ne se redressait jamais. On ne pouvait le faire marcher ni le poser soit dans son lit, soit dans un fauteuil, sans provoquer une crise.

Je le magnétisai sans l'endormir pendant une crise provoquée par le docteur Chevalier ; après une heure de magnétisation douce à grandes passes, l'enfant se redressant lentement, sa figure exprimait du calme et du bien-être ; il manifesta le désir de marcher, et, au grand étonnement du docteur, de la mère et du capitaine, l'enfant fit le tour de la chambre sans qu'il y eût eu une nouvelle crise, et il revint s'asseoir en disant que, depuis bien longtemps, il n'avait été aussi bien et aussi fort.

Après quelques séances, il pouvait marcher et même jouer sans qu'il se manifestât d'accidents nerveux ; le docteur désira lui donner du sirop de Labélonye dont il avait déjà fait usage inutilement et qui, sous l'influence magnétique, rendit la guérison complète.

Paralysie à la suite d'une congestion cérébrale

A Marseille, en décembre 1850, M. Boisselot (Xavier), compositeur distingué, et chef d'une des meilleures fabriques de pianos, m'adressa un de ses ouvriers, pour le magnétiser et le guérir si je le pouvais.

Cet homme, nommé *Coutleman*, avait été, il y a neuf ans, atteint d'une hémiplégie complète de tout le côté droit à la suite d'une congestion cérébrale, qui probablement indiquait un épanchement au cerveau.

Depuis cette époque, il traînait sa jambe et pouvait à peine s'appuyer dessus ; quant à la main droite, il ne pouvait pas s'en servir et il remuait à peine le bras.

Je le fis magnétiser par un de mes élèves, M. Bravay, et, après la troisième séance, le malade ne traînait plus la jambe ; la force et l'activité du mouvement étaient revenues, non seulement dans la jambe, mais encore dans le bras. Après quelques autres séances, il pouvait faire jouer ses doigts et se servir complètement de sa main. Il nous en donnait comiquement une preuve qui était concluante pour lui, et qu'il nous racontait avec complaisance. Ayant eu une querelle avec un de ses camarades, il lui asséna un coup de poing sur le nez, qu'il lui cassa bel et bien. Cette guérison est remarquable ; cet homme, paralysé depuis neuf ans, avait employé tous les moyens, et il n'avait eu aucune amélioration. Ce fut en quelques jours, en magnétisant localement tout le côté droit, que nous obtînmes un résultat aussi brillant.

Paralysie avec tremblement nerveux

A Glasgow, en Ecosse, le docteur Hannay conduisit à mon hôtel un jeune homme nommé John Davies, âgé de vingt-cinq ans, qui, depuis deux ans, était hémiplégique, et qui, depuis trois mois, avait un tremblement convulsif continuel dans tout le corps ; ce mouvement était effrayant par sa violence et par sa continuité.

Le docteur n'avait jamais pu produire un seul instant de calme. La nuit seulement, lorsque le jeune homme dormait, le mouvement s'arrêtait, mais il reparaissait un peu avant le réveil et ne s'arrêtait plus.

Le 30 juillet 1842, en présence des docteurs Hannay, Wilson, Ma, et de plusieurs autres personnes, je magnétisai ce jeune homme sans chercher à l'endormir : après vingt minutes, j'avais fait cesser le tremblement et obtenu un calme qui dura une demi-heure, et qui ne cessa que d'après le désir du docteur Hannay de toucher le jeune homme. Aussitôt le mouvement reparut, mais un peu moins violent.

John Davies eut, la nuit, un sommeil plus calme, plus profond ; il put en se couchant mettre une jambe sur l'autre, ce qu'il n'avait pas fait depuis qu'il était paralysé.

Le lendemain j'obtins un calme complet pendant la magnétisation. Dans le cours de la journée il eut, à deux reprises différentes, un calme de deux heures chaque fois.

Après la troisième séance, le mouvement qui avait lieu dans tout le corps, les jambes et les bras, n'existait plus que dans l'avant-bras et le poignet gauches ; encore était-il beaucoup moins violent.

Après la quatrième séance, John Davies commença à pouvoir se servir de sa main et de son bras gauches ; il put mettre la main dans sa poche et en retirer son mouchoir. Les forces revinrent dans la jambe gauche, au point que le malade marchait un peu, ce qu'il ne pouvait faire avant d'être magnétisé.

Chaque jour le tremblement diminua d'intensité et cessa d'être continu ; il ne se présenta plus qu'à de rares intervalles. Enfin, après huit séances, il disparut complètement pour ne plus revenir.

Après la dixième séance, la paralysie avait presque entièrement disparu ; il se servait de son bras, de sa main et de sa jambe, qu'il n'avait pas encore entièrement libres, mais qui cependant reprenaient leurs fonctions.

Paralysie des membres inférieurs, ayant pour cause une inflammation de la moelle épinière

M. Bordères, agréé au tribunal de commerce de Rouen, était paralysé depuis un an, lorsque, en septembre 1843, il m'appela près de lui.

Il éprouvait une grande difficulté pour marcher, produite par une grande faiblesse et un tremblement dans les jambes ; elles fléchissaient, et il tombait sur les genoux chaque fois qu'il montait un escalier. Dans le bras droit, il avait un mouvement convulsif, lorsqu'il voulait saisir un objet. La langue était embarrassée, il hésitait, bégayait, et ne pouvait plus parler en public.

Le 26 septembre, je le magnétisai pour la première fois, sans chercher à l'endormir. Il sentit courir dans les bras et sur tout son corps le fluide, dont la sensation lui parut être celle que produisent de petites secousses électriques ; il sentit une chaleur suivre mes mains et pénétrer en lui, et bientôt la température de son corps s'éleva au point qu'il y eut transpiration abondante.

Le lendemain il se trouvait mieux, le mouvement convulsif du bras avait disparu ; et, depuis ce moment, il ne tomba plus en franchissant les escaliers.

Je le magnétisai dix-sept fois, et je le laissai dans un état de guérison à peu près complet ; la langue prit de la force, et il put plaider sans bégaiement.

Voici ce qu'il m'écrivait quelque temps après :

Rouen, le 9 décembre 1843.

Monsieur,

Je viens satisfaire à votre demande ; ma santé est bonne et j'ai bon appétit. L'hésitation est à peu près disparue, c'est-à-dire qu'elle est beaucoup moins fréquente, et je sens le dégagement de plus en plus, au fur et à mesure que je me gargarise avec l'eau magnétisée ; en somme, je suis à peu près dans mon état normal, sans aucun fléchissement dans les jambes.

J'ai l'honneur d'être,

BORDÈRES, *agréé*,
12, rue Nationale.

Pendant que je le magnétisais, j'obtenais sur lui un effet tout particulier. Je stimulais si fortement le système nerveux en posant ma main d'une certaine manière au bas de la colonne vertébrale, que je provoquais spontanément dans les jambes un mouvement convulsif qui devenait effrayant par sa violence. Ses jambes se raidissaient d'abord, puis elles dansaient, sautaient, se remuaient, comme s'il y avait eu dislocation; ses pieds frappaient le parquet et étaient lancés en l'air à droite, à gauche, avec une force incroyable; ce mouvement se propageait jusque dans la tête et dans les mâchoires, et cela continuait tant que je tenais ma main sur les lombes; dès que je la retirais, tout s'arrêtait aussitôt.

Je provoquais ce singulier effet dans les deux jambes à la fois, ou dans une seule, à volonté : il me suffisait de placer ma main à deux endroits différents.

J'avais produit le même effet sur une femme paralysée depuis quatorze ans : la concierge des écuries du roi à Bruxelles, dont j'améliorai l'état.

Ce mouvement est excellent dans certaine paralysie, et j'engagerai beaucoup à le produire dans les maladies de la moelle épinière et des paralysies nerveuses.

Paralysie rhumatismale

A Cinq-Mars-la-Pile, en 1840, le docteur Casimir Renault fit venir chez lui un homme de cinquante ans à peu près, qui, depuis quelque temps, avait une paralysie rhumatismale dans le bras gauche; il souffrait des douleurs intolérables, et son bras était ployé et collé près du corps.

Aucun des moyens employés par le docteur n'avait soulagé les douleurs, ni ramené le plus petit mouvement; le malade pouvait à peine remuer un doigt.

Je le magnétisai devant douze personnes, dans le salon du docteur; je localisai toute l'action sur le bras et sur l'épaule par des passes seulement; et vingt minutes après, la main était descendue, le bras étendu sans douleur. Je continuai, et dix autres minutes ne s'étaient pas écoulées, que cet homme avait recouvré l'usage de son bras. Il pouvait le remuer, le lever, le baisser, s'en servir enfin comme avant d'être paralysé. Il était si stupéfait, qu'au lieu de me remercier, il s'éloignait de moi et me regardait en dessous, comme si j'avais été le diable en personne.

Du reste, j'avais produit, en 1838, à Bruxelles, le même effet sur un garçon chapelier qui, lorsque je lui eus rendu l'usage de son bras, s'enfuit de la maison sans vouloir rien entendre.

A Paris, Mme Cosson, rue Hauteville, se trouvait dans le même état. J'agis de la même manière, mais il me fallut trois magnétisations, et je fus obligé d'employer le massage sur le trajet des muscles, ce qui la fit souffrir beaucoup. Mais elle fut guérie au bout de trois séances.

A l'hôpital de Liverpool, devant les médecins et les élèves, je produisis un effet semblable sur un homme qui, depuis longtemps, était paralytique du bras droit. En deux séances, je le mis en état de s'en servir, et, quelques jours après, il sortit de l'hospice.

Paralysie avec contracture de membres.

A Liverpool, M. Stonahouse, rédacteur du journal *le Standard*, qui savait que j'avais guéri un paralytique à l'hôpital, devant les médecins, vint me trouver le 28 avril, accompagné de deux jeunes gens, dont l'un était paralysé de tout le côté droit; le bras surtout était atrophié et plus court; le poignet contracté faisait angle droit avec le bras, la main était fermée, et jusqu'alors ce jeune homme n'avait pu ni l'ouvrir, ni redresser le poignet; il était âgé de vingt ans et se trouvait dans cet état depuis sa naissance.

En quelques séances (en magnétisant le bras seulement), je parvins à détendre les muscles du poignet et à donner assez de force pour qu'il pût être placé en ligne droite avec le bras et y rester; puis j'ouvris la main, qui resta ouverte et se ferma à volonté, de même que son autre main.

Après dix jours de magnétisation, la force et la souplesse revinrent dans tout le bras, et le jeune homme commença à se servir de sa main.

A Paris, je produisis le même effet sur une jeune fille (*Joséphine Capron*), qui avait été traitée par MM. les docteurs Gendrin, Rayer et Trousseau, en 1842.

Cette jeune fille fut paralysée en novembre 1841, à Londres. Elle resta hémiplégique à la suite d'une attaque d'apoplexie qui lui occasionna une aliénation mentale et lui laissa un rire nerveux jusqu'au moment où elle vint me voir.

Ce fut le docteur Wilson (d'Hanover square) qui la traita, à Londres, par les saignées et les sangsues. Il fit disparaître la folie et ramena un peu de force dans la jambe. Elle parvint à se traîner dans la chambre.

M. Rayer la traita en avril et en mai 1842, sans aucune amélioration.

Pendant les mois de juin et de juillet, M. Gendrin parvint, par le galvanisme, à lui faire ouvrir un doigt, mais il se fermait aussitôt.

Le professeur Trousseau la traita en août et septembre sans aucun résultat.

Elle vint me trouver en octobre 1842 ; elle pouvait à peine marcher, et encore était-ce tout de côté, sans ployer la jambe ; la bouche était de travers et baveuse ; le bras se trouvait ployé près du corps ; le coude s'éloignant seulement de six pouces ; le poignet contracté, ainsi que la main, dont les doigts étaient fermés sans qu'elle pût les ouvrir.

En quelques jours de magnétisations sans sommeil, le poignet fut redressé et les doigts s'ouvrirent ; il y eut dans le bras une élasticité qui n'avait pas existé depuis le commencement de la maladie. La force revint ; l'avant-bras et la main devinrent un peu plus gros qu'ils n'étaient.

La jambe, qui ployait sous elle, et dont elle ne pouvait se servir qu'en la traînant, prit de la vigueur, et la malade put marcher dans la rue.

De jour en jour les forces revinrent, et, après vingt séances, on ne se serait pas aperçu, à la manière dont elle marchait, qu'elle avait été paralysée.

La bouche n'était plus ni déviée, ni baveuse ; le poignet se trouvait tout à fait redressé, la main tout ouverte, mais cependant le mouvement et la force se manifestèrent plus lentement dans le bras et la main que dans la jambe, quoiqu'il y eût une grande amélioration.

Dans ces deux cas, j'avais pris les pouces comme toujours ; quant au jeune homme, j'avais magnétisé seulement le bras en faisant des passes, puis en le massant fortement sur le trajet des muscles.

Pour la jeune fille, j'avais envahi le système nerveux jusqu'à la torpeur, et je m'étais appliqué à localiser l'action sur le côté gauche qui était le côté paralysé, le tout en employant les passes et le massage.

Paralysie ayant pour cause l'hystérie.

A Saumur, le professeur de philosophie me fit magnétiser une femme nommée *Corbineau*, paralysée depuis plusieurs années à la suite de crises hystériques. Non seulement cette femme ne pouvait quitter son lit, mais il lui était même impossible de s'asseoir entièrement.

Je ne la magnétisai que jusqu'à la torpeur, puis j'agis fortement sur la colonne vertébrale par des passes avec attouchement; je prolongeai mon action jusqu'aux cuisses.

Après plusieurs séances, elle pouvait se tenir assise pendant une journée sans être fatiguée, et elle commençait à se servir de ses jambes. Il fallait, dans ce cas, agir sur tout le système nerveux, et ne localiser l'action qu'après avoir envahi tout l'organisme, afin de le calmer.

Je rencontrai, à Londres, un cas semblable à l'hôpital de *Moon's street*: une jeune fille qui, depuis six mois, était au lit, et par la même cause, l'hystérie, se trouvait dans l'impossibilité de s'asseoir.

En quelques séances, elle put se mettre sur son séant, se lever et même se tenir debout. Malheureusement, l'hôpital était fort éloigné de ma demeure, mes occupations ne me permirent pas de continuer; j'eus tort, d'autant plus tort, qu'il y avait certitude de réussir complètement, et que j'indisposai le docteur Elliotson contre moi.

La paralysie est malheureusement très fréquente; il est une foule de causes qui la produisent, et nous devons regarder comme un très grand bonheur que le magnétisme agisse avec efficacité. Il agirait encore avec bien plus de force si, dès le début de la maladie, on y avait recours, surtout avant que le malade soit épuisé par les saignées et qu'il n'y ait plus moyen d'obtenir de réaction.

J'en ai eu la preuve tout récemment : une dame qui avait

eu déjà des atteintes de paralysie, part pour un voyage ; à vingt lieues de Paris elle est paralysée complètement du côté gauche, à ne pouvoir remuer un doigt de la main ni du pied. Elle revint le lendemain au lieu de continuer son voyage et me fit appeler le soir même de son arrivée. Je magnétise aussitôt ; et deux jours après, j'avais des mouvements dans la main, le bras et la jambe ; au bout de cinq jours il n'y paraissait plus rien, le mouvement, la sensibilité et la force étaient entièrement revenus, et la paralysie était complètement détruite.

Rétraction des nerfs d'un membre après une fracture de la colonne vertébrale

Sans entrer dans aucun détail, je laisse parler le mari, qui, tout reconnaissant, a écrit la lettre suivante dans un des journaux de Marseille, le *Nouvelliste*, du 26 mars 1851 :

Marseille, le 24 mars 1851.

A Monsieur le rédacteur du *Nouvelliste*, à Marseille.

Monsieur le rédacteur,

Permettez-moi d'emprunter la voie de votre estimable journal pour rendre un hommage public à la reconnaissance que je dois à M. Ch. Lafontaine.

Depuis trente-deux mois, ma femme est malade, à la suite d'une fracture à la colonne vertébrale, qui l'a laissée entièrement courbée et infirme de la jambe droite, dont les nerfs s'étaient tellement retirés qu'elle ne marchait plus que sur la pointe du pied. Son ventre était aussi tellement affecté dans les organes nerveux, qu'il remontait jusqu'à l'estomac, et entièrement tourné du côté gauche, il présentait une grosseur prodigieuse. Un savant médecin de cette ville, auquel je dois aussi une reconnaissance qui ne se démentira jamais, a prodigué tous ses soins et a épuisé tous les secours de l'art pour guérir ma malheureuse femme ; médicaments, opérations, rien n'a été négligé, elle a tout souffert pour arriver à un très léger soulagement. Les bains de mer furent ordonnés, ils ont achevé de retirer les nerfs de la jambe malade et occasionné de si vives douleurs, que depuis huit mois ma femme ne marchait qu'avec peine et ne pouvait plus quitter sa chambre.

Ayant entendu parler des expériences magnétiques de M. Lafontaine, je me décidai à le voir et le consulter sur la position de mon épouse. Cet excellent homme se rendit le lendemain chez moi ; il magnétisa ma femme, et nous dit qu'il ne pouvait promettre de la guérir, mais que cependant il essayerait de le faire. En effet, depuis environ deux mois, il a continué à la magnétiser de deux jours en deux jours ; il en est résulté un tel succès, que, dès la cinquième ou sixième séance, ma femme s'est sentie soulagée.

Aujourd'hui, grâce à Dieu et à la persévérance de M. Charles Lafontaine, le ventre entièrement désenflé a repris sa position naturelle, les nerfs raidis de la jambe ont aussi repris une telle flexibilité, que mon épouse marche le pied plat, se promène sans douleur et peut vaquer aux soins domestiques de sa maison, ce qu'elle ne faisait plus depuis trente-deux mois.

Je ne saurais assez le dire, c'est à M. Lafontaine que je dois ce bien. Merci, merci donc mille fois, de ses soins empressés et généreux.

Puisse cette attestation que je vous supplie, Monsieur le rédacteur, d'insérer dans un de vos prochains numéros, être pour M. Lafontaine le témoignage sincère de la gratitude que nous lui conserverons.

Je suis avec le plus profond respect,

    Monsieur le rédacteur,

Votre très humble et très obéissant serviteur,

                            Alexandre BLOC, *légiste*,
                                rue d'Allaueh, 7.

Cécité. — Cataracte

Lorsque la cécité est l'effet d'une paralysie ou d'une faiblesse du nerf optique, elle peut être guérie par le magnétisme, qui ramène la sensibilité et la force en rendant la circulation plus active.

Dans le cas d'amaurose, on réussira souvent en magnétisant seulement l'organe. Cependant peut-être obtiendrait-on plus de succès en provoquant le sommeil. Quoique mes observations de guérison portent sur autant de cas sans sommeil, toutefois je préférerais le produire, je serais plus sûr du succès.

Dans la troisième édition 1860, page 248, j'écrivais encore :

Plusieurs magnétiseurs prétendent avoir guéri des cataractes; il m'est impossible de me prononcer à ce sujet, je n'ai pas eu l'occasion d'essayer le magnétisme dans ce cas, et je me suis proposé de ne consigner dans cet ouvrage que les résultats de mes propres observations.

Dès 1880, dans la 4e édition, j'aurais pu faire cette rectification. Je l'ai oublié, permettez-moi de la faire aujourd'hui et d'insérer ici la cure que j'ai faite en 1869 et que j'avais consignée dans le journal *le Magnétiseur*, année 1870, mois de février, aux pages 30, 31, 32, sous le nom de Mme la comtesse de X... et qui est Mme la comtesse de Roullée, femme du comte de Roullée, habitant Bayonne.

Mme de Roullée avait sur les deux yeux une cataracte qui n'était pas complète, un œil surtout était moins affecté que l'autre.

Les principaux oculistes de Londres et de Paris, consultés, ne lui donnèrent aucune espérance de guérison et lui conseillèrent d'attendre quatre ou six mois que la cataracte fût entière, afin qu'elle pût être opérée. C'était lui dire qu'à cette époque elle serait complètement aveugle.

Mme de Roullée n'accepta pas une décision pareille sans en appeler, et elle vint à Genève se faire magnétiser en attendant.

Mme la comtesse voyait encore ; elle pouvait même écrire un peu avec de grandes difficultés et beaucoup de fatigue; il y avait une opacité très grande sur l'œil droit, dont elle voyait à peine; mais sur l'œil gauche cette opacité était moins intense.

Je la magnétisai le 25 août 1869, pour la première fois. Mme de Roullée n'éprouva rien d'apparent, je m'attachai d'abord à magnétiser généralement, afin d'atteindre plusieurs petites indispositions; le foie ne fonctionnait pas bien, il y avait des maux d'estomac, des constipations, etc.

Puis, je localisai mon action sur les yeux, en présentant la pointe de mes doigts index et majeurs de chaque main devant chaque œil, et en les tournant lentement depuis la naissance des sourcils. Je touchai la paupière supérieure des deux yeux, je fis des insufflations chaudes sur chaque œil, je les répétai plusieurs fois; je massai légèrement le front.

Je répétai chaque jour pendant un mois ces séances qui duraient une heure et demie et qui ne produisirent que la disparition des indispositions et donnèrent des forces à la comtesse.

Puis en continuant les séances assidûment, il y eut un commencement d'effet; l'œil se dégagea insensiblement et la malade sembla percevoir plus facilement quand elle essaya de lire.

Puis on vit l'opacité diminuer doucement et elle disparut dans l'œil gauche sans revenir. Tandis que dans l'œil droit elle disparaissait par moment, mais se représentait quelques heures après.

Enfin, après trois mois d'un traitement assidu, la vue se maintint d'une manière continue, claire et nette, sans qu'il y eût aucune trace de maladie.

Monsieur le comte et madame la comtesse purent partir.

J'avais donc, par le magnétisme, fait disparaître ces deux taies et ramené la force dans les deux yeux, dont la vue se continua chez Mme de Roullée pendant sa vie qui s'est prolongée plusieurs années encore. Cette cure est d'autant plus remarquable que la malade n'était plus jeune, et que c'est par le magnétisme seul que je l'ai obtenue.

C'est le seul cas de cataracte que j'ai pu observer et magnétiser.

J'avais bien fait disparaître une cataracte sur un petit lévrier qui m'appartenait, mais c'était par l'électricité et le magnétisme réunis. Sa vue s'était conservée pendant deux ans, mais les taies avaient reparu.

Dans la ville de Leeds, en Angleterre, le 4 janvier 1842, les médecins réunis à l'hôpital choisirent parmi une centaine de malades, et me présentèrent *Marc Rowley*, aveugle depuis deux ans, qui ne voyait absolument rien de l'œil gauche, et qui pouvait à peine se conduire de l'œil droit dans les corridors de l'hôpital. Il éprouvait dans les yeux une vive douleur qu'il comparait à une sensation produite par des grains de sable.

Les docteurs Braiswaite, Gasc, Smith, Pymont Smith, Nunnelay, constatèrent que la pupille des deux yeux ne se contractait, ni ne se dilatait, lorsqu'on en approchait une bougie allumée.

Je le magnétisai devant ces messieurs pendant vingt minutes sans chercher à produire le sommeil ; après cette séance, ils constatèrent une contraction vive de la pupille. Pendant la journée, le malade souffrit beaucoup moins.

Je l'endormis le lendemain et les jours suivants devant l'un des docteurs présents la première fois.

Huit jours après, il pouvait lire le caractère le plus fin dans un journal anglais. Chaque jour il lui avait été facile en quelque sorte de constater le progrès.

J'avais profité de son sommeil pour lui cataleptiser les bras et les jambes, et obtenir une insensibilité complète. Dans une séance publique où j'avais réussi à provoquer cet état, je le réveillai, lui laissant un bras et les deux jambes en l'air, et je le priai de me donner la main droite ; ne la sentant pas, il la chercha avec la gauche et s'aperçut alors de sa position, il en fut épouvanté ; et il ne fut content que lorsqu'il fut entièrement démagnétisé.

Tout éveillé, je lui pris un bras et je le cataleptisai ; oh ! alors il s'écria avec un accent d'effroi : *devil, devil !...* c'est *le diable, c'est le diable ! ce Français a plus de pouvoir sur mes membres que moi-même.*

Voici un autre fait, mais sans le sommeil magnétique :

A Londonderry en Irlande, le docteur White m'introduisit à l'hôpital et me proposa de magnétiser un aveugle, qui ne voyait rien d'un œil et qui, de l'autre, distinguait seulement le jour et la nuit.

Après l'avoir magnétisé une demi-heure sans sommeil, en localisant l'action sur les yeux, je parvins à lui faire voir plusieurs fois de suite, sans qu'il se trompât, le nombre de doigts qu'on lui présenta ; il vit et nomma une bague, une clef, un canif, une pièce de six pence, une clef de montre très petite.

Le docteur White s'était souvent livré à des expériences de ce genre, sans que cet homme pût jamais lui indiquer ni voir une seule fois ce qu'il lui présentait

A Belfast, chez M. Badier, professeur de français, sa servante, que j'avais magnétisée plusieurs fois, me remercia, la veille de mon départ, de lui avoir rendu un œil, dont elle ne voyait pas dès sa plus tendre enfance. Ici le sommeil magnétique seul avait suffi pour détruire la paralysie du nerf optique.

Dans les derniers jours de juin 1851, j'étais à Toulon ; Mme Julien, femme d'un des membres du conseil municipal, me présenta son jardinier qui, depuis deux ans, ne voyait pour ainsi dire plus : c'était à la suite d'une chute et de plusieurs contusions à la tête que s'était déclarée cette cécité. A trois pas, cet homme ne pouvait reconnaître son enfant qui était devant lui, et cependant il distinguait une épingle par terre et pouvait la ramasser. Il faisait avec peine et mal les plus gros ouvrages du jardinage.

Je le magnétisai, ou plutôt je lui magnétisai les yeux, et, dès la première séance, il reconnut qu'il y avait amélioration ; il put lire le titre de plusieurs ouvrages que je lui présentai, chose qu'il ne pouvait faire auparavant. En quelques séances, sa vue reprit toute sa force, et il put s'occuper de tous les travaux de son état.

Surdité

La surdité est une de ces maladies qui affectent le moral des personnes qui en sont atteintes ; presque toujours les sourds sont tristes, leur physionomie exprime l'inquiétude, la défiance, lorsqu'on parle près d'eux, et ils sont en cela doublement malheureux.

Les moyens curatifs employés par les médecins spéciaux sont douloureux et peu efficaces. Il est donc essentiel et utile de bien constater un moyen presque certain de guérison lorsque la surdité n'est point organique.

La plupart des surdités proviennent de paralysie, d'atonie, d'engorgement des organes ; dans tous ces cas, le magnétisme produit de bons résultats, même quand la surdité est très ancienne.

J'ai guéri des sourds qui l'étaient de naissance et qui, cependant, avaient cinquante ans lorsque je les ai magnétisés.

La surdité est une des maladies dans lesquelles le magnétisme doit être employé sans sommeil ; il suffit même de localiser l'action sur les oreilles ; bien plus, j'ai reconnu que le sommeil était plutôt nuisible.

M. le baron de Munchhausen, demeurant rue d'Aguesseau, 12, était atteint de surdité depuis un grand nombre d'années. Il y avait six ans qu'il n'entendait plus le mouvement de sa montre, même en l'appliquant à ses oreilles, lorsqu'il vint me trouver, au mois de mai 1843, pour se soumettre au magnétisme.

En quelques séances, je ramenai la sensibilité de l'ouïe, et il commença à entendre sa montre près de ses oreilles. Enfin, après deux mois de magnétisation sans sommeil, il y avait guérison complète de la surdité, au point que M. le baron pouvait entendre sa montre placée à six pas de lui.

J'avais aussi produit une grande amélioration dans tout l'organisme ; M. le baron éprouvait un bien-être auquel il n'était pas accoutumé depuis longtemps. Les douleurs qu'il ressentait dans tout le corps avaient disparu, les forces étaient revenues.

Avant le traitement magnétique, il y avait atonie générale et douleurs rhumatismales.

J'ai revu M. le baron de Munchhausen en septembre 1844 et en août 1845, il n'avait éprouvé aucune rechute, le temps avait consolidé la guérison.

M. *Thilorier*, dont le nom est européen, et auquel la science doit une des plus belles découvertes du siècle, la solidification de l'acide carbonique par l'air, était complètement sourd.

M. Thilorier était âgé de cinquante-cinq ans à peu près ; depuis sa naissance, il n'entendit jamais de l'oreille gauche et, depuis vingt-cinq ans, cette surdité s'était aussi communiquée à l'oreille droite.

Il fallait crier très haut dans cette oreille pour se faire entendre.

Par suite d'un accident arrivé dans une de ses expériences, un malheureux jeune homme ayant été tué, M. Thilorier en éprouva un tel saisissement, qu'il devint complètement sourd et se vit obligé de renoncer à toute espèce de conversation.

Il eut recours à plusieurs traitements, mais il n'en éprouva aucune amélioration.

Je le magnétisai sans l'endormir et, après quelques séances, il éprouva diverses sensations dans les oreilles, une douce chaleur, des tournoiements, des picotements, des crispations intérieures. Ces sensations, qui d'abord furent à peine sensibles, augmentèrent de jour en jour sous l'influence magnétique.

Il sentit un grand calme dans la tête, ainsi qu'un grand dégagement; ses idées furent plus nettes, son travail plus facile et sans fatigue. Il se leva à six heures du matin et se coucha à minuit, tandis qu'avant d'être magnétisé, il fallait qu'il dormit quatorze heures.

Le 6 avril 1844, après six séances, il entendit le mouvement de ma pendule à la distance de six pouces de l'oreille droite, et, le 13, il put l'entendre des deux.

A partir de ce moment, l'amélioration alla toujours en augmentant ; il parvint à entendre une partie de la conversation générale. J'avais obtenu cet effet après un mois de magnétisation seulement ; tout le monde reconnut que c'était un fort beau résultat.

Bientôt l'amélioration devint plus grande et plus continue et enfin, après deux mois et demi, M. Thilorier entendait comme tout le monde.

C'était un bien grand changement pour lui qui n'avait jamais entendu sonner la pendule du salon de Mme Bonvalet, sa tante, et qui, la première fois qu'il l'entendit, demanda naïvement « si autrefois elle sonnait ».

La guérison de M. Thilorier est une des plus remarquables que j'ai obtenues, car, chez lui, il y avait surdité de naissance et surdité produite et augmentée ensuite par un accident.

Pour magnétiser dans un cas de surdité, il faut prendre les pouces afin de s'emparer du système nerveux, puis imposer les mains au-dessus de la tête à un ou deux pouces de distance ; faire ensuite quelques passes en descendant devant les oreilles jusqu'aux épaules.

Puis, réunissant vos doigts en faisceaux, vous en présentez la pointe devant les oreilles, vous tournez de gauche à droite à un pouce de distance.

Après quinze minutes, vous soufflez chaud deux ou trois fois dans l'intérieur des oreilles. Vous recommencez le mouvement de rotation, puis vous touchez de temps en temps, avec le bout des doigts, le devant des oreilles pour réveiller la sensibilité ; vous descendez ensuite en partant des oreilles jusqu'aux épaules, en touchant le cou, afin d'entraîner s'il y a engorgement. J'ai souvent vu paraître de très grosses glandes au cou après une séance.

Après ces passes, vous reprenez la première opération.

Le tournoiement des doigts en face des oreilles semble mettre en mouvement les fluides et les humeurs qui se trouvent dans les oreilles et en dégager les organes qu'ils embarrassaient.

Il faut aussi souffler chaud sur le sommet de la tête.

Surdi-mutité

J'ai magnétisé beaucoup de sourds-muets, non par prédilection, mais par occasion. Lorsque j'arrivais dans une ville, je cherchais à porter la conviction dans l'esprit des médecins, et pour cela je leur demandais un malade sur lequel on pût obtenir un effet prompt, sensible et appréciable pour tout le monde.

La surdité d'un sourd-muet pouvant être constatée d'une manière certaine, la preuve de l'action magnétique est irrécusable lorsque, après une ou deux séances, il entend et distingue des mots.

J'ai magnétisai *quatre-vingt-quatre sourds-muets* et j'en ai fait entendre *soixante-sept* ; la réussite, comme on voit, se présente dans une proportion immense, c'est *sept* sur *huit*.

Cependant les soixante-sept que j'ai fait entendre n'auraient pu être guéris entièrement. Je suis bien parvenu à réveiller la sensibilité dans les organes, je les ai amenés à percevoir certains sons, distinguer certains bruits et même certains mots ; mais je n'ai pu ramener sur tous la sensibilité de l'ouïe à un degré assez puissant pour qu'elle leur fût de quelque utilité.

Sur les soixante-sept que j'ai fait entendre, je considère que trente-quatre seulement auraient pu arriver à entendre de manière à pouvoir s'en servir dans le *commerce ordinaire de la vie*. C'est beaucoup, sans doute, mais je n'exagère pas ; je suis intimement convaincu que si je les avais magnétisés pendant trois mois, et qu'on leur eût appris la signification des sons et la valeur des mots, *trente-quatre* eussent été guéris radicalement au bout d'un an.

Le sourd-muet, lorsqu'on parvient à le faire entendre, n'a aucune idée des mots ; les mots sont pour lui des sons qui diffèrent, mais qui d'abord n'ont pas de valeur. Les consonnes ne sont pas entendues les premières fois, et il ne sait pas même comment rendre les sons qu'il entend.

Ainsi dites-lui *po*, il dira *o*, parce qu'il n'y aura d'abord que le son de l'o qui sera entendu par lui ; mais lorsque vous lui aurez répété ce son plusieurs fois, et que vous lui aurez montré à le prononcer, il le dira mal d'abord, mais peu à peu, la finesse de l'ouïe augmentant, il arrivera à distinguer et à bien prononcer.

Ainsi vous avez à faire tout à la fois l'éducation de l'oreille et celle de la parole.

Quand vous commencez à lui faire articuler des sons, le sourd-muet n'a presque pas de voix. Celle-ci ne se forme qu'avec le temps, et presque toujours il a mal à la gorge les premières fois qu'il prononce quelques mots. Le larynx n'est pas habitué à fonctionner, il est irrité par l'air qui y pénètre et qu'il rejette pour produire des sons.

J'ai observé que les sourds-muets de naissance ont plus de facilité à entendre ; il n'y a généralement chez eux que faiblesse ou paralysie des organes.

Chez les autres, devenus sourds-muets à la suite de maladies dans leur enfance, il y a souvent destruction d'organes, et ici, le magnétisme est aussi impuissant que la médecine ordinaire, comme lorsqu'il y a défaut de conformation.

Je puis ajouter à tout ce que j'ai déjà dit, que toutes les observations faites depuis l'impression de ce livre, en 1847, m'ont prouvé combien la surdi-mutité serait facile à détruire si, pendant qu'on magnétiserait des sourds-muets, des hommes spéciaux leur apprenaient à parler. Tout est là; aussitôt que, par le magnétisme, vous êtes parvenu à ramener un peu de sensibilité dans l'organe, ayez dans les institutions de sourds-muets des hommes qui se dévouent à faire comprendre le son et sa valeur, qui s'appliquent à démontrer comment il faut articuler telle ou telle syllabe, et vous aurez bientôt des guérisons complètes en grande quantité ; mais, pour arriver à un résultat pareil, il ne faut pas que les directeurs des établissements de sourds-muets puissent se renfermer dans ces mots : *Nous avons des enfants pour les instruire et non pour les guérir.*

Sourde et muette par suite de convulsions

Georgina Burton eut à l'âge de neuf mois des convulsions qui produisirent une paralysie des nerfs auditifs et de tout un côté de la face. Elle resta sourde et muette, ayant la figure si bouleversée qu'un coin de la bouche touchait presque l'œil.

Elle n'entendait rien, ne pouvait distinguer aucun son ni articuler un seul mot.

Mme Burton, sa mère, s'adressa aux notabilités médicales de France, d'Angleterre et d'Italie, qui n'obtinrent aucun résultat.

Deux médecins distingués de Paris proposèrent une opération chirurgicale dans la gorge sans en espérer de succès.

A peu près à cette époque je revins d'Angleterre. Mme Burton, qui est Anglaise, avait lu dans les journaux de son pays le compte rendu des guérisons que j'avais obtenues sur les sourds-muets. Elle se décida à essayer du magnétisme et vint me trouver le 25 janvier 1843.

Quelques séances de magnétisme, sans sommeil, suffirent pour que cette enfant, âgée de onze ans, entendit et pût reproduire des sons et des mots.

En trois mois, l'ouïe atteignit sa plus grande finesse, la paralysie de la face fut détruite et les traits du visage ne furent plus contractés.

En septembre 1844, époque où je la vis pour la dernière fois, la sensibilité de l'ouïe n'avait pas diminué depuis le mois de mai 1843 où j'avais cessé de la magnétiser. Elle entendait comme tout le monde et commençait à parler de manière à se faire comprendre.

Avant d'être magnétisée, elle ne savait ni lire ni écrire ; pendant les trois mois de magnétisation, ses deux sœurs lui apprirent à lire, à écrire, à compter et à parler.

Sourd-muet de naissance

Voici un sourd-muet de naissance. Je vais donner le certificat du médecin, revêtu non seulement de la légalisation par le maire et le sous-préfet, mais même l'attestation personnelle de ces deux fonctionnaires publics.

M. Pinot père était venu me trouver à Caen avec son fils sourd-muet. Dès la première séance, je le fis entendre, et, quelques jours après, il percevait, distinguait et répétait plusieurs mots.

Certificat

Je soussigné, Michel-Mathieu Follet, docteur-médecin de la Faculté de Paris, demeurant à Pont-Audemer (Eure), certifie que *Ernest Pinot*, âgé de onze ans, fils de M. Pinot, receveur de l'enregistrement en cette ville, était *complètement sourd-muet de naissance*, lorsque, dans les derniers jours de mars 1841, le père s'est déterminé à le soumettre au magnétisme, et que, sans avoir subi aucune autre opération ni traitement, l'ouïe s'est tellement développée chez lui, qu'il perçoit aujourd'hui, le 14 avril 1841, les sons ordinaires de la voix humaine, et s'efforce de répéter les mots comme un enfant qui commence à parler. En foi de quoi, j'ai délivré ce certificat pour valoir et servir ce que de droit.

A Pont-Audemer, 14 avril 1841.

FOLLET, *d.-m.-p.*

Vu pour la légalisation de la signature de M. Follet, docteur médecin en cette ville, apposée de l'autre part, et attestation des faits y contenus.

A défaut de maire et d'adjoint,

Pont-Audemer, 14 avril 1841.

LECOMPTE, *membre du conseil municipal.*

Vu par nous, sous-préfet de l'arrondissement de Pont-Audemer, pour légalisation de la signature de M. Lecompte apposée ci-dessus, et *attestation que les faits mentionnés au certificat sont exacts.*

Pont-Audemer, 15 avril 1841.

Le sous-préfet, Constant LEROY.

J'ai fait entendre bien des sourds-muets, et j'ai constamment rencontré une opposition malveillante dans les institutions de sourds-muets ; elles m'ont toutes fermé leur porte, sous le prétexte que les enfants leur étaient confiés *pour recevoir de l'instruction* et non *pour être guéris.*

Cependant l'essai du magnétisme sur un sourd-muet est tout à fait inoffensif, on ne l'endort pas, on tourne les doigts devant les oreilles et on souffle sur la tête. Ce n'est pas très effrayant, et certes il fallait y mettre plus que de la mauvaise volonté pour se refuser à un essai que je voulais faire devant les médecins qui le demandaient eux-mêmes.

J'ai parcouru la Belgique, la France, l'Angleterre, l'Ecosse et l'Irlande, et, dans tous mes voyages, pendant toute ma carrière, je n'ai rencontré que deux institutions qui m'aient permis de pénétrer dans leur sein : l'une est Claremont, institution à Dublin (Irlande), où je fis entendre un sourd-muet devant plusieurs médecins ; et tout récemment Toulouse, où le directeur de l'institution, le bienveillant abbé Chazotte, mit à ma disposition tous ses enfants sourds-muets, en me remerciant des efforts que je faisais pour être utile à ces malheureux parias.

Aussi je fis entendre neuf sourds-muets dans la ville de Toulouse, devant plus de quarante médecins ; et auparavant tous ces sourds-muets n'entendaient absolument rien, pas même des coups de pistolet, sauf un seul qui entendait un grand bruit sans pouvoir rien distinguer.

Ce fut à Nantes que je fis entendre pour la première fois un sourd-muet. C'était un homme de trente-deux ans, ouvrier imprimeur, qui travaillait depuis plusieurs années dans l'imprimerie du *National de l'Ouest.*

Ce journal en parlait en ces termes dans son numéro du 15 décembre 1840, à la suite du compte rendu d'une séance :
« C'est encore dans nos ateliers que M. Lafontaine a trouvé
« le sourd-muet *Eugène Vignier*, qu'il est parvenu à faire
« entendre par le magnétisme. »

Fièvres intermittentes

Le magnétisme réussit toujours, non seulement à calmer un accès de fièvre, mais même à la faire disparaître entièrement.

Les fièvres tierces, quartes, cèdent toujours ; les fièvres scarlatines, cérébrales, typhoïdes, sont calmées et arrêtées dans leur cours, le magnétisme fait disparaître le danger en diminuant et écartant tous les accidents.

Chez M. Busseuil, imprimeur à Nantes, un ouvrier avait, tout les quatre jours, une fièvre avec un tremblement qui lui faisait perdre sa journée en le forçant à se mettre au lit.

Je me trouvais un jour dans le bureau de l'imprimeur, lorsque cet homme vint prévenir qu'il partait ; ses dents claquaient et il y avait dans tout le corps un tremblement violent.

Je le fis asseoir, et quelques instants après il nous disait : « Je sens la fièvre qui descend, elle est maintenant dans les cuisses... Ah !... la voilà dans les genoux ! elle est descendue dans les jambes,... ah ! voici qu'elle remonte aux genoux !.... elle descend.... elle est aux pieds... ah ! elle est partie par le bout des doigts !.... »

En effet, la fièvre avait disparu entièrement, et, chose curieuse, à mesure qu'il indiquait que la fièvre descendait, le tremblement n'avait plus lieu dans les parties supérieures.

Le *National de l'Ouest* du 9 décembre 1840 disait :

« Sous nos yeux et dans nos ateliers, en dix minutes, M. Lafontaine a guéri un de nos ouvriers d'un accès de fièvre violent. »

Je magnétisai cet ouvrier plusieurs fois, et je le débarrassai pour toujours de sa fièvre, dont la quinine n'avait pu même le soulager.

Après avoir pris les pouces, j'avais chargé un peu le cerveau ; puis j'avais exécuté des passes depuis les épaules jusqu'aux jambes, en remontant seulement jusqu'à l'endroit où se trouvait la douleur.

Fièvre scarlatine

Mlle Anna Sheerwill fut prise d'une fièvre scarlatine, chez une de ses amies qui en était atteinte.

Dès la première magnétisation, la tête fut dégagée ; les rougeurs devinrent moins vives, le mal de tête disparut, la transpiration fut forte et odorante, la circulation se rétablit. Dans une seconde séance, tous les symptômes se dissipèrent, et, après une troisième, elle fut tout à fait rétablie.

Prenez les pouces, magnétisez à grands courants, avec force, jusqu'à ce que vous ayez produit de la transpiration ; ne chargez pas la tête, agissez sur le cœur.

Fièvre cérébrale

J'ai guéri plusieurs fièvres cérébrales, lorsque j'étais appelé assez à temps pour que la nature pût encore agir. Mais, souvent aussi, ce n'est que lorsqu'il n'y a plus d'espoir qu'on a recours au magnétisme, et, malgré cela, il produit quelquefois des effets merveilleux et qui, soutenus, pourraient amener une guérison.

Je fus appelé, en 1843, chez Mme Dacosta, rue Jean-Robert, après deux mois et demi de maladie et treize jours d'une fièvre cérébrale compliquée qui ne permettait plus d'espoir.

Lorsque j'arrivai, le délire avait cessé, mais la malade était sans connaissance depuis plusieurs jours ; la langue était épaisse et chargée d'une si grande quantité de mucosités, que la respiration était à peine possible, et que l'introduction d'un peu de potion se faisait avec les plus grandes difficultés ; pour le médecin, comme pour tout le monde, c'était une femme morte.

Je la magnétisai avec force, et après une heure et demie, elle ouvrit les yeux, fit un signe d'intelligence à son mari, lui sourit, répondit à deux ou trois questions avec lucidité.

J'avais ramené l'intelligence ; de plus, j'avais provoqué une transpiration dont l'odeur était fétide. Des effluves pernicieux s'échappaient de son corps. Elle put boire avec un peu moins de difficulté.

Lorsque je revins le lendemain, je produisis le même effet ; mais les miasmes étaient horribles d'infection, on ne pouvait tenir dans sa chambre ; ces miasmes me privaient de mes forces, je fus obligé d'abandonner la malade, je serais tombé malade moi-même. Vu l'exiguïté du local, je n'avais aucun moyen de me garantir de cette odeur qui se répandait dans toute la chambre, s'imprégnait dans mes habits, et pénétrait en moi, dont tous les pores étaient ouverts dans l'acte de magnétisation.

Pour une fièvre cérébrale, j'ai toujours agi fortement sur le cerveau, en le dégageant ensuite, puis sur l'estomac et les intestins, puis encore sur le cœur pour activer la circulation et la rendre régulière par la force même, et enfin par des passes des épaules aux pieds. Lorsque je pouvais produire le sommeil, c'était préférable, et le succès était plus certain.

Fièvres nerveuses

Pour les fièvres nerveuses, il suffit d'envahir le système nerveux d'abord, et d'exécuter ensuite de grandes passes pour calmer et fortifier. Ici, peu de séances suffisent.

A Dublin, je guéris en quatre jours la femme d'un médecin, Mme *Farrel*.

Inflammation de matrice

Mme A. S... avait depuis longtemps une maladie de matrice qui l'empêchait de marcher. Les douleurs étaient atroces, et, depuis dix-huit mois, elle ne pouvait étendre ses jambes dans son lit; depuis trois mois elle ne sortait plus, et pouvait à peine marcher de son lit vers son fauteuil.

Les médecins l'avaient peu soulagée; je la magnétisai, et, en six semaines, je la guéris au point qu'elle pouvait aller à pied de Paris à Bellevue, et retourner à Paris de la même manière.

Pendant le traitement, les douleurs qui, d'abord, étaient très vives, s'amoindrirent, devinrent sourdes et disparurent.

Je portais l'envahissement jusqu'à la torpeur; posant ensuite ma main sur le côté droit du bas de l'abdomen, je l'y laissais pendant une heure. Je me bornais à très peu de passes.

Je faisais mettre des compresses d'eau magnétisée nuit et jour, ce qui me réussit complètement.

Suppression

Dans une suppression accidentelle des menstrues, il suffit de magnétiser du haut des cuisses aux genoux, toujours vous ramenez le flux sanguin. Si la suppression est ancienne, il faut magnétiser à grandes passes, et commencer huit à dix jours avant l'époque où le flux utérin est attendu.

Hémorragie

Ici, c'est tout le contraire : au lieu de faire des passes, il faut poser la main, puis tourner le bout des doigts, afin de donner à la circulation une autre direction. Par l'imposition de la main, vous arrêterez l'écoulement, et, en tournant les doigts, vous dirigerez le sang d'un autre côté.

Vous ferez bien de faire poser des compresses d'eau magnétisée.

M. Fleschelle, qui assistait un soir à une leçon d'un cours que je faisais à Marseille, en mars 1851, me proposa de venir voir une dame atteinte d'une hémorragie, qui, depuis neuf jours, résistait à tous les moyens de la médecine. Nous nous y rendîmes immédiatement. Je pris les pouces pendant quelques minutes, je posai la main au bas de l'abdomen, je la retirai après trois quarts d'heure, et l'hémorragie était arrêtée. Cependant, sur les neuf heures du matin, l'écoulement reparut, mais moins violent. Vers midi, je la magnétisai une seconde fois, et l'hémorragie fut de nouveau arrêtée.

Chlorose

Dans la chlorose ou les pâles couleurs, il faut envahir tout l'organisme, car il est important que vous donniez les forces qui manquent, et que vous stimuliez les organes pour qu'ils s'habituent à remplir leurs fonctions.

C'est en tenant les pouces, en faisant de grandes passes sur tout le corps, puis sur les jambes, et de fortes frictions sur l'épine dorsale, que l'on pourra réussir.

En huit jours, j'ai rétabli une jeune fille, nommée Manette, qui se mourait; les forces lui faisaient défaut, le magnétisme les lui rendit, elle redevint fraiche et bien portante.

Coup au sein

Pour les douleurs au sein, lorsqu'elles sont le résultat d'un coup, il faut magnétiser fortement la partie affectée, puis faire des passes devant l'abdomen et appliquer sur le sein des compresses d'eau magnétisée.

J'ai guéri à Londres, en deux séances, miss Pudney, qui, depuis huit jours, souffrait horriblement.

Les coups au sein sont très dangereux, car ils peuvent produire les cancers.

Ulcères

Pour les ulcères, on mettra des compresses d'eau magnétisée et l'on magnétisera.

A Tours, une jeune femme avait depuis cinq ans un ulcère sous l'aisselle : il la faisait souffrir beaucoup et la privait presque entièrement de l'usage de son bras droit. Plusieurs médecins l'avaient traitée sans pouvoir la guérir. En quelques jours le magnétisme et l'eau magnétisée cicatrisèrent complètement la plaie.

Entorse

Les entorses, les foulures, cèdent promptement au magnétisme. Vous localisez l'action sur le pied et la jambe à partir du genou : par quelques passes vous activez la circulation en donnant de la fluidité au sang, et vous dégagez l'endroit malade. Au moyen de quelques compresses d'eau magnétisée, vous enlevez l'inflammation et donnez du ton aux muscles et aux nerfs, qui ont été froissés par la foulure et trop fortement distendus.

J'ai complètement guéri des entorses au bout de trente-six heures par les moyens mentionnés ci-dessus, et en y consacrant trois séances par jour

Névralgies

Les névralgies se guérissent à l'aide du magnétisme. Les douleurs cessent, la circulation des fluides se rétablit, et la maladie disparait.

Une jeune femme était dans un état affreux, avec des douleurs horribles dans le côté droit de la tête, des élancements atroces qui lui faisaient presque perdre la raison, et qui ne lui donnaient pas un moment de repos. Elle jetait des cris, se frappait la tête contre les murailles, et se roulait par terre comme une désespérée.

Il y avait plusieurs jours que cette crise épouvantable durait avec autant de violence. Je lui pris les pouces, je provoquai de l'engourdissement, puis de la somnolence ; je fis des passes pendant une demi-heure, et lorsque je la dégageai et la ramenai à l'état normal, sa figure, qui, avant la magnétisation, était bouleversée, devint calme, ses yeux avaient repris leur animation, et ce fut en souriant et en pleurant de bonheur qu'elle me remercia. Non seulement elle ne souffrait plus, mais elle était dans un bien-être extrême, tandis que, pendant plusieurs nuits, elle n'avait goûté un seul moment de repos. J'ai guéri une innombrable quantité de névralgies en imposant la main, en massant la partie de la tête affectée, et en faisant quelques passes.

Vomissement de sang — Vomissement chronique — Toux nerveuse

Les vomissements de sang, les vomissements chroniques s'arrêtent instantanément par l'imposition de la main sur la poitrine et sur l'épigastre.

Les toux nerveuses se guérissent par le même procédé ; vous joignez à la magnétisation quelques verres d'eau magnétisée que l'on prend entre les repas par gorgée, et au repas en la mêlant avec le vin.

Bouffissures — Palpitations — Étouffements — Migraines — Prolapsus — Contusions

J'ai souvent guéri en quelques séances et en localisant l'action sur la partie affectée, des bouffissures, des palpitations, des étouffements, des prolapsus, des migraines, des contusions.

A la sortie d'un bal, Mlle H..., ayant été obligée de prendre une voiture découverte, se réveilla au milieu de la nuit avec la tête et le cou enflés d'une manière démesurée et souffrant beaucoup.

Pendant la première magnétisation, on vit la tête et le cou diminuer d'une manière étonnante et les douleurs cesser ; après une seconde séance, tout était rétabli dans l'état normal.

Pour les palpitations, posez la main sur le cœur, puis descendez de gauche à droite ; la palpitation cessera presque instantanément, surtout si vous y joignez des insufflations chaudes.

Pour le prolapsus, magnétisez les muscles et les nerfs qui soutiennent et font jouer la paupière supérieure, et vous aurez promptement un succès.

Si la migraine est nerveuse, il faut provoquer la somnolence et rétablir le calme ; il suffit de prendre les pouces et de faire quelques passes sur la tête jusqu'au milieu du corps pendant vingt-cinq à trente minutes.

La migraine est-elle causée par le sang, faites des passes pour dégager la tête et faire descendre le sang.

Insomnies

On parvient à ramener le sommeil naturel en magnétisant à grandes passes, après avoir tenu les pouces. On obtient de cette manière un calme très grand, dont le sommeil est la conséquence.

Bégayement

J'ai produit d'excellents résultats dans les cas de bégayement, et je ne doute pas que l'on ne puisse arriver à le faire cesser complètement.

Dartres

J'ai employé avec succès, pour des dartres vives, l'eau magnétisée ; mais il faudrait une magnétisation longue, car là il est essentiel d'apporter un changement dans la qualité du sang.

Croup

Les enfants sont exposés à plusieurs maladies qui les tuent sans qu'on ait le temps d'employer les moyens médicaux pour les sauver, et encore ceux-ci ne sont-ils pas toujours efficaces.

Le croup est certes une des plus dangereuses et des plus

fréquentes de ces maladies. Combien de familles ont à regretter un enfant qui leur a été enlevé en une heure, avant que le médecin appelé soit arrivé !

Dans ce cas, pour prévenir la mort, on a l'émétique ; mais que de difficultés à l'introduire chez le malheureux enfant qui étouffe et n'a plus de connaissance ! Avec le magnétisme, on prévient tout danger ; il suffit de magnétiser avec une grande force la poitrine, l'estomac et les intestins, en ayant soin de réchauffer les membres inférieurs. Il faut aussi joindre les insufflations chaudes sur la bouche et sur les bronches.

J'ai sauvé plus d'un enfant de cette manière, et tous les pères et les mères peuvent agir dans un cas semblable. En attendant le médecin, posez la main sur la poitrine depuis la naissance du cou ; donnez fortement, appuyez sur l'épigastre et donnez encore avec force, vous verrez bientôt la respiration se rétablir, la toux et le râle cesser, la chaleur reparaitre aux extrémités, et enfin l'enfant revenir à la vie.

Maladies diverses

Voici une de ces maladies sans nom, où il y a une complication telle que le médecin s'y perd.

J'ai été appelé pour une malade chez laquelle il y avait crises hystériques, engorgement de l'aorte, tubercules au poumon droit, calculs bilieux, tumeur dans la fosse iliaque, inflammation de matrice, névralgie dans la tête, insomnie et fièvre continue, crises hépatiques ; et de plus, comme il est facile de le concevoir, le moral très affecté.

J'ai magnétisé la malade, dont on désespérait, et, en quelques jours, je l'ai remise sur pied. J'ai fait disparaitre les crises hystériques, les crises hépatiques ; j'ai dissous les calculs bilieux et les ai fait sortir par les urines ; j'ai dissipé la tumeur, et le pus s'est écoulé dans les selles ; j'ai ramené le sommeil, dissipé la fièvre et calmé l'inflammation de matrice.

Je joins ici (tel que je l'ai donné dans la première édition de cet ouvrage, en 1847) le tableau des maladies traitées à l'aide du magnétisme, ainsi que le nombre des malades. Je n'y ai rien changé, quoique j'eusse pu ajouter toutes les maladies et tous les malades que j'ai traités depuis cette époque ; mais j'ai pensé que celui-ci suffisait pour indiquer la proportion dans laquelle le magnétisme agit avec efficacité.

J'ai donné les noms des sourds-muets, et j'ai indiqué les villes dans lesquelles je les ai magnétisés. J'ai d'abord présenté ceux que j'ai fait entendre, et j'ai marqué par une étoile tous ceux qui auraient pu être guéris si le traitement avait été suivi le temps voulu.

En Italie, pays que j'ai parcouru pendant trois ans, et à Genève, que j'habite depuis trente ans, j'ai fait de nombreuses cures, qui toutes m'ont prouvé que le magnétisme, lorsqu'on voudra l'employer sérieusement, pourra guérir presque toutes les maladies que la médecine considère comme incurables.

TABLEAU

des maladies traitées par le magnétisme

Nombre		Guéris ou soulagés
84	Surdi-mutités.................................	67
22	Surdités......................................	16
24	Cécités.......................................	15
41	Paralysies....................................	35
7	Contractures des membres......................	6
1	Mouvement convulsif continu...................	1
15	Douleurs rhumatismales........................	13
20	Épilepsies....................................	16
22	Hystéries.....................................	21
3	Chorées ou danses de Saint-Guy................	3
35	Crises nerveuses..............................	35
7	Névralgies....................................	5

Nombre		Guéris ou soulagés
5	Vomissements chroniques	4
2	Vomissements de sang	2
11	Toux nerveuses	8
10	Fièvres intermittentes	7
1	Fièvre scarlatine	1
7	Fièvres cérébrales	5
1	Fièvre typhoïde	1
11	Fièvres nerveuses	11
7	Inflammations de matrice	6
12	Suppressions	10
12	Hémorragies	11
5	Palpitations	5
1	Vertige	1
7	Chloroses ou pâles couleurs	7
1	Contusion au sein	1
6	Entorses	5
3	Enkylose	1
3	Prolapsus	2
2	Bégayements	2
1	Enflure de tout le corps	1
4	Ulcères	3
9	Brûlures	7
14	Douleurs de dents	13
38	Migraines	35
9	Insomnies	7
2	Gastrites	2
2	Hypocondries	2
7	Dartres	5
7	Idiotismes	2
3	Hypertrophies du cœur	2
5	Maladies sans nom	5
5	Tumeurs	5
4	Inflammations d'intestins	3
1	Courbature	1
2	Cancers (douleurs de)	2
3	Engorgements de synovie	3
4	Apoplexies	3
3	Accès de folie	3
6	Croups	6

Sourds-muets qui ont entendu par le magnétisme et qui n'avaient jamais rien entendu auparavant

			Sourds-muets de naissance ou de maladie
Nantes.....	*Virginie (Eugène-Adolphe... 31 ans.	Naissance.
Rennes.....	*Ouvrier imprimeur, présenté par le docteur Bruté........ 34 »	Naissance.
Caen.......	Mlle Montaigu (Adélaïde)....... 37 »	Maladie.
	Sabine (Charles)............. 22 »	Naissance.
Caen.......	'Huet-Feron .... 15 ans.	Maladie.
	'Pinot (Ernest)............. 11 »	Naissance.
	'Thouroude .... 8 »	Naissance.
	'Jackson................... 34 »	Naissance.
	Colard..................... 15 »	Naissance
Bayeux.....	Garçon chez le docteur Labbé. 20 »	Naissance.
Havre......	Jeune fille................. 8 »	Naissance.
Londres....	Garçon ébéniste............. 22 »	Maladie.
	Jeune fille présentée par le docteur Symes............. 20 »	Naissance.
Birmingham	'Kirby (John)............... 24 »	Maladie.
	Jeune fille................. 13 »	Naissance.
Manchester.	Morton..................... 4 »	Maladie.
	Mlle Wilcock (Élisabeth)...... 30 »	Maladie.
	'Whitworth (Margaret)....... 20 »	Maladie.
	Vieille femme............... 50 »	Naissance.
	'Good Sarah, présentée par le docteur Rantsolem........ 30 »	Naissance.
	'Jeune homme............... 24 »	Maladie.
Nottingham.	'Jeune fille chez le docteur Williams................. 8 »	Naissance.
Liverpool...	'Williams Williams.......... 17 »	Naissance.
	'Wood (John)............... 14 »	Naissance.
Dublin......	'Mac-Mahon................. 17 »	Naissance.
	'Jeune garçon à l'Institution de Claremont............ 15 »	Naissance.
	Garçon élevé à Belfast........ 14 »	Naissance.
Belfast.....	Jeune homme présenté par le docteur Tomson............ 30 »	Naissance.

			Sourds-muets de naissance ou de maladie
Edimbourg.	Drysdale, chef d'institut....... 35	»	Maladie.
	*Kelly Tomson............... 20	»	Naissance.
	*Jeune garçon.............. 17	»	Naissance.
Paris.......	**Burton (Georgina)........... 11	»	Maladie.
Paris.......	*Jeune homme en séance publique....................	24 ans.	Naissance.
	Puteau (Eulalie)............. 22	»	Naissance.
	Philippe.................... 4	»	Maladie.
Rouen......	*Hue........................ 26	»	Maladie.
	*Mlle Quesnelle............... 22	»	Maladie.
	Garçon de l'institution Roquet 13	»	Maladie.
	Jeune fille à l'institution de l'abbé Lefèvre............. 15	»	Naissance.
Paris.......	Mlle Bosselet (Eugénie)....... 13	»	Naissance.
	*Léon-Benjamin Chéri........ 34	»	Maladie.
	Lefebvre (Joseph)............ 30	»	Naissance.
	Poussard (Etienne)........... 30	»	Naissance.
	Jeune homme de l'institution de Bordeaux............... 22	»	Naissance.
Pontoise....	Samson..................... 22	»	Naissance.
Bruxelles...	*Legrand, Jean-Baptiste...... 25	»	Naissance.
	Vassali..................... 8	»	Naissance.
St-Germain.	Tranquille.................. 28	»	Naissance.
Paris.......	Dumont..................... 28	»	Naissance.
	**Sénégas.................... 25	»	Naissance.
	*Levert..................... 25	»	Maladie.
	Vaillant.................... 18	»	Naissance.
Bagnères...	*Jeune fille................. 12	»	Naissance.
Toulouse...	*Cantegrel, professeur........ 25	»	Naissance.
	Brusson, ouvrier à l'arsenal... 30	»	Maladie.
	Baurey..................... 20	»	Naissance.
	*Thalamas.................. 25	»	Naissance.
	*Vargues................... 18	»	Naissance.
	*Girard.................... 30	»	Naissance.
	*Chatelain.................. 20	»	Maladie.
	Hébrard.................... 20	«	Naissance.
	Jeune garçon............... 12	»	Naissance.
Paris.......	Homme, rue St-Martin.......	40 ans.	Naissance.
Poitiers	*Meynard................... 32	»	Naissance.
	**Mme Berthelot.............. 28	»	Naissance.

			Sourds-muets de naissance ou de maladie
Poitiers....	Picard...................... 35	»	Naissance.
	Jeune fille de l'huissier de la préfecture 22	»	Naissance.

Sourds-muets n'ayant pu entendre par le magnétisme

Angers.....	De Nerbonne.................	3 ans.		Maladie.
Rennes.....	De Vignan...................	20	»	Maladie.
Caen.......	Homme de campagne.........	25	»	Maladie.
	Jardinier de M. Courty.......	50	»	Naissance.
	Jeune fille...................	7	»	Maladie.
	Mlle Rouvillois................	28	»	Naissance.
Dublin.....	Enfant......................	8	»	Naissance.
Rouen	De Bouteville................	2	»	Naissance.
Caen.......	Jeune fille...................	8	»	Maladie.
Paris	Jeune fille, rue Bourbon-Villeneuve	28	»	Maladie.
Bruxelles..	Garçon (hôpital St-Pierre)....	18	»	Naissance.
Paris	Enfant......................	4	»	Maladie.
	Tréfort.....................	20	»	Maladie.
Auch......	Jeune garçon................	18	»	Naissance.
Poitiers....	Homme	30	»	Naissance.
	Ouvrier	30	»	Maladie.
	Jeune garçon.....	18	»	Maladie.

34 sourds et muets.

Nous ne pouvons terminer ce chapitre sans parler, dans cette cinquième édition, de quelques cas de maladies aiguës dans lesquelles le magnétisme a eu un plein succès. Généralement on n'emploie pas le magnétisme dans des cas semblables, quoique cependant il y réussisse admirablement.

Petite vérole

Après plusieurs malaises sans gravité, Mlle B..., habitant Genève, fut prise tout à coup, le 25 décembre 1858, d'une fièvre très violente et de maux de tête aigus. Bientôt se déclara une éruption qui augmenta dans la journée, ainsi que la fièvre ; mais dès le soir du 26, je fis cesser entièrement la fièvre et les maux de tête. Le 27 et le 28, l'éruption fut dans toute sa force et présenta tous les symptômes de la variole. La malade fut couverte de boutons par tout le corps ; il y en eut même dans la bouche et jusque dans la gorge.

Cependant, pour augmenter l'éruption et la faire arriver à son paroxysme, je posai une main sur l'estomac et l'autre sous les épaules, et je produisis par ce moyen de très fortes transpirations, qui durèrent plusieurs heures et qui activèrent aussi la maturité des boutons après leur apparition.

Dès le 31, les boutons commencèrent à sécher, le 5 janvier ils étaient secs, et beaucoup avaient déjà disparu. Le 7, il n'en restait plus.

Ce qu'il y eut de remarquable, c'est que la malade n'a eu ni la fièvre ni les maux de tête qui arrivent toujours pendant tout le cours de la maladie ; elle a eu, au contraire, un grand appétit, et les digestions se sont toujours très bien faites ; elle a dormi toutes les nuits ; elle n'a eu ni démangeaisons ni angoisses ; elle ne s'est point sentie faible et énervée, comme le sont toutes les personnes atteintes de la petite vérole. Nous avons dû attribuer ces heureux effets à l'absence de la fièvre et des maux de tête, et à ce que la malade a toujours pu manger.

Cette petite vérole, traitée par trois magnétisations chaque jour et par l'eau magnétisée pour boisson, a été bien plus courte et n'a point fait éprouver les fatigues et les faiblesses, suites ordinaires de cette maladie.

Fluxion de poitrine

Mlle G... (de Genève), ayant ses menstrues, se mit à la fenêtre, par une nuit très froide, à l'occasion d'un incendie. Comme toujours, dans des cas pareils, où l'inquiétude produit une surexcitation nerveuse très grande, Mlle G... ne sentit pas le froid qui l'avait saisie ; il y eut une suppression, et ce ne fut que le matin qu'elle éprouva les premiers malaises. Des points de côté se firent sentir dans la poitrine et dans les épaules ; un violent mal de tête, une difficulté à respirer, un peu d'étouffement même, la face rouge et enflammée ; à droite, un point de côté faisant beaucoup souffrir, et à gauche le cœur douloureusement agité ; quelques crachements et même quelques vomissements de sang se présentèrent.

Le lendemain 22 janvier 1855, les accidents furent encore plus graves, et la malade pouvait à peine les supporter. La fièvre augmenta d'intensité.

Je magnétisai alors, et je provoquai, par l'imposition d'une main sur l'estomac et de l'autre sous le dos, des transpirations tellement abondantes que le premier matelas en était tout mouillé ; puis, par des insufflations chaudes, je soulageai d'abord les points de côté, et je calmai l'agitation du cœur. Les grandes passes firent tomber la fièvre.

En agissant de la même manière les 23 et 24, j'obtins un mieux sensible. Les points douloureux disparurent entièrement ; la toux n'exista plus ; les crachats et les vomissement de sang ne se présentèrent plus depuis la première magnétisation. Le 25, je permis de manger ; mais la fièvre reparut à la suite d'une visite qui causa à la malade un peu d'excitation. Je provoquai encore une forte transpiration, et la fièvre disparut de nouveau. Les 26, 27 et 28, la malade fut bien. Le 29, il y eut un peu d'excitation ; mais, dès le 3 février, la malade fut très bien. Elle se leva, deux jours après elle sortit en voiture, et bientôt elle reprit ses occupations.

Je n'avais employé que le magnétisme sans sommeil ; j'avais fait de grandes passes, des insufflations, un peu de massage, l'imposition des mains sur l'estomac et le dos, et pour boisson l'eau magnétisée.

Laryngite

Le 19 novembre 1856, dans la nuit, Mlle *** fut atteinte par une laryngite qui ne lui permettait plus de respirer, et qui lui avait enlevé toute la voix. Le 20, au matin, je la magnétisai et je provoquai une transpiration moyenne, qui fit diminuer les étouffements et un peu les douleurs du larynx. Le 21 et les jours suivants, j'obtins une transpiration abondante, mais la difficulté dans la voix persista encore ; cependant il y eut une amélioration positive. Deux ou trois jours après, le 24, la malade était tout à fait bien et, dès le 1er décembre, elle reprit ses occupations et ses sorties.

Tumeur et plaie dans les intestins et dans la matrice, à la suite d'un viol consommé à l'âge de dix ans

Une jeune fille de la Suisse allemande fut doublement violée à l'âge de dix ans par un homme. Depuis lors, elle éprouva des douleurs violentes dans la matrice et dans les intestins et il se déclara un désordre permanent dans la santé.

Six ans après le crime, il se forma dans le rectum, près de l'anus, un abcès qui la fit beaucoup souffrir et qui perça sans aucun traitement. Cinq ans plus tard, un second abcès perça encore dans les mêmes conditions, la jeune fille n'ayant jamais osé parler à personne de ce malheur.

Elle fut soignée pendant plusieurs années par un médecin pour des maux d'estomac et des crises nerveuses qui s'étaient déclarés.

Après treize ans de cruelles souffrances, on eut recours au magnétisme.

Dans l'une des magnétisations, pour faire cesser les maux d'estomac et les crises nerveuses, la malade s'endormit, et, dans son somnambulisme, elle me déclara le crime commis sur elle.

Il y avait dans ce moment un nouvel abcès dans le rectum, une plaie large, longue et profonde dans la matrice ; les lèvres étaient gonflées, ulcérées et elles suppuraient. Il y eut impossibilité pour le docteur de visiter, tant l'inflammation était grande. Je fis mettre des compresses d'eau magnétisée, en attendant qu'on pût faire des injections. Le docteur Fauconner ordonna quelques bains de siège, et fit boire une tisane de graine de lin magnétisée.

Les magnétisations avaient bien de la peine à calmer les douleurs : cependant, en faisant cesser certaines manœuvres qui aggravaient l'inflammation et dont on m'avait fait l'aveu, nous parvînmes à faire disparaître la grande inflammation extérieure.

La plaie de la matrice se cicatrisa sous l'action des injections d'eau magnétisée ; il en fut de même des abcès dans le rectum. Quant à la tumeur dans la matrice, elle commença à s'amollir, et elle finit par percer et se vider. La sécrétion qui s'était formée entre les lèvres, et dont l'humeur restait adhérente, fut dissipée par une pommade ordonnée par le docteur, et par les compresses d'eau magnétisée que je faisais maintenir continuellement.

Les magnétisations directes sur l'estomac avaient fait disparaître les douleurs, et elles avaient ranimé cet organe qui fonctionnait bien depuis lors. Les crises nerveuses avaient cessé sous l'influence des magnétisations générales. Enfin, après un traitement magnétique bien dirigé, tous les accidents avaient disparu ; toutes les plaies et les tumeurs étaient cicatrisées, et la malade retournait chez elle, entièrement guérie, après trois mois de soins assidus. Depuis cette époque, nous avons eu plusieurs fois des nouvelles de la malade, qui n'a jamais ressenti aucun malaise, et dont la guérison s'est entièrement consolidée.

Nous avons employé dans ce traitement les grandes passes, les insufflations sur l'estomac, les frictions sur toute la colonne, les impositions des mains sur l'estomac et dans le dos, l'eau magnétisée en boisson, en compresses, en injections et en lavements.

Fracture du poignet — Paralysie des nerfs du bras

M. Sivori, le célèbre violoniste, s'était brisé le poignet gauche, le 22 mai 1853, en tombant d'une voiture, dans une course aux environs de Genève. La nature de l'accident faisait craindre que les arts eussent perdu un de leurs plus dignes interprètes.

Grâce à l'habileté des premiers chirurgiens de Genève, la

fracture fut réduite avec une dextérité extrême. Pendant un mois on prit les précautions les plus minutieuses, et enfin, le 25 juin, tout appareil disparut.

Le bras était parfaitement remis ; mais il était douloureux et tellement raide, que le jeu du poignet avait entièrement cessé pour faire place à une immobilité complète. Sivori remuait un peu les doigts, mais il ne pouvait fermer la main qu'à demi.

La Faculté laissait espérer au grand artiste la possibilité de se faire entendre à la fin de l'année, et elle conseillait, comme les seuls remèdes efficaces, le temps et les eaux d'Aix.

Le 17 juin, M. Paulin, professeur au Conservatoire de musique, vint me chercher et me conduisit près de Sivori. Il s'agissait de faire disparaître par le magnétisme la douleur et la raideur qui existaient, et de rendre l'élasticité et la flexibilité aux muscles et aux nerfs.

Pour obtenir un pareil résultat, le sommeil n'était pas nécessaire ; il suffisait de donner au système nerveux un certain ébranlement général, puis de localiser l'action sur le bras malade.

En conséquence, je pris les pouces pendant vingt minutes, et au bout de ce temps, ayant reconnu à la dilatation de la pupille que j'avais produit un certain effet, je fis de grandes passes sur tout le corps pendant trente autres minutes ; je dégageai ensuite le malade, qui n'éprouva rien d'apparent.

Le lendemain, je recommençai de la même manière, et de plus, je localisai l'action sur le bras et sur la main par des passes seulement. Après quelques jours de ce traitement, Sivori pouvait déjà fermer entièrement la main et remuer un peu le poignet. Je continuai jusqu'au 28 ; ce jour-là j'ajoutai aux passes un certain massage magnétique, qui eut pour premier effet de ramener la raideur le 29 et le 30, mais qui lui donna, dès le 1ᵉʳ juillet, une souplesse et une élasticité telles que Sivori put prendre son violon et en tirer quelques sons.

Le 6 juillet, l'amélioration était si manifeste qu'il joua un concerto : c'est alors qu'il eût fallu voir la figure de l'artiste s'épanouir, et le feu sacré briller de nouveau dans ses yeux.

Je continuai ainsi à localiser l'action par des passes sur l'avant-bras et la main ; puis, tous les cinq ou six jours, je les massai fortement. Le poignet, la main et les doigts étaient plus raides, se pliaient avec plus de difficulté le lendemain du massage ; mais le surlendemain, après les avoir magnétisés par des passes seulement, les nerfs avaient une souplesse et une flexibilité plus grandes, la douleur était moindre, et Sivori pouvait faire quelques notes de plus.

Enfin, le 1⁺ᵣ août, le poignet avait retrouvé toute sa souplesse, toute son agilité, toute sa vigueur, et le 3 août, c'est-à-dire deux mois et six jours après l'accident, Sivori donnait chez lui une soirée musicale, dans laquelle il se faisait entendre.

Le *Journal de Genève* du 9 août terminait ainsi un article sur cette soirée :

« Lorsque M. Sivori parut, tenant son violon, tous les cœurs battaient vivement, et sur chaque visage on lisait une émotion facile à comprendre. A peine quelques minutes s'étaient-elles écoulées que toute crainte disparut pour faire place à la joie la plus vive, à l'étonnement le plus profond. Jamais peut-être cet archet magique n'avait versé tant d'harmonie, et rendu les cris du cœur avec une vérité tour à tour si touchante et si vigoureuse. Les tours de force dont il éblouissait autrefois ses auditeurs, nous les avons entendus de nouveau. Réjouissons-nous donc, car, grâce à une espèce de miracle, Sivori restera le premier violoniste que nous ayons entendu ; mais non, il n'y a point de miracle : c'est le magnétisme qui a produit cet heureux résultat.

« M. Lafontaine, avec cette puissance magnétique qu'on ne saurait lui nier, est parvenu en un mois à rendre à ces nerfs, frappés d'immobilité, la souplesse et la force que le temps et les douches semblaient seuls devoir rendre à la fin de l'année. »

Dans le courant d'août, Sivori se rendit à Aix pour y donner des concerts, et comme les douches lui avaient été ordonnées par les chirurgiens, il consulta le médecin des bains sur l'opportunité de ce remède. La réponse de celui-ci fut que : s'il voulait donner des concerts, il devait s'abstenir des douches, attendu qu'elles lui raidiraient le poignet pour un mois ou deux.

Sivori se le tint pour dit, donna un concert et repartit pour Genève, où il était de retour le 20 août. Nous l'avons tous entendu aux concerts qu'il donna, pendant le mois de septembre, au Casino et au théâtre, concerts dans lesquels il obtint les plus brillants succès.

Paraplégie ancienne ayant pour cause une affection de la moelle épinière, compliquée de crises d'hystérie régulières et sous toutes les formes.

Ce fut dans les premiers jours de mon arrivée à Genève, en juillet 1851, que je vis Mlle de L... pour la première fois.

Mme de L... me donna d'abord quelques renseignements que voici, sur la maladie de son enfant.

« La maladie de ma fille, peu connue par les nombreux médecins consultés, est très ancienne, et les causes remontent peut-être jusqu'au berceau. Dès l'âge de six ans, elle eut des convulsions au couvent, mais elles disparurent.

« Ce fut à l'âge de dix ans, c'est-à-dire en 1844, que la maladie se manifesta complètement, et amena avec elle les mille bizarreries que l'on remarque quelquefois dans les maladies nerveuses : *danse de Saint-Guy*, *crises nerveuses*, *frayeurs sans motifs*, puis une sorte de paralysie dans les hanches et dans les jambes, qui paraissait provenir de l'épine dorsale un peu déviée, et douloureuse dans certaine partie.

« Cette paralysie, qui d'abord ne se montrait que passagère et presque toujours à la suite de fatigue d'estomac ou de digestion troublée, est devenue continue il y a six ans, en 1845, pendant que ma fille prenait des bains froids qui lui firent beaucoup de mal.

« Les crises devinrent dès lors journalières et réglées comme un chronomètre ; commençant chaque jour à quatre heures de l'après-midi et finissant à sept heures du soir.

« Depuis, tout fut inutile pour la tirer de cet état ; ou plutôt, tous les moyens employés ne firent que l'empirer.

« Ce n'est donc qu'après avoir épuisé toutes les ressources de la science médicale que je me décidai, au mois de novembre 1850, à la conduire à Genève, et à la remettre entre les mains d'une somnambule dont on vantait la lucidité.

« Les remèdes ordonnés par cette somnambule ne produisirent rien, mais le magnétisme direct employé sur ma fille provoqua une légère amélioration qui fut interrompue par notre départ forcé.

« De retour chez nous, ma fille retomba au même point où elle était avant le voyage à Genève.

« J'ai connu votre séjour ici, Monsieur, et j'y suis revenue avec espoir pour vous confier ma fille. »

Je me rendis alors près de Mlle L..., et voici dans quel état je la trouvai.

Paraplégie entière, impossibilité, non seulement de marcher, mais même de se tenir sur les jambes ; lorsque, placée debout, on essayait de l'abandonner, elle s'affaissait complètement sur elle-même.

La malade éprouvait une douleur vive dans toute l'épine dorsale, mais surtout au nœud de la taille ; à la vertèbre, il existait une douleur tellement aiguë que l'on reconnaissait facilement que là était le siège du mal.

Plusieurs médecins avaient supposé qu'il y avait ramollissement de la moelle épinière ; d'autres que ce n'était qu'une violente inflammation ; mais tous étaient d'accord pour reconnaître une affection de la moelle épinière.

Il y avait tous les jours, à quatre heures après midi, une crise nerveuse accompagnée de sanglots, de suffocation, de délire, de mouvements convulsifs, de spasmes ; cette crise durait jusqu'à sept heures, c'est-à-dire trois mortelles heures ; elle était d'une régularité désespérante.

Les menstrues avaient paru, elles n'avaient point fait déclarer d'amélioration ; du reste elles avaient toujours été pâles et peu abondantes.

La poitrine paraissait faible, la constitution lymphatique

nerveuse, et la malade était d'une sensibilité nerveuse et d'une impressionnabilité extrêmes.

Mlle L... avait alors dix-sept ans et demi. Durant ma première visite, une crise se déclara. Je la laissai se développer afin de l'étudier. La malade eut des spasmes, des suffocations pénibles, puis la face, d'abord rouge, devint livide, des larmes s'échappèrent, des mouvements convulsifs accompagnés de borborygmes se manifestèrent tantôt dans l'estomac, tantôt dans l'abdomen; l'épuisement devint extrême et les membres froids.

Lorsque la crise eut cessé d'elle-même, je me retirai, annonçant que je viendrais le lendemain magnétiser quelques instants avant la crise.

Sur les trois heures, le 1er août 1851, je donnai une première séance ; et comme déjà Mlle de L... avait été magnétisée et endormie, je cherchai à provoquer le sommeil.

Après une demi-heure de travail, j'avais obtenu le somnambulisme sans lucidité.

Comme d'habitude, à quatre heures, la crise se présenta, j'en devins très facilement maître : je pus la diriger et la faire cesser promptement.

Après une heure et demie de magnétisation, Mlle Eugénie était calme et sans malaise ; je la réveillai, et elle passa la soirée sans grande souffrance.

La nuit fut ce qu'elle était ordinairement, très agitée.

Le 2, je magnétisai de la même manière ; la crise se présenta pendant la séance, elle fut moins forte, j'en fus plus tôt maître.

Le 3 et le 4, les mêmes effets se présentèrent, mais le sommeil devint plus profon .

Le 5 et le 6, les crises perdirent de leur force et de leur intensité.

Le 7, la crise ne parut pas ; les 8, 9, 10, 11, 12, 13, point de crises, mais la faiblesse fut aussi grande, les petits malaises de chaque instant ne disparurent point.

Le 14, ayant été retenu près d'un autre malade, et n'ayant pu arriver à l'heure habituelle, je trouvai la malade dans une crise des plus violentes par suite du retard apporté à la magnétisation.

Je fis cesser les mouvements nerveux par l'imposition des mains, puis, au moyen de grandes passes à distance, j'obtins promptement du calme.

Le somnambulisme, qui, depuis quelques jours, s'était déclaré plus ouvertement, permit à la jeune personne de nous annoncer, par *intuition* ou *instinct*, qu'elle aurait une dernière crise le 20, à six heures du soir.

Mais elle n'avait pu prévoir une autre crise qui arriva le 16, causée par une fausse indigestion.

Cette crise fut très longue et très douloureuse.

C'était le soir, il s'agissait non seulement de calmer, mais il fallait encore hâter la digestion, et, pour cet effet, stimuler l'estomac, lui donner du ton, et le forcer à fonctionner afin de le dégager.

C'est ce que j'obtins, en agissant d'abord sur la poitrine et les bronches, pour faciliter la respiration qui était très difficile ; puis je continuai mon action sur l'estomac, en descendant vers le côté droit.

Après avoir agi pendant quinze minutes, tout était calmé, et la malade se trouvait si bien qu'elle prétendit pouvoir manger.

Les 17, 18, 19, tout se passa sans crises.

Le 20, quoique la malade eût été magnétisée à trois heures, et qu'elle n'éprouvât rien qui nous annonçât une crise pour le même jour, je me tins prêt.

En effet, à six heures précises, elle fut prise d'un malaise accompagné de suffocation, puis de mouvements convulsifs, non seulement dans les membres, mais aussi dans tout le corps ; elle éprouva des soubresauts violents, un tremblement général, elle se souleva de telle façon qu'il n'y eut plus que les pieds et la tête qui touchèrent le lit, et le corps formant le cerceau resta dans cette position, soutenu par la raideur tétanique.

Le cou, la poitrine, les jambes, se couvrirent de taches rouges, larges comme une pièce de cinquante centimes l'eau ruisselait sur tout le corps. Cette transpiration extraordinaire portait avec elle une odeur âcre, fauve.

Mme de L... était d'autant plus étonnée que sa mémoire ne lui rappelait pas que sa fille eût jamais eu, soit de la transpiration, soit de la moiteur.

J'avais souvent observé, dans des maladies semblables, que l'on faisait mal d'arrêter dès son début une crise de cette sorte, et qu'il était plus rationnel de la laisser se développer en cherchant à la diriger. C'est ce que je fis en soutenant la malade par quelques passes.

Après cinquante-deux minutes, m'apercevant que les forces allaient manquer, je magnétisai, et aussitôt le calme reparut.

Je produisis ensuite le sommeil, et par des passes je ramenai les forces dans le corps épuisé par cette lutte terrible. Bientôt après le somnambulisme se manifesta, et, le sourire sur les lèvres, la pauvre enfant déclara qu'elle était contente, et que j'avais raison d'être satisfait, que les résultats de cette crise seraient excellents ; que la transpiration avait dégagé le corps des miasmes morbides.

Il n'en fallait pas moins, en vérité, pour que la mère fût un peu tranquillisée, et qu'elle me pardonnât mon inaction pendant l'état horrible par lequel avait passé sa fille.

Je prolongeai le sommeil jusqu'à neuf heures ; lorsque notre malade fut réveillée, elle se trouva bien, quoiqu'un peu fatiguée ; je la laissai, elle passa une bonne nuit.

Le lendemain 21 elle fut calme, et il n'y eut que très peu de malaise.

Jusque-là je m'étais occupé à calmer le système nerveux et à faire disparaître ces crises périodiques qui duraient depuis six ans. J'y parvins en vingt jours : c'était encourageant, si l'on veut bien réfléchir que rien de tout ce qu'on avait employé n'avait produit le plus petit changement.

Il n'y eut plus de crises, nous continuâmes les magnétisations, le mieux se soutint d'une manière sensible, et les forces revinrent peu à peu.

Le 9 septembre la crise annoncée eut lieu à l'heure indiquée, six heures ; elle fut plus violente que la première ; les soubresauts, les mouvements convulsifs, l'espèce de tétanos hystérique, furent très intenses. La transpiration fut très abondante, et elle eut la même odeur ; le corps fut également couvert de taches rouges, surtout la poitrine, les bras et les jambes.

Les forces manquèrent, j'arrêtai aussitôt la crise par les mêmes procédés que j'avais employés à la première ; elle dura quarante-cinq minutes, quarante-cinq minutes terribles, et pendant lesquelles la malheureuse enfant souffrit tout ce qu'on peut souffrir.

Pendant le sommeil réparateur que je provoquai, elle nous annonça que les crises seraient entièrement terminées, qu'elles ne reparaîtraient plus.

En effet, celles-ci ne devaient plus reparaître ; mais nous en verrons d'un autre genre, car nous sommes en présence d'une maladie qui, pareille à un vrai Protée, revêt toutes les formes.

Elle nous annonça aussi que, le 16 ou le 17 du mois, elle pourrait marcher éveillée.

Depuis le 20 août, où je fus maitre des crises, je m'occupai de la maladie de la moelle épinière en magnétisant spécialement la colonne vertébrale dont elle souffrait, et qui était entièrement déviée. J'obtins, par ce moyen, de lui rendre quelque force, et le 13 septembre, pendant son somnambulisme, elle put faire quelques pas en étant soutenue.

Le 14, les menstrues apparurent pendant la magnétisation.

Le 15, elles s'arrêtèrent à la suite d'un refroidissement qui provoqua un malaise.

Je magnétisai le soir jusqu'à minuit pour faire revenir le flux de sang, qui se représenta, en effet, dans la nuit.

Le 16 et le 17, la malade fut très faible.

Le 18, les règles cessèrent.

Le 19, je repris les magnétisations sur la colonne vertébrale ; j'avais été obligé de les interrompre pendant l'époque.

Dès le 20, Mlle Eugénie se sentit plus forte et, pendant son somnambulisme, elle fit quelques pas.

Le 26, et non le 16 comme elle nous l'avait annoncé, elle marcha éveillée. Pendant la séance, elle fut prise tout à coup d'un violent tremblement nerveux : tout le corps était en mouvement, comme dans un accès de danse de Saint-Guy.

Aussitôt que je fus parvenu à le faire cesser, elle me dit : *Je pourrai marcher éveillée.*

Lorsqu'elle fut dans l'état normal, je lui proposai de marcher. Elle crut que je plaisantais ; mais, comme j'insistais et que je me mis en mesure de lui venir en aide, en la prenant sous le bras pour la soulever, elle se laissa faire.

Rien ne pourrait peindre l'étonnement qu'elle éprouva lorsqu'elle se vit debout, se soutenant seule ; elle n'osait remuer le pied. Enfin, après bien des prières et des encouragements, elle osa en avancer un, puis un second, et nous gagnâmes ainsi la fenêtre. Non, je le répète, rien n'aurait pu rendre les sentiments qui se peignirent sur ce visage si mobile : l'étonnement, la joie, le bonheur, l'inquiétude, la crainte ; tous ces sentiments se présentaient, se confondaient, disparaissaient. Elle ne pouvait en croire ses yeux. *Est-ce bien moi*, disait-elle, *est-ce bien moi qui marche ! Mais non, je ne puis le croire : c'est vous qui me portez, c'est vous qui faites aller mes jambes ! Mais non, c'est bien moi ; ah ! c'est moi, c'est moi !...* Il me fallut la faire asseoir aussitôt, car elle fut sur le point de s'évanouir.

J'avoue franchement que ce fut un des plus doux moments de ma vie ; j'étais bien récompensé de toutes les fatigues, de tous les tourments que j'avais éprouvés.

Les 27, 28, 29, 30 septembre, elle éprouva une grande faiblesse que je ne savais à quoi attribuer, et, dès le 1er octobre, il y eut des pertes blanches qui continuèrent jusqu'au 6, et ce jour-là les règles parurent ; mais elles cessèrent dès le 7.

Le 8, la faiblesse disparut comme par enchantement, et pendant son sommeil elle marcha très bien.

Les 9, 10, 11, elle marcha éveillée.

Le 12, elle sortit en voiture.

Le 13, elle alla se promener en voiture, et, sur la route

suisse, elle marcha, éveillée, la distance de soixante-six et ensuite de quatre-vingts pas en deux fois.

Pendant cet exercice, afin d'éviter une secousse à l'épine dorsale si les jambes venaient à fléchir, je soutenais la malade par-dessous les bras.

Le 14 et le 15, nous sortîmes, et elle fit quatre à cinq cents pas.

Les 16, 17, 18, il fit un temps affreux qui la fatigua beaucoup. Elle fut très faible et très abattue, quoique très nerveuse.

Je me décidai, le 19, à la soumettre à l'influence de la musique pendant son somnambulisme, afin de donner une violente secousse au système nerveux.

D'abord, quelques accords de piano l'ébranlèrent, l'oppressèrent ; des larmes coulèrent ; des sanglots l'étouffèrent; puis, la musique continuant sur un thème lent et religieux et devenant plus mélodieuse, les yeux de la malade s'ouvrirent, ses mains se joignirent tout à coup, puis le corps se pencha en avant, et elle se laissa glisser du fauteuil sur les genoux en ayant l'air de prier, les yeux tournés vers le ciel.

Cette jeune fille, qui ne pouvait se lever seule et qu'il fallait soutenir pour qu'elle se tînt sur les pieds, fut debout d'un seul bond sur l'extrémité des orteils, la tête penchée en arrière, les bras tendus vers le ciel et les yeux fixés en haut. Elle resta ainsi quelques minutes dans un état d'extase contemplative ; puis elle tomba sur les genoux, la face vers la terre, en s'humiliant. Tout à coup, elle se releva, et de nouveau son visage exprima le ravissement. Je fis cesser la musique ; aussitôt son corps s'affaissa, et elle tomba évanouie dans mes bras. Je la posai sur un lit de repos ; je la fis revenir à elle par une insufflation sur le cerveau.

La musique provoqua une transpiration semblable à celle que la malade avait eue pendant les deux grandes crises, et dont les résultats avaient été excellents.

Au réveil, elle fut calme et forte.

Les premières crises avaient disparu ; mais le mal se montra sous une autre forme moins redoutable, il est vrai: c'étaient de petites crises de catalepsie qui apparaissaient de loin en loin, mais qui n'empêchaient pas les forces de revenir.

Le 1ᵉʳ novembre, la malade alla à pied de sa demeure, maison Brolliet, sur le quai, jusqu'à l'île Rousseau, d'où elle revint après s'être reposée un instant.

En trois mois le magnétisme avait fait cesser les crises périodiques d'hystérie, qui duraient trois heures ; il avait détruit la paralysie entière des jambes qui existait depuis six ans. Il avait calmé le système nerveux, donné des forces à tout le corps ; enfin il avait changé l'existence de cette enfant, en ravivant en elle les sources de la vie.

Mais la guérison n'était point entière, et il nous fallait encore passer par bien des phases de la maladie, combattre bien des souffrances, avant de pouvoir dire : *la malade est guérie.*

Le mieux continua jusqu'au 15 ; mais, dès ce jour, une fièvre nerveuse s'empara de la malade, et le 17, nous eûmes un accès violent qui laissa beaucoup de faiblesse.

La musique nous fut d'un grand secours pour la combattre avec succès. Nous la fîmes cesser le jour ; mais le 1ᵉʳ décembre, cette fièvre reparut la nuit.

Ne pouvant parvenir à m'en rendre maître par les magnétisations, j'employai la musique et les bains, et, à partir du 15 décembre, la malade eut de la musique un jour, et un bain de deux heures et demie le lendemain.

Le 23, les jambes étaient bonnes, mais il y avait une forte sensation douloureuse au bas de la colonne vertébrale. La fièvre existait toujours la nuit ; tout le mois de janvier 1852, je fus obligé de magnétiser toutes les nuits à l'heure où l'accès se présentait, et ce ne fut que vers le 23 janvier que la fièvre disparut entièrement.

Depuis ce moment, les forces revenaient. Les douleurs étaient passées, lorsque le 9 février, on commit une imprudence qui fit bien du mal. Mᵐᵉ L..., pour éviter la fumée, laissa sa fenêtre ouverte de onze heures du soir à une heure du matin.

Le froid provoqua chez la jeune fille un rhume des plus violents, qui affecta vivement la poitrine et lui enleva toutes ses forces ; enfin, dans les premiers jours de mars, elle put faire quelques promenades qui ranimèrent tout le système nerveux : mais l'appétit n'allait pas, même il y avait dégoût. Le docteur Fauconnet, connaissant la malade avant le traitement magnétique, fut appelé ; il donna quelques pilules qui produisirent un bon effet.

Le mois d'avril fut bon, et au mois de mai les forces étaient tout à fait revenues. La malade faisait des promenades de plusieurs heures, bien qu'il y eût encore quelques petits malaises.

Le 12 juin, je suspendis le traitement pour cause d'indisposition de ma part. Cette suspension et le départ d'une cousine, que la malade aimait beaucoup, firent déclarer des crises qui devinrent horribles par les douleurs, les contractions, les soubresauts, et enfin le délire qui s'y joignit.

Le 15 juin, un de mes élèves eut l'obligeance d'essayer de soulager la malheureuse enfant ; d'après les indications que je lui donnais, il parvenait à faire cesser momentanément les convulsions, mais elles reparaissaient aussitôt qu'il cessait de magnétiser. Il ne produisait rien sur le délire.

Comprenant que cet état dangereux pouvait encore s'aggraver, je me décidai à me transporter chez la malade, malgré les souffrances affreuses et continues que m'occasionnaient des crampes d'estomac.

En quelques instants je fus maître des convulsions, et, vingt minutes après mon arrivée, le délire avait cessé ; j'avais employé les mêmes moyens que j'avais indiqués.

Le 17, une crise semblable se présenta ; je fus assez heureux pour la faire cesser aussitôt.

Vers le 22 juin, je repris le traitement ; je fis disparaitre tous les symptômes alarmants, sans cependant pouvoir faire cesser ces contractions d'une violence extrême qui avaient lieu dans l'estomac et l'abdomen.

Le 18 juillet, je me décidai à magnétiser la malade pendant vingt-quatre heures consécutives, et à ne pas laisser une douleur ; mais, après vingt heures, je fus forcé de cesser : les crampes d'estomac me reprirent.

Le 31 juillet, je magnétisai vingt-quatre heures consécutives, et jusqu'au 7 août, je magnétisai de huit heures du soir à quatre heures du matin. Je parvins enfin de cette manière à être maître des crises, qui ne reparurent plus.

Les forces, qui avaient diminué sensiblement, revinrent en peu de jours et s'augmentèrent graduellement; les douleurs de l'épine dorsale ne se firent plus sentir.

Tous les symptômes de la maladie disparurent. La malade put faire de nouveau des promenades sans qu'il y eût souffrance aucune.

Le 6 septembre 1852, elle fut assez bien pour pouvoir partir pour la France.

Le voyage la fatigua bien un peu; mais après quelques jours de repos, je pus abandonner Mlle de L..., la considérant comme guérie.

Vers le 25 octobre, des accidents reparurent; je n'hésitai pas, je partis, et le 2 novembre je trouvai la pauvre jeune fille dans un état inquiétant.

Prostration de forces, évanouissements fréquents et longs, contractions dans l'abdomen et l'estomac, qui gagnaient la poitrine; palpitations violentes, soubresauts et temps d'arrêt subits du cœur.

Après plusieurs jours de magnétisation, tout avait disparu; les forces étaient revenues entièrement.

Le 14 novembre, on dut lui annoncer la mort d'un frère aîné. Cette nouvelle l'atterra; cependant elle eut assez de fermeté pour ne point laisser paraître tout ce qu'elle ressentait.

En apprenant la mort de son fils, Mme de L... avait été indisposée pendant quelques jours, et ce ne fut que le 17 qu'elle revit sa fille. Les deux malheureuses femmes s'abandonnèrent à leur douleur. La nuit fut affreuse. Toute la fermeté et la force factice de la jeune fille disparurent; elle perdit connaissance au moins dix fois le 18, et chaque évanouissement la laissait plus faible.

Le 19 et le 20 furent aussi mauvais.

Le 21, il y eut une lueur d'amélioration; les évanouissements devinrent moins fréquents. Fatigué par six nuits passées sans fermer l'œil, je me retirai à neuf heures, laissant la malade entre les mains d'un de ses parents auquel j'avais donné des instructions magnétiques.

Dès dix heures, il y eut plusieurs évanouissements, et, sur les onze heures, il y en eut un dont M. P... ne put la faire sortir. Il m'envoya chercher. Lorsque j'arrivai, le cœur ne battait plus, le pouls ne se faisait plus sentir, la respiration avait disparu.

Je me mis à agir fortement par des insufflations ; je fus trente minutes avant d'obtenir un signe de vie, et, lorsqu'il parut, il était presque imperceptible ; cela me rendit cependant courage. Je continuai, et bientôt après la malade reprit connaissance ; mais elle était si faible qu'elle ne pouvait plus parler ni même remuer un doigt. La chaleur du corps avait sensiblement diminué.

Ce ne fut qu'après un travail incessant d'une heure et demie que je parvins à tirer d'elle une parole. Jusqu'au 29, elle était dans un tel état de faiblesse que le médecin, lorsqu'il la quittait, n'osait espérer de la retrouver vivante.

Jusqu'au 30, je ne cessai de la magnétiser nuit et jour, sans la quitter d'un seul instant. Le 1er décembre, elle eut deux crises violentes, qui se terminèrent par l'extase.

Le 16, elle eut une crise de délire, avec tous les symptômes d'une fièvre cérébrale ; je parvins encore à détourner et à faire disparaître ce nouvel accident.

Enfin le mieux se déclara, et alla toujours en augmentant.

Le 1er janvier 1853, la malade fut très bien, et depuis ce moment tout marcha de mieux en mieux. Les forces revinrent ; elle put se promener tout le mois de janvier. Le mois de février se passa de même, son état de santé continuant à s'améliorer.

Enfin, le 11 mars 1853, après un traitement de dix-neuf mois, je laissai Mlle de L... parfaitement et entièrement guérie.

Plusieurs fois je reçus des lettres qui m'annonçaient que sa santé était bonne. Mlle de L... sautait, marchait, dansait même ; elle faisait de longues promenades dans la campagne ; enfin elle était guérie.

Dans le courant de novembre, je reçus une lettre de Mme de L..., qui m'annonçait que sa fille avait fait une chute.

Mlle Eugénie, occupée à écrire, voulut s'avancer plus près de la table. La chaise glissa sur le parquet ciré, et la malheureuse enfant tomba en arrière; ce fut le bas de la colonne vertébrale qui frappa. Cette secousse provoqua des douleurs dans l'épine dorsale, et de plus un dérangement instantané dans la circulation sanguine.

Il n'en fallait pas tant pour ramener la maladie. Le soir même, en voulant s'asseoir sur son fauteuil, Mlle Eugénie le fit si malheureusement qu'elle tomba à côté.

Quelques jours après, elle fit encore une troisième chute en jouant avec un petit cousin de cinq ans; elle perdit l'équilibre et tomba de toute sa hauteur sur le parquet.

Il y eut dès lors plusieurs crises; mais ce ne fut que le 17 décembre que la maladie se déclara. Le dernier jour de ses menstrues, elle fut atteinte d'une catalepsie qui dura trois heures, et, lorsque la malade revint à elle, ses jambes étaient entièrement paralysées et tout à fait insensibles.

Des évanouissements reparurent et devinrent chaque jour plus fréquents et plus longs. Il y en eut un de cinq heures. L'état de faiblesse qui s'ensuivit était tel, que la malade n'avait plus la force d'avaler une cuillerée d'eau.

Cependant les magnétisations de M. B..., pharmacien, avaient ramené la sensibilité dans les jambes, et la malade pouvait même les remuer un peu dans son lit, mais non sans beaucoup de difficultés.

La paralysie gagnait le haut du corps, les bras avaient eu des engourdissements, et, par moments, le bras droit n'avait pas répondu à la volonté. Il était généralement plus froid que le gauche.

Le 1er janvier 1854, j'arrivai et je trouvai la malade dans un pitoyable état.

Il y eut devant moi plusieurs évanouissements, dont je me rendis maître par des insufflations sur le cœur et sur le cerveau.

La faiblesse était extrême, la paralysie semblait gagner la

poitrine, le cœur, l'appareil respiratoire ; tous ces organes ne fonctionnaient qu'avec une extrême difficulté, la mort semblait s'avancer à grands pas.

C'était l'opinion des médecins.

Je ne pouvais rester, il me fallait revenir à Genève, où j'avais plusieurs malades, qui, eux aussi, réclamaient mes soins.

Après avoir bien sondé mes forces morales et physiques, je me décidai, malgré cette position désespérée, à l'amener à Genève. Je ne me dissimulais pas l'état de la malade, et combien il me faudrait de fermeté, de courage, de forces physiques ; combien j'aurais de fatigues à supporter de nuit comme de jour ; mais j'avais en moi la conviction que seul je pouvais la sauver, et que je la sauverais.

Le 3 janvier 1854, je la mis avec sa mère dans une chaise de poste, et je les conduisis à Lyon. Il y eut, pendant les huit heures de trajet, dix évanouissements, que je fis cesser par des insufflations.

A Lyon, la soirée et la nuit se passèrent dans des angoisses, des douleurs et des évanouissements. La journée fut moins mauvaise. Le soir, on porta la malade évanouie à la diligence, sa tête roulait sur le fauteuil, et des passants la suivaient en disant : *Elle est morte.*

Dès qu'elle fut dans la voiture, tout alla assez bien jusqu'à onze heures, les douleurs ne furent point trop fortes et elle ne s'évanouit que trois fois. Mais à partir de ce moment, ce ne fut plus qu'une agonie ; la pauvre enfant, couchée dans des édredons et sur des oreillers, éprouvait des douleurs intolérables dans l'épine dorsale ; les évanouissements se succédaient et devenaient plus longs et plus difficiles à faire cesser. Par moments, je doutais de moi, et parfois je pensais que je pourrais bien n'avoir qu'un cadavre à mon arrivée à Genève.

Ce fut une de ces nuits heureusement rares dans une vie, et qui sont certainement plus horribles pour les personnes présentes que pour la malade même.

Enfin, après dix-huit heures de souffrances inouïes, nous arrivâmes. Ce fut évanouie qu'on la transporta de la diligence à la voiture ; et à Genève, de même qu'à Lyon, elle fut accueillie par ces mots : *Elle est morte.*

La faiblesse était d'autant plus grande que la pauvre malade ne pouvait prendre que quelques gouttes d'eau.

Le 5, le 6 et le 7, les évanouissements se succédèrent sans relâche, et à la suite de l'un d'eux, qui dura une heure, le bras droit se trouva entièrement paralysé. A force de passes et de massages magnétiques, je lui rendis un peu de mouvement ; mais le 8 il fut repris de nouveau.

Le docteur Fauconnet vint et considéra l'état de la malade comme très dangereux, la paralysie gagnant toute la colonne vertébrale, et les organes principaux se trouvant attaqués.

Les 9, 10, 11 et 12, même faiblesse, même paralysie des bras ; quant aux jambes, elles étaient toujours de coton.

Les 13, 14, 15 et 16, les évanouissements se réduisirent à quatre et à cinq par jour.

Le 17, il n'y eut qu'un évanouissement, mais les deux bras furent entièrement paralysés.

Le 18 et le 19, point d'évanouissement, mais un affaiblissement général : on sentait le cœur s'affaiblir, les pulsations devenaient presque nulles. Il y eut paralysie des bras.

Les 20 et 21, même état aussi alarmant, malgré tous mes efforts.

Le 22, un évanouissement qui dura deux heures, et dont j'eus beaucoup de peine à la faire revenir.

Le 24, le docteur Fauconnet ne me cacha pas qu'il y avait un danger imminent dans ces évanouissements si longs, pendant lesquels une syncope pouvait survenir et la mort s'ensuivre. Il ne voyait aucun moyen qui pût aider à la magnétisation.

Puis, me prenant la main et me la serrant affectueusement, il me dit : *Courage, cher ami, ayez foi en vous, et vous sauverez la pauvre enfant.*

Je n'oublierai jamais ces paroles, ce furent elles qui sauvèrent la pauvre malade.

Oui, docteur, oui, mon bon et excellent ami, c'est à vous qu'elle dut la vie. C'est du plus profond de mon cœur que je vous exprime ici toute ma reconnaissance. J'étais découragé, désespéré, je me sentais devenir impuissant. Vous m'avez magnétisé, vous avez ranimé mon courage, la foi est rentrée en mon âme, et c'est avec une conviction plus profonde que je sauverais la pauvre enfant, que j'attaquai de nouveau la maladie.

Les 25, 26 et 27, même état, et tout aussi dangereux.

Le 28 janvier, je me décidai à tenter un moyen à moi, moyen qui m'a toujours réussi, mais dangereux dans ce cas par la faiblesse et le peu de vie qui restait à la malade.

Il s'agissait de provoquer l'extase par le magnétisme seul. Si je parvenais à la lui donner complète, la malade était sauvée. Mais pourrait-elle la soutenir? son âme ne s'envolerait-elle pas? aurais-je moi-même la force de la provoquer entière, de la prolonger, de la maintenir suffisamment? car il ne fallait pas qu'elle s'arrêtât trop vite, il fallait que la révolution fût complète; mais je n'hésitai pas, j'étais convaincu, *j'avais foi en moi*.

Le soir, après avoir endormi la malade, je magnétisai en conséquence; je réunis tous mes efforts, et, après un travail de Titan, sa tête quitta l'oreiller, l'exaltation commença; mais la tête retomba et roula comme si elle n'avait plus de vie. Des insufflations sur le cerveau firent sortir la malade de son évanouissement. Je recommençai, je redoublai d'efforts, l'exaltation reparut; soutenue par le magnétisme, la tête quitta de nouveau l'oreiller, les épaules se détachèrent du lit, les yeux s'entr'ouvrirent, mais elle retomba de nouveau. Loin de désespérer, ce que j'avais produit me donna du courage. Je la fis revenir et, après des efforts inouïs, j'eus le bonheur de réussir entièrement : l'extase apparut.

Cette jeune fille, qui pouvait à peine remuer dans son lit, d'un seul bond fut debout, les yeux ouverts, le sourire sur les lèvres, les bras tendus vers le ciel, et se soutenant seule; puis elle glissa du lit sur le tapis, se mit à genoux et pria; lorsqu'elle se releva, son visage était resplendissant, il semblait entouré d'une auréole, l'extase était complète; j'eus la force de la maintenir dans cet état tout le temps voulu, puis je le fis cesser, et elle tomba évanouie. Nous la couchâmes dans un état de grande transpiration.

Ah ! celui dont les yeux ont été témoins de pareils effets ne peut douter de la puissance de l'homme et de la grandeur de Dieu ; c'est dans ces moments où l'âme se dévoile et qu'elle apparait dans toute sa supériorité, dans toute sa gloire ; c'est alors que l'on croit à la divinité de son origine.

Le cœur plein de joie, je laissai la pauvre enfant dormir pendant une heure d'un sommeil magnétique profond, puis je la réveillai ; elle se sentait mieux, beaucoup mieux ; elle était sauvée : j'avais réussi.

Le 29, elle était mieux, mais il y avait au cœur des élancements qui la faisaient beaucoup souffrir.

Du 1er février au 10, il y eut un mieux prononcé ; les forces revinrent doucement, il y eut encore quelques évanouissements, mais les bras ne se paralysaient plus, et les jambes revenaient au point qu'en soutenant la malade, elle pût faire quelques pas.

Le 12, une petite contrariété provoqua une crise de délire qui dura trois heures, et pendant laquelle elle marcha seule : les forces étaient surexcitées par l'état nerveux, cela ne m'annonçait rien de bon.

En effet, à minuit, il y eut un évanouissement si profond, si intense que, malgré tous mes efforts, mes insufflations chaudes, je ne pus le faire cesser qu'après deux heures d'un travail continu, et encore, à peine revenue à elle, perdit-elle connaissance plusieurs fois.

Le 13, toute la faiblesse reparut, et le délire revint et amena un évanouissement, puis l'extase sans provocation, ce que je vis avec plaisir : cela m'annonçait la fin de cette fâcheuse crise.

En effet, depuis lors les douleurs diminuèrent et les forces revinrent au point que, dès le 25 février, elle put sortir à pied ; enfin, le mieux augmenta, et la guérison fut entière. Pendant les mois de mars, avril et mai, il n'y eut plus d'accident, et ces dames purent partir le 27 mai 1854.

Depuis cette époque, ces dames m'ont donné de temps en temps des nouvelle de Mlle Eugénie, dont la santé s'est soutenue. Les forces ne l'ont point abandonnée, et, à part quelques petites crises nerveuses qui viennent de temps à autre, et qui tiennent à la constitution de la jeune fille, nous pouvons considérer Mlle de L... comme étant cette fois bien guérie.

En 1858, nous l'avons vue à son passage à Genève, et personne en vérité, en voyant l'expression de santé répandue dans toute cette jeune fille, ne se fût douté qu'elle ait jamais été dans un état pareil à celui dont le magnétisme l'a tirée.

Aujourd'hui (1860), sa santé continue à être aussi forte et meilleure que jamais. Elle s'est vouée à la peinture, travail dans lequel elle réussit admirablement. Les journaux de Lyon ont parlé avec avantage des charmants portraits au pastel de Mlle Eugénie de Landerset.

CHAPITRE XIII

MAGNÉTISME EXPÉRIMENTAL

Il existe une série d'effets magnétiques qui n'offrent que peu d'utilité : ce sont plutôt des expériences amusantes, tout au plus bonnes dans un salon. Cependant elles n'en sont pas moins réelles, et, comme telles, il est bien de leur consacrer quelques lignes.

Objets magnétisés

Les sujets qui sont souvent magnétisés peuvent l'être indirectement par des objets magnétisés.

Ainsi vous prenez une canne ; vous chargez la pomme de fluide ; vous la donnez à toucher à un somnambule, et il tombe foudroyé.

Vous lui présentez un gâteau que vous avez magnétisé, il

le prend au hasard au milieu d'autres gâteaux; à peine l'a-t-il porté à la bouche qu'il tombe endormi.

Les anneaux, les bagues, les tabatières, enfin tout objet quelconque, peuvent être magnétisés. Le sujet, lorsqu'il les touche, soutire le fluide dont ils sont chargés et s'en empare au profit de son organisme.

Souvent même des personnes qui n'ont jamais été magnétisées en éprouvent les effets. En voici un exemple :

J'étais à Naples, dans le salon de l'ambassadeur de France, M. de Rayneval; Mme Baudin, femme de l'amiral, m'avait prié de lui magnétiser un objet pour voir ce que cela pourrait produire sur elle.

Je pris sur une table un petit cachet en ivoire et en argent et je le magnétisai; Mme de Rayneval, passant près de moi, me demanda ce que je faisais, et sur ma réponse que c'était un objet que je magnétisais pour Mme Baudin, elle me pria de le lui donner. Je ne voulais pas d'abord; mais elle insista et je ne pus le lui refuser.

Aussitôt qu'elle tint le cachet, elle s'écria : « Oh ! mon Dieu ! je ne puis plus ouvrir la main ; et mon bras, je ne puis pas le remuer. » Tout le monde s'approcha; il y avait une trentaine de personnes dans le salon ; chacun chercha à ouvrir la main, à étendre le bras, il y eut impossibilité. Je piquai légèrement d'abord ; mais Mme de Rayneval ne sentant pas, insista elle-même pour que je plantasse hardiment une épingle ; je le fis et il n'y eut aucune sensation. Lorsque le bras fut dégagé, Mme de Rayneval n'éprouva rien de désagréable et voulut être magnétisée ; je l'endormis, ainsi que trois autres dames, dont l'une nous donna un fait de clairvoyance.

Expériences phrénologiques

Voici un phénomène extrêmement remarquable, et qui pourrait être interprété d'une manière favorable à la phrénologie ; mais je laisse de côté l'interprétation, et je cite seulement le fait. Nous avons bien assez de difficultés à faire accepter le magnétisme, sans que nous nous occupions du système de Gall. Si l'on veut étudier ce système, on pourra consulter les ouvrages de Gall (1), Spurzheim (2), Combe (3) et Fossati (4).

En magnétisant d'une certaine façon telle ou telle partie du cerveau d'un somnambule, j'ai souvent obtenu le développement de tel ou tel sentiment ; ainsi, en magnétisant la partie du cerveau où la phrénologie nous indique la vénération, j'ai toujours vu le sujet tomber à genoux et joindre les mains en les élevant vers le ciel, et en ouvrant les yeux avec un sentiment de prière.

De même, lorsque j'ai magnétisé telle autre partie du cerveau, comme celles où l'on nous indique la peur, la colère, la gaieté, la mélancolie, j'ai toujours obtenu un succès complet dans l'expression de ces sentiments.

J'entends déjà les magnétiseurs me dire : Mais ce sont des *transmissions de pensée*. Je répondrai : Oui, souvent ce sont en effet des transmissions de pensée, quand j'agis, par exemple, sur des sujets qui sont un peu clairvoyants. Mais lorsque j'agis sur des individus qui ne m'ont jamais donné l'ombre de la moindre lucidité, et que j'obtiens les mêmes résultats, je suis obligé de chercher ; et de plus, quand, prenant deux sujets, qui n'ont jamais rien vu et qui peuvent à peine répondre ; quand, dis-je, j'agis simultanément sur les deux et sans penser à rien, en attaquant une partie du cerveau chez l'un et une autre partie chez l'autre, et que j'obtiens alors soit la gaieté sur l'un, soit la peur sur l'autre, je suis bien forcé de reconnaître qu'il y a là aussi un effet physique.

Faut-il donc admettre que ces phénomènes soient de deux ordres différents ? que, d'une part, il faille les ranger dans

---

(1) *Fonctions du cerveau*, 1826. 6 vol. in-8.
(2) Spurzheim. *Observations sur la phrénologie*, 1818. 1 vol. in-8.
(3) G. Combe, *Traité complet de phrénologie*, traduit de l'anglais, par le docteur Lebeau, 1814, 2 vol. in-8. avec fig.
(4) Fossati, *Manuel pratique de phrénologie* ou *Physiologie du cerveau*, d'après les doctrines de Gall, Spurzheim, Combe, etc., 1845, 1 vol. gr. in-18, avec 37 portraits d'hommes célèbres et 6 figures d'anatomie, intercalés dans le texte.

l'ordre psychologique, puisqu'on les obtient par transmission de pensée, et que, d'autre part, on puisse les classer dans l'ordre physique, puisqu'on les obtient aussi sur des individus qui n'ont aucune lucidité ?

Je crois qu'il faut les considérer comme étant toujours un résultat physique.

Lorsque vous agissez par transmission de pensée, le sujet n'en est pas moins averti physiquement par un jet de fluide qui frappe son cerveau ; il y répond instantanément, sans attendre que le fluide ait produit son effet entier sur le cerveau ; aussi le résultat est-il beaucoup plus prompt dans ce cas que dans l'autre, quoique la cause soit la même ; seulement le sujet non clairvoyant n'étant pas aidé par la pensée, il faut alors que le fluide produise entièrement son effet sur le cerveau pour que le résultat ait lieu ; c'est ce qui explique comment l'effet est moins prompt : la vivacité de l'un est le résultat de l'état de lucidité dans lequel l'un des sujets est plongé ; mais la cause positive est toujours la même, c'est pourquoi je ne balance pas à ranger ces effets dans l'ordre des phénomènes physiques.

Eau magnétisée

L'eau magnétisée endort également le sujet qui la boit, lorsqu'il est tout à fait sous l'influence. Généralement elle agit d'une autre manière, qui est plus sérieuse et beaucoup plus utile. Elle agit comme purgatif dans certains cas, comme tonique, émollient, calmant, rafraîchissant, non qu'il faille la magnétiser différemment pour lui donner ces diverses qualités ; mais elle agit de ces différentes manières, selon le tempérament, l'état de santé de celui qui la boit.

Il n'est pas nécessaire d'avoir été magnétisé pour en éprouver les effets.

On peut s'en servir pour laver les plaies, et en obtenir d'excellents résultats.

Comme compresses dans les entorses, les foulures, dans les maladies de matrice, elle rafraîchit et donne du ton.

Pour les yeux, l'eau magnétisée est excellente lorsque la vue s'affaiblit ou que les paupières sont enflammées.

Elle produit toujours un bon effet; il semble qu'elle prenne les qualités qui conviennent à la maladie quelle qu'elle soit. L'eau magnétisée m'a toujours été d'un grand secours dans toutes les maladies, et je ne saurais trop la recommander aux magnétiseurs.

Altération du goût

Si l'on donne de l'eau magnétisée à un somnambule, on peut imprimer à cette eau toute espèce de qualité et de saveur; il semble qu'elle se change en vin, en liqueur, etc., etc. Ici, ce n'est point l'eau qui agit, mais le somnambule qui, se trouvant lucide, est impressionné par votre pensée, et reconnait à l'eau la propriété que vous voulez lui donner. Vous pouvez produire cet effet sur d'autres objets : on a fait manger à des somnambules de la chandelle pour du sucre.

Il arrive même quelquefois que, si vous avez voulu que l'eau fût une liqueur enivrante, le sujet se trouve enivré, et même au réveil l'effet se continue ; mais rarement on observe ce phénomène.

Le fluide chargé d'effluves

Il existe d'autres effets produits par la transmission de sensation: souvent le fluide se charge de ce que mange ou boit le magnétiseur pendant la magnétisation.

J'ai magnétisé un jeune peintre, M. Devienne ; j'étais excessivement fatigué en arrivant chez lui, et je lui demandai un verre d'eau sucrée. Il m'apporta du vin et du sucre, et j'en bus, tout en le magnétisant, plusieurs verres qui auraient pu, en toute autre circonstance, agir sur moi. J'étais excessivement calme ; mais au réveil M. Devienne était tout à fait gris, au point même de ne pouvoir manger de toute la journée.

Langues étrangères

Il est un effet que j'ai vu relaté dans plusieurs ouvrages, et que je regarde comme étant tout à fait erroné. C'est la prétention que l'on a avancée que les somnambules pouvaient parler et comprendre les langues qu'ils ne connaissaient pas.

C'est une erreur de la part des magnétiseurs ; j'ai cherché partout ce phénomène sans pouvoir le rencontrer.

J'ai trouvé seulement que les somnambules qui étaient lucides répondaient dans leur langue habituelle : en français, s'ils étaient Français, aux questions qui leur étaient faites dans n'importe quelle langue. Il n'y avait dans ce fait que transmission de pensée ; le somnambule ne s'attachait pas au mot, mais bien à la pensée de la personne qui parlait.

Pendant mon séjour à Tours, je magnétisai une somnambule à qui l'on parlait espagnol, latin, anglais, portugais, allemand, grec, et la somnambule répondait en français à toutes les questions faites dans ces diverses langues. Mais une personne lui fit une question en hébreu ; la somnambule ne répondit pas. Je la pressai, et lui demandai pourquoi elle ne répondait pas ; elle me dit : « Mais la raison est simple : ce monsieur me dit des mots, mais il ne les comprend pas ; il ne sait pas ce qu'ils veulent dire, alors je ne puis rien lui répondre : il ne pense pas.

« Les mots sont des signes de convention ; il faut qu'ils expriment quelque chose dans la pensée de celui qui les prononce pour qu'ils aient de la valeur. Je ne m'attache pas aux mots, je ne puis les comprendre ! c'est à la pensée seulement que je vois, que je puis répondre. »

En effet, la personne convint qu'elle avait demandé à un israélite de ses amis de lui vouloir bien indiquer une phrase en hébreu, mais qu'elle n'avait pas pensé à lui en demander le sens.

Objets lourds, légers, chauds ou froids

On magnétise encore des objets avec la volonté de les rendre lourds, légers, chauds ou froids, en les présentant au sujet: ce sont tout simplement des transmissions de pensée. Le fluide communiqué ne peut les rendre lourds, puisqu'il est lui-même impondérable, il en est de même du chaud ou du froid. Ces effets ne se présentent pas chez les somnambules qui n'ont point un peu de lucidité.

Cercle magique

Lorsqu'on trace un cercle sur le parquet pour enfermer le somnambule, l'effet est différent. Il serait possible que, dans ce cas, il y eût aussi transmission de pensée ; d'un autre côté, il pourrait aussi y avoir une espèce d'attraction qui retiendrait le sujet au milieu de ce cercle et qui l'empêcherait de le franchir. Ce qu'il y a de certain, c'est que cet effet ne se produit que sur des somnambules qui, magnétisés souvent, s'habituent aux expériences que l'on fait sur eux, et, sans chercher à tromper, s'y prêtent autant qu'il est en leur pouvoir.

Cependant des sujets qui n'ont aucune lucidité peuvent être aussi retenus, de même qu'ils ne peuvent traverser une ligne tracée. Dans ce cas, c'est le fluide lancé, qui, presque toujours, paralyse légèrement les jambes.

Chaîne

Si vous voulez endormir plusieurs personnes à la fois, vous les faites asseoir toutes à côté les unes des autres ; elles établissent une chaîne entre elles en se donnant la main. Vous prenez les pouces de la première, et vous les priez toutes de vous regarder.

Généralement, après quelques instants, elles ressentent certains effets ; mais chaque membre de la chaîne les éprouve avec des nuances différentes ; c'est la personne la plus éloignée du magnétiseur qui succombera la première, et ainsi de suite. Il semble que celles qui se trouvent entre le magnétiseur et la plus éloignée servent de conducteur au fluide, et qu'elles n'en éprouvent des effets qu'à mesure qu'il y a saturation chez la plus éloignée.

Mesmer employait fréquemment ce genre de chaîne; il y joignait des cordes qui entouraient le corps et qui tenaient lieu de conducteurs, puis d'un réservoir d'où sortaient les tiges de fer.

Nous ne nous servons plus de la chaine que comme expérience, et non comme utilité, les traitements particuliers étant reconnus bien supérieurs à ceux établis en commun.

J'ai tenté souvent, et sur beaucoup de personnes, une expérience qui démontre victorieusement l'émanation du fluide et son action sur le magnétisé.

C'est celle d'arrêter le chant et de suspendre la marche d'un sujet, soutenu par une personne tierce qui cherche à le faire marcher.

Dans le chant, c'est le fluide magnétique qui frappe et paralyse le cerveau, de manière que quelquefois le mot que prononce le somnambule est coupé en deux, tant l'action est instantanée.

Dans la marche, c'est le fluide qui paralyse et cataleptise les jambes, et qui semble clouer les pieds sur le parquet.

Sommeil à distance et sans volonté du magnétiseur

Les personnes qui sont magnétisées souvent s'endorment quelquefois seules sans qu'il y ait émission volontaire du magnétiseur et quoiqu'il soit éloigné.

Je pense que, dans un cas pareil, il y a attraction du fluide du magnétiseur par le magnétisé, et de plus, que l'imagination et l'habitude de la magnétisation viennent contribuer à cet effet.

Le somnambulisme se déclare dans cet état, et il n'y a aucun inconvénient pour le sujet, tant que des personnes étrangères ne cherchent pas à faire des expériences.

Soustraction du fluide au réveil par le magnétiseur

Il est un effet beaucoup plus rare et que je n'ai rencontré qu'une seule fois : c'est la soustraction du fluide par le magnétiseur même.

J'avais à Tours deux somnambules : l'une, Clarisse, s'amusa à endormir l'autre, nommée Aimée ; elle produisit très bien le sommeil et le somnambulisme ; elle fit des expériences, à sa grande satisfaction et à celle de quelques personnes présentes. Mais lorsqu'il fallut cesser, elle se mit en devoir d'éveiller Aimée. Elle la dégagea bien ; puis, au moment où elle faisait ouvrir les yeux à Aimée en l'éveillant, elle-même (Clarisse) tomba endormie.

Deux ou trois personnes essayèrent de la réveiller, mais elles ne le purent ; alors on m'envoya chercher.

Je n'arrivai qu'une demi-heure après ; des mouvements convulsifs commençaient, et il y aurait eu des convulsions très violentes si j'étais arrivé quelques instants plus tard.

Avant de l'éveiller, je fis plusieurs passes pour la calmer, puis je l'éveillai, et elle se trouva bien. Mais elle se promit de s'en tenir à être somnambule, et à ne pas empiéter sur les droits du magnétiseur.

Je ne saurais trop expliquer cet effet que par la soustraction du fluide par le système nerveux de Clarisse plus souvent magnétisée ; je serais assez porté à croire que c'est là la véritable cause, comme dans un cas à peu près semblable.

J'ai fait faire cette expérience plusieurs fois. Dans un cours à Marseille, je fis réveiller une somnambule, nommée Élisa, par une autre, nommée Francine ; aussitôt qu'Élisa se réveilla, Francine fut endormie. Élisa se mit alors en devoir d'éveiller Francine ; elle y parvint, mais elle retomba endormie. Ce manège continua huit ou dix fois, et toujours, au réveil de l'une, l'autre tombait endormie.

Un autre jour, je fis faire l'expérience contraire : je fis endormir Élisa par Francine endormie ; aussitôt qu'Élisa fut dans le sommeil, Francine se réveilla, et *vice versa*. C'est une soustraction du fluide.

Soustraction du fluide au réveil par un somnambule

Lorsque vous agissez sur une personne en présence de somnambules que vous soumettez souvent à l'action magnétique, il arrive quelquefois que vos sujets n'éprouvent rien tant que dure l'expérience ; mais lorsque vous dégagez et réveillez la personne endormie, ces mêmes somnambules tombent alors dans le sommeil, ils se sont emparés du fluide dont vous avez dégagé la personne que vous magnétisiez.

Il y a soustraction du fluide à leur profit, comme dans le cas précédent ; seulement ici c'est votre fluide, à vous magnétiseur, qui a agi sur une personne qui en est fréquemment saturée, tandis que, dans le premier cas, on pourrait supposer que c'est le fluide du magnétisé qui aurait réagi sur lui-même, ce qui ne se comprend pas.

Ce sont des suppositions, car il nous est difficile de nous rendre un compte bien exact de certains effets.

Soustraction du fluide par une tierce personne

Quand vous magnétisez une personne, il arrive quelquefois que vous ne parvenez pas à l'endormir, pendant que, derrière vous ou à côté, une autre personne sur laquelle vous n'agissiez pas, et dont vous ignoriez même la présence, s'endort, soutirant à son profit tout le fluide que vous cherchiez à communiquer à la première.

J'explique cet effet par une très grande sensibilité nerveuse, et une plus intime analogie entre la constitution de cette tierce personne et celle du magnétiseur qu'avec celle qu'il voulait magnétiser.

A presque toutes mes séances publiques, il y a eu une ou plusieurs personnes qui, bien que n'ayant jamais été magnétisées, ont été affectées soit de somnolence, soit de malaise, produits par le fluide répandu, soustrait et accaparé par leur système nerveux.

Anneau magique

Il est une expérience que l'on fait souvent : c'est celle de prendre un anneau d'or, de l'attacher avec un cheveu ou un fil de soie, et de le tenir suspendu au-dessus d'un verre rempli à moitié d'eau.

Cet anneau doit aller frapper le côté du verre indiqué à la personne qui le tient suspendu.

Cette expérience, faite dans de pareilles conditions, est illusoire ; car celui ou celle qui tient le fil de soie, sachant où l'anneau doit frapper, ne peut s'empêcher de s'y prêter, à moins de mauvais vouloir ; il est impossible qu'il n'y ait pas chez l'homme une espèce de petit tremblement causé par la circulation du sang, et qui, sous l'empire de l'idée connue, vient en aide à l'expérience.

J'ai tenté cette expérience en attachant un fil à un corps inerte, et je n'ai rien obtenu ; mais je l'ai faite ensuite d'une manière différente, et j'ai eu un résultat.

Ayant remis le fil de soie dans la main d'une personne, j'ai écrit où je voulais que l'anneau frappât et sans en donner connaissance à la personne qui le tenait ; je me suis placé derrière, et de là, dirigeant le fluide sur l'anneau que j'avais préalablement touché, je l'ai fait frapper à la place indiquée.

De cette manière, c'est l'impulsion donnée par le fluide à l'anneau qui le fait agir, souvent même contrairement à la volonté et au désir de la personne qui le soutient. Cette expérience est nulle et fausse (1).

Extension des facultés

Sous l'influence magnétique, certaines facultés prennent de l'extension, la mémoire surtout.

On a cité dernièrement, dans un journal, une jeune fille qui, à Toulouse, a joué et chanté le *Chalet* (opéra comique)

(1) Voyez pages 47 et 48.

pendant son somnambulisme. Ce fait n'a rien de surprenant.

Ce que la somnambule a pu lire ou apprendre, ce dont elle se souvient à peine ou même pas du tout dans son état normal, se représente dans le somnambulisme, et elle fait alors quelquefois étalage de savoir, car tous ses souvenirs renaissent dans cet état, et les objets passés s'y reflètent comme dans un miroir.

A Rennes, en janvier 1841, *Victor l'Hérie*, cet artiste de talent, mort si malheureusement, était en représentation avec la troupe de M. Tony ; j'assistais avec lui à la répétition d'une pièce dans laquelle il devait jouer le soir : c'était *Roquelaure*. Une jeune actrice m'avait demandé que je l'endormisse en attendant ; je l'avais fait, et lorsqu'on vint la prévenir que l'on répétait la pièce et que c'était à elle à paraître, elle était endormie et arrivée au somnambulisme. Elle me pria de la réveiller sur-le-champ, en me disant qu'elle ne savait pas seulement son rôle, qu'elle ne l'avait lu qu'une fois. Je la rassurai en lui disant que probablement elle le répèterait très bien si elle voulait le faire pendant qu'elle dormait.

Tous les artistes le demandèrent, excepté l'Hérie ; mais je le rassurai. Je conduisis la jeune actrice sur la scène, et, au grand étonnement de tous, elle donna parfaitement la réplique et sut son rôle d'un bout à l'autre sans se tromper.

Je la réveillai sur le théâtre même, et, dès qu'elle fut éveillée, on lui dit de répéter ; elle ne savait plus rien, et nous dit qu'elle n'avait pu relire son rôle qu'une fois. Elle ne voulait pas croire qu'elle l'avait répété d'un bout à l'autre et que la répétition était finie.

Sommeil sur des idiots

A Nantes, le docteur Bouchet, médecin en chef de l'hôpital Saint-Jacques, voulant avoir des preuves positives de l'action physique du magnétisme, me proposa de magnétiser des idiots.

Je me transportai à l'hôpital, et là, devant une douzaine

de personnes, parmi lesquelles se trouvait le prince de la Moskowa, j'essayai de magnétiser une femme idiote.

Je lui pris les pouces; mais bientôt elle retira ses mains et me donna des coups de poing. Je lui pris alors un seul pouce, et, de mon autre main, je parai les coups qu'elle cherchait à me donner, me faisant en outre les plus laides grimaces imaginables.

Après quarante minutes de combat, pendant lesquelles j'avais continué à envahir son organisme, ses yeux se fermèrent, et bientôt après elle était plongée dans un sommeil profond, dont elle ne sortit que lorsque je la démagnétisai.

On avait pu la piquer impunément sans qu'elle donnât signe de sensation.

Certes, ici il n'y avait ni influence de l'imagination ni effet d'imitation. On n'avait pas même prononcé le mot magnétisme.

Sommeil sur des animaux, lion, hyène, chien, chat, écureuil lézard, etc.

J'ai fait des essais sur plusieurs animaux, et j'ai obtenu un plein succès. Le public de Paris se rappelle sans doute le chien que je présentai le 20 janvier 1843, dans une séance publique, salle Valentino.

C'était un petit lévrier qui m'avait été donné depuis huit jours; quinze cents personnes se trouvaient dans la salle, parmi lesquelles beaucoup d'incrédules et de malveillants.

Dès les premières passes que je fis pour endormir le chien, ce fut une explosion générale de railleries et de sifflets. On appelait l'animal, on cherchait à détourner son attention et à empêcher l'effet de se produire.

Je le tenais sur mes genoux; d'une main je lui prenais une patte, et de l'autre je faisais des passes de la tête au milieu du corps. Après quelques minutes, le silence le plus profond régnait dans la salle; on avait vu la tête du chien tomber de côté et s'endormir profondément. Je lui cataleptisai les pattes, je le piquai, et le chien ne donna aucun signe de sensation. Je me levai et le jetai sur un fauteuil;

il resta sans faire le plus petit mouvement : c'était un chien mort pour tous. On lui tira un coup de pistolet à l'oreille ; rien n'indiqua qu'il eût entendu.

On peut dresser les chiens à bien des exercices ; on peut les instruire, et nous en avons vu de bien savants ; mais il n'est pas possible de les habituer à supporter la douleur sans qu'ils donnent signe de sensation : c'est donc réellement la paralysie que je produisis sur ce chien par l'effet du fluide magnétique.

Plusieurs personnes vinrent lui enfoncer des épingles par tout le corps : c'était un vrai cadavre.

Je le réveillai, et aussitôt il redevint vif, gai, comme il l'était auparavant, le nez en l'air, tournant la tête à chaque bruit, à chaque appel.

Ici on ne pouvait plus douter, on ne pouvait plus croire au compérage, il fallait admettre le fait, le fait physique, l'action sur les animaux.

A Tours, dans une ménagerie, à l'époque de la foire, en 1840, j'essayai d'agir sur un lion, sans en prévenir personne.

Je me plaçai près de sa cage, et je fixai mes regards sur les siens. Bientôt ses yeux ne purent soutenir ma vue, ils se fermèrent ; alors je lançai le fluide d'une main sur la tête, et j'obtins, après vingt minutes, un sommeil profond.

Je me hasardai alors à toucher avec toutes les précautions possibles sa patte, qui se trouvait près des barreaux. M'enhardissant, je le piquai ; il ne remua pas. Convaincu que j'avais produit l'effet voulu, je lui pris la patte et la soulevai ; puis je touchai la tête, et j'introduisis la main dans sa gueule. Le lion resta endormi ; je le piquai sur le nez, et le lion ne bougea pas, au grand étonnement des personnes présentes, qui n'osaient en croire leurs yeux.

Je le réveillai : aussitôt le lion ouvrit les yeux et reprit ses allures, qui ne donnaient certainement pas la tentation de renouveler les attouchements.

Pendant mon séjour à Tours, je fis plusieurs fois la même expérience, et toujours avec le même succès.

A Nantes, je tentai le même effet sur un lion, et j'obtins les mêmes résultats.

J'essayai l'action sur une hyène ; mais j'obtins des effets tout différents. Aussitôt que la hyène sentit le fluide, elle donna des signes d'inquiétude ; elle n'eut plus un moment de repos, et enfin elle arriva au paroxysme de la fureur. Si la cage n'avait pas été solide, elle l'aurait brisée pour fondre sur moi. Toutes les fois que j'essayai sur cette bête, toujours la même fureur se manifesta ; et même, après deux ou trois fois, j'entrais à peine dans la ménagerie qu'aussitôt elle s'élançait sur moi. Ce fut au point que le propriétaire me pria instamment de ne plus venir, craignant, malgré la solidité de la cage, qu'elle ne la brisât et qu'il n'arrivât un accident.

Les chats sont très impressionnables au fluide. J'en ai endormi plusieurs, un entre autres chez M. Badier, à Belfast. Il était monté sur la table, où le thé était servi. Je lui fis quelques passes, et il tomba aussitôt le nez sur la table, ne pouvant plus se relever. En doublant l'action, je l'endormis complètement, et je pus le piquer. Je le réveillai, et je recommençai plusieurs fois l'expérience dans la même soirée.

A Paris, je produisis aussi le sommeil sur un écureuil, et je le tins une heure sans qu'il donnât signe de vie.

Chez tous ces animaux, il faut bien le reconnaître, c'était le résultat du fluide communiqué. C'était bien l'émanation physique de l'homme: la volonté ne pouvait y être pour rien.

En voici une autre preuve : J'étais à Livourne pendant l'été de 1849; je pris beaucoup de lézards, et je les mis séparément dans des bocaux. Je cherchai à en magnétiser plusieurs, et j'y parvins sur deux que je plongeai dans un sommeil profond. Dans cet état, je pouvais remuer le bocal, le mettre de haut en bas, les lézards ne donnaient aucun signe de vie. Après vingt-quatre heures, je les réveillai, en faisant quelques passes pour les dégager ; aussitôt ils se mirent en mouvement, tournèrent et s'agitèrent dans les bocaux.

Je m'attachai à deux principalement, et quelquefois je les laissai plusieurs jours sans les réveiller. Lorsque je les dégageais du fluide, je leur laissais la liberté seulement une heure, et je les replongeais aussitôt dans le sommeil; quelquefois, au contraire, j'étais plusieurs jours sans les endormir.

Quant aux autres que je ne magnétisais pas, je faisais une autre expérience sur eux : je voulais savoir combien de temps ils pourraient vivre sans manger.

Je les laissais seuls dans les bocaux, ne leur donnant rien à manger; le papier qui couvrait les bocaux était percé de petits trous pour qu'ils eussent un peu d'air. Tous ceux que je ne magnétisais pas moururent après neuf, onze, treize jours; il y en eut un qui vécut dix-huit jours.

Les deux qui étaient magnétisés moururent par *accident*, l'un après quarante-deux jours, l'autre après soixante-quinze jours.

Le premier, je l'avais réveillé, et j'étais à la croisée ; je penchai maladroitement le bocal, qui tomba avec le lézard sur la dalle.

Quant à l'autre, j'avais posé le bocal sur la croisée, au soleil; il était très gai, très frétillant. Par malheur je fus obligé de sortir, oubliant mon lézard ; lorsque, trois heures après, je rentrai, je trouvai mon pauvre lézard cuit : il était entièrement desséché par le soleil. Le verre s'était échauffé ; comme il y avait peu d'air dans le bocal, mon pauvre lézard fut grillé après soixante-quinze jours de diète et de sommeil magnétique.

Par ces expériences, j'ai acquis la certitude que, dans le sommeil magnétique, on pouvait faire vivre longtemps, sans nourriture, non seulement des animaux, mais des êtres humains.

Les expériences faites sur ces deux lézards en sont la preuve convaincante, surtout si on les rapproche de celles faites sur les autres lézards, qui, mis dans les mêmes conditions, sont morts après dix et quinze jours, tandis que ceux qui ont été magnétisés ont vécu quarante-deux et soixante-quinze jours, et ne sont morts que par accident.

Animaux et reptiles tués par le regard

L'œil est le plus puissant conducteur du fluide vital. La fascination était si connue chez les anciens, surtout chez les Orientaux, qu'ils attachaient *au bon et au mauvais regard* la santé ou la maladie, le malheur ou le bonheur.

Chez tous les peuples, on retrouve des expressions qui prouvent que l'œil est doué d'une propriété magique pour opérer certains effets qui appartiennent au magnétisme animal.

Le docteur Passavant dit en parlant de l'œil (1) :

« La *force magique de l'œil* exécute des miracles. Chaque regard fixé constamment, même à une distance assez considérable, rencontrera bientôt l'œil sur lequel il s'est dirigé ; et de même, chaque personne qui rencontre un regard fixement attaché sur elle se sentira frappée *magiquement*. Il y a action et réaction. Le rapport magnétique est établi. Les hommes d'un esprit supérieur et d'une grande volonté exercent un pouvoir *magique* sur ce qui les entoure ; leur coup d'œil pénètre au fond des âmes avec l'éclat et la puissance de la foudre. C'est par l'active énergie de l'œil que le héros terrasse l'ennemi, que l'amant allume les feux de l'amour, que l'inspiré fonde le royaume de Dieu sur la terre. »

En effet, l'homme commande par le regard à tous les êtres animés. La puissance de l'œil sur l'homme est immense ; mais son action est encore bien plus grande sur l'animal : elle est si grande qu'elle va jusqu'à lui donner la mort. Mais quelquefois aussi l'œil de l'animal a son effet sur l'homme. Il y a analogie, réciprocité d'action, magnétisme enfin, de l'un vers l'autre. C'est un combat à mort, où la vie reste au plus fort.

Nous avons connu des hommes forts et courageux qui

---

(1) Docteur Passavant, *Recherches sur le magnétisme vital*, 1re partie, chap. ii, édition allemande.

pouvaient soutenir non seulement le regard, mais même la présence de serpents inoffensifs, et qui seraient tombés évanouis ou dans des convulsions violentes, si on les avait forcés de rester dans la même salle.

Certains animaux, certains reptiles surtout, ont une puissance fascinatrice très grande. Personne n'ignore que le serpent exerce sur les animaux dont il fait sa proie une influence magnétique telle, que le reptile ou l'oiseau qu'il convoite se sent entraîné par une force irrésistible jusque dans la gueule de son redoutable ennemi, qui, la tête levée et la gueule béante, dirige imperturbablement ses regards sur le pauvre animal qu'il magnétise.

Expérience sur un crapaud

L'expérience suivante mérite toute l'attention des physiologistes et des magnétiseurs, à cause des précieux détails qu'elle renferme et de l'exactitude scrupuleuse avec laquelle ils ont été recueillis. Elle a été faite pendant les vacances, en septembre 1817, aux environs d'Etoges en Champagne, par un jeune médecin, âgé d'environ vingt-cinq ans, devant M. Bouvrein, alors professeur et actuellement ingénieur-géomètre, et une autre personne qui n'est pas nommée.

Ils avaient lu, dans un vieux livre de nécromancie, que d'anciens magiciens avaient tué un crapaud seulement en le regardant, parce que le pouvoir de *l'œil* était si puissant qu'il pouvait donner la mort à cet animal. Ils résolurent de recommencer cette expérience, et le docteur se chargea de la faire, quoiqu'il ne connût pas le magnétisme.

Ces messieurs mirent un crapaud sur la table, dans un vase de verre assez élevé pour l'empêcher de s'en aller, et aussi pour se garantir s'il venait à crever.

Le crapaud resta tranquille. Le docteur se croisa les bras, s'accouda sur la table, et commença à regarder fixement le crapaud, à la distance d'environ deux pieds, et en présence de M. Bouvrein et de l'autre personne qui observaient ce qui allait arriver.

Pendant les dix premières minutes, les observateurs ne remarquèrent aucun changement sur la personne du docteur.

Pendant ce temps, son regard ne paraissait être que celui de la curiosité ; mais il n'en fut pas de même ensuite. A dix minutes, son regard parut exprimer une sorte de mécontentement, de dépit. De dix à quinze minutes, le docteur se rapprocha insensiblement et comme involontairement du crapaud d'environ trois à quatre pouces, et son action paraissait redoubler. A quinze minutes, il changea la position de ses bras, les décroisa, ferma les mains et s'appuya sur elles ; elles parurent se crisper ; son regard prit l'expression de la colère. De quinze à dix-huit minutes, son visage devint successivement très rouge, ensuite très pâle, et il se couvrit de sueur. A dix-huit minutes, le crapaud creva. Quant à ce dernier, les observateurs n'avaient remarqué en lui aucun changement. Il avait constamment tenu son regard attaché sur le docteur, qui assura qu'il avait d'abord éprouvé un malaise général, et que, peu à peu, la vie s'était exaltée chez lui à tel point que, si l'expérience eût encore duré quelques instants, il ne savait pas s'il aurait pu la continuer, attendu qu'il lui était impossible de supporter l'état d'exaltation vitale où il se trouvait. Enfin il ajouta, ou qu'il serait tombé à la renverse, ou qu'il se serait trouvé mal, ou qu'il lui serait arrivé pis encore.

Après l'opération, le docteur se sentit très gravement indisposé, ce qu'il attribua d'abord au dégoût et aux divers mouvements intérieurs qu'il avait éprouvés pendant l'expérience ; mais cette indisposition n'eut pas de suite.

L'indisposition du docteur était la conséquence du combat livré. Le crapaud est très bon fascinateur, comme on le sait, et le docteur avait ressenti l'influence de son adversaire. Heureusement que le docteur avait appelé à lui toute son énergie, et qu'il avait été vainqueur.

Cette expérience est d'autant plus remarquable qu'elle a été faite par des hommes qui, ne sachant rien du magnétisme, ne pouvaient employer les connaissances que nous possédons sur le fluide et son émission ; aussi ils ont couru des dangers véritables, qu'ils auraient pu éviter ou faire cesser instantanément. Je ne veux pas dire qu'avec la connaissance du magnétisme, il n'y ait plus de danger ; non, non : lorsque le regard du reptile est fixé sur le vôtre, si vous faiblissez, le fluide de l'animal vous envahit ; mais vous pouvez, si vous n'attendez pas trop tard, faire cesser son action en rompant le rapport : un seul geste suffit. Du reste, il est prudent de ne pas être seul quand on fait ces expériences, car l'animal peut être plus fort que vous : c'est un duel, et une fois entièrement sous le charme, vous ne pouvez en sortir seul.

Expérience sur une grenouille

La première fois que j'expérimentai moi-même, ce fut sur une grenouille de moyenne grandeur. Je la mis dans un bocal de verre blanc de quinze centimètres de diamètre sur trente de hauteur. Je la regardai ; mais d'abord elle se remua, sauta beaucoup ; enfin, après quelques minutes elle resta tranquille ; ses yeux s'arrêtèrent enfin sur les miens. Après un instant, elle se rapprocha de la paroi, puis elle se recula ; son œil alors devint fixe, il sembla grandir. Je parvins alors à fixer et à maintenir son regard sur mes yeux ; elle ne pouvait plus détourner la vue. Je redoublai d'efforts, et bientôt sa gueule s'ouvrit, ses membres s'allongèrent et devinrent raides ; elle était morte, mais sans crever comme le crapaud. L'expérience avait duré treize minutes, je ne fus point incommodé; mes yeux seulement étaient très fatigués.

Depuis, j'ai fait cette expérience plusieurs fois avec le même succès, et j'avais pensé que la grenouille était inoffensive et incapable de produire un mauvais effet sur le magnétiseur ; mais je fus désagréablement détrompé.

Un jour mon fils essaya ; il était seul dans mon cabinet. Un de mes amis, M. Jousserandot, avocat, à Lons-le-Saulnier, et propriétaire du Mothey, près Évian, se trouvait avec moi dans le salon. Tout à coup, nous entendîmes mon fils qui m'appelait à son aide ; sa voix était altérée : *Père*, disait-il, *père, à moi !* D'un bond je fus près de lui, et je le trouvai pâle, défiguré, devant la table aux grenouilles, et perdant connaissance. Je rompis le charme en coupant la communication, et bientôt nous eûmes le plaisir de le voir revenir à lui. Alors il nous raconta qu'il avait essayé de tuer une grenouille ; mais, après quelques minutes, il avait été pris de frissons et de sueurs froides ; ses dents claquaient les unes contre les autres, et il s'était senti défaillir. C'est alors qu'il avait fait un effort pour m'appeler, car il ne pouvait détacher son regard de l'œil de la grenouille.

J'ai aussi tenté la puissance du regard sur des couleuvres, des vipères, des lézards : j'ai réussi également.

La première fut une jeune vipère de quinze pouces de longueur. Son œil se fixa promptement sur le mien ; mais, après quelques minutes, elle se retira tout en me regardant, puis elle revint en battant de la queue, en sifflant et en tirant sa langue triangulaire. Elle devint furieuse ; son œil était en feu : elle voulait percer le verre. Enfin, elle resta tranquille et fixe, et, après dix-neuf minutes d'efforts violents de ma part et de la sienne, elle s'éleva un peu contre la paroi du verre, ouvrit la gueule, allongea la langue et resta immobile dans cette position. C'en était fait, elle était morte ; mais je possédais un mal de tête qui ne se dissipa qu'en allant respirer le grand air. Les yeux me piquaient beaucoup ; mais ils furent calmés en les baignant avec de l'eau magnétisée.

Guérison d'une cécité sur un chien

Le magnétisme agit aussi sur les animaux d'une manière salutaire ; j'en ai souvent eu des preuves, et généralement, quand ils en ont éprouvé du soulagement, ils le recherchent chaque fois qu'ils souffrent de nouveau, de même qu'ils cherchent et mangent instinctivement l'herbe qui les purge.

J'ai possédé pendant neuf à dix ans un petit lévrier que

j'avais magnétisé et endormi souvent, et sur lequel j'obtenais le sommeil, l'insensibilité et la catalepsie (1).

Il y a quelques années, en 1856, il devint aveugle ; ses yeux se couvrirent d'une peau blanche, épaisse, qui interceptait complètement la lumière. Mon pauvre chien n'y voyait plus pour se conduire ; il se cognait à tous les meubles et à toutes les portes, ce qui lui faisait pousser des cris affreux, car il était douillet comme un enfant gâté, mon pauvre *Diavolo*. Sa cécité fut constatée par un médecin, et, le voyant si malheureux, j'entrepris de le guérir et de lui rendre la vue. Je lui magnétisai les yeux ; je les lui baignai avec de l'eau magnétisée, puis je joignis l'électricité au magnétisme.

Ce ne fut point le galvanisme, ni l'électro-aimant, ni la pile que j'employai, mais bien l'électricité pure de la machine électrique, mélangée au fluide vital et modifiée par son action.

Je faisais monter et coucher mon chien sur une chaise placée sur un tabouret isolant. Je lui passais au cou une chaîne qui le mettait en rapport direct avec le tube de cuivre de la machine électrique ; je faisais mettre en mouvement le plateau de verre qui développait l'électricité par le frottement contre les coussinets. Dans cette position, je présentais pendant cinq minutes, devant chaque œil du chien, un petit excitateur en argent que je tenais dans la main, et j'agissais aussi magnétiquement, de sorte que les deux fluides étaient mélangés et réunis en arrivant à l'œil.

Après quelques séances, la peau ou taie était diminuée d'épaisseur ; puis, après un mois de traitement suivi, elle était entièrement disparue, et mon chien avait recouvré la vue. Ses yeux étaient nets, vifs et brillants comme autrefois.

Quand, en 1859, sa vue se couvrit encore graduellement, aussitôt qu'il voyait préparer pour un malade le tabouret et la chaise, il tournait, sautait et montait dessus, demandant ainsi à être soigné et m'avertissant que ses yeux se perdaient de nouveau.

(1) Ce n'est pas le même que j'avais présenté à Paris, c'est celui que j'avais encore il y a quelques jours.

A Caen, à la suite d'une course, la jambe d'un cheval enfla et présenta une protubérance plus grosse qu'un œuf. Je lui magnétisai la jambe : d'abord il fit des difficultés en ne voulant pas se tenir tranquille ; mais bientôt, sentant probablement du soulagement, il se laissa faire et, pendant une heure et demie, il ne fit plus un mouvement. Je le magnétisai trois fois. A la deuxième et à la troisième fois, lorsque j'arrivais, il me présentait en quelque sorte sa jambe. La grosseur disparut, et il fut entièrement guéri par ces trois magnétisations. Dès la première, la grosseur avait diminué.

La musique a sur le système nerveux des hommes, qu'ils soient éveillés ou plongés dans le sommeil magnétique, une influence que personne ne peut nier. Elle les calme, elle les exalte, elle les rend tristes ou gais, etc. Il en est de même chez les animaux : elle produit aussi sur eux des effets remarquables. Chacun a pu observer combien les chiens sont agacés par des musiques d'instruments de cuivre, ou bien par les orgues de Barbarie ; lorsqu'ils les entendent ils se mettent à pleurer, à hurler, à aboyer à la lune. Quand ils sont endormis magnétiquement, les mêmes effets se produisent sur les chiens, quoiqu'ils n'entendent absolument aucun autre bruit; on peut tirer des coups de pistolet, de fusil à leurs oreilles, ils ne donnent aucun signe d'audition, et cependant, si, près d'un chien plongé dans le sommeil magnétique, on joue du piano, vous le voyez aux premiers accords s'agiter doucement, jeter de petits cris, vous le voyez même, ayant toujours les yeux fermés, se lever, mais retomber aussitôt comme une masse ; et, après quelques essais infructueux, aboyer doucement, chanter en quelque sorte avec des larmes dans la voix quand la musique est lente et triste. Ces expériences, je les ai répétées bien des fois, et toujours avec succès sur bien des chiens que j'ai possédés.

La musique a la même puissance d'endormir certains animaux. Les Arabes et les Indiens endorment les serpents en sifflant d'une certaine manière : ce sont des faits acquis à la science. Nous avons voulu les répéter.

Nous avions, en 1858, une vipère des plus grosses que l'on

trouve dans les environs de cette ville ; elle avait dix centimètres de circonférence et deux pieds et demi de longueur. Nous l'avons souvent endormie et réveillée en la magnétisant directement à travers le vase de verre dans lequel nous la gardions, jusqu'au jour où nous l'avons tuée par le regard. Quelquefois aussi, pour l'endormir, nous avons employé la musique ou, du moins, des sons musicaux.

Nous prenions un verre dans lequel nous mettions un peu d'eau ; nous posions sur le bord le bout de nos doigts et nous les tournions ; nous obtenions par ce moyen ces sons que chacun connaît ; aux premières notes, notre vipère levait la tête, tirait la langue, s'agitait un moment ; puis, les sons devenant plus pleins, plus sonores, elle se laissait aller à leur influence, ses yeux se fermaient, et elle s'endormait aussi profondément que lorsque nous la magnétisions directement.

Maintes fois alors nous l'avons prise dans nos mains et posée en liberté dans notre cabinet, malgré le danger qui aurait pu exister si elle n'eût pas été endormie magnétiquement, mais elle restait immobile sans donner signe de vie. Nous la réinstallions dans son vase de verre, nous la dégagions pour la réveiller, et aussitôt elle se mettait en mouvement et cherchait une issue pour s'échapper.

Expériences sur des fleurs

Lorsque je me trouvais à Caen en 1841, un horticulteur avait deux géraniums, dont l'un se mourait et n'avait jamais plus d'une feuille, qui jaunissait et tombait aussitôt ; l'autre était constamment vert et se conservait très bien.

Je magnétisai celui qui se mourait et, après quelques jours, il eut plusieurs feuilles qui ne jaunirent plus. Le géranium prit de la vie et, bientôt après, il fut couvert de feuilles ; bien plus, il avait dépassé de beaucoup celui qui n'était pas malade. Je continuai à le magnétiser, et il donna des fleurs avant l'autre.

Je dus penser, et l'horticulteur également, que le fluide communiqué à cette plante lui avait donné de la force et de la vie. Je l'avais arrosée avec de l'eau magnétisée, pendant que l'autre était arrosée avec de l'eau ordinaire.

Cette expérience et bien d'autres, faites avec soin, peuvent donner la preuve que le fluide nerveux prend son principe dans le fluide universel, et a toujours les propriétés vivifiantes qu'il possède avant de passer par notre machine animale.

Voici maintenant le rapport d'expériences faites par M. Picard, médecin, horticulteur de Saint-Quentin, qui a expérimenté sur une grande échelle ; les faits viennent à l'appui de mon opinion, que le magnétisme, employé avec discernement, est vivifiant et curatif pour toute substance organisée.

« Frappé de l'unité du principe vital chez tous les êtres organisés auxquels revenaient sans cesse mes somnambules passés à l'état d'extase, je résolus de faire l'application du magnétisme animal sur les végétaux et d'étudier ses effets.

« Quoique ayant peu de confiance, je me décidai à expérimenter sur des greffes. Voici ce qu'il en advint :

« Le 5 avril, je greffai en fente six rosiers sur six beaux et vigoureux églantiers. Je les avais choisis au même point de végétation, ce qui m'était facile, en ayant planté quinze cents en octobre.

« J'en abandonnai cinq à leur marche naturelle, et je magnétisai le sixième (un rosier de la Reine) matin et soir, environ cinq minutes seulement ; le 10, le magnétisé, que je désignerai sous le n° 1, avait déjà développé deux jets d'un centimètre de long ; et le 20, les cinq autres entraient à peine en végétation.

« Au 10 mai, le n° 1 avait deux jets de quarante centimètres de haut, surmontés de dix boutons ; les autres avaient de cinq à dix centimètres, et les boutons étaient loin de paraître. Enfin le premier fleurit le 20 mai, et donna successivement dix belles roses.... Ses feuilles avaient environ le double d'étendue de celles des autres rosiers.

« Voici leur mesure : dix-huit centimètres de longueur à partir de la tige à l'extrémité de la foliole terminale, huit centimètres de longueur sur six de largeur.

« Je le rabattis aussitôt la fleur passée, et en juillet il avait acquis quarante-deux centimètres, et me donnait, le 25, huit nouvelles roses. Je le rabattis de nouveau à quinze centimètres, et aujourd'hui, 26 août, il forme une belle tête, par douze rameaux florifères de soixante-quatre centimètres de haut.

« Ainsi, cette greffe, faite le 5 avril, ayant donné en deux floraisons dix-huit belles roses, est sur le point de fleurir une troisième fois, et j'ai tiré des rameaux que j'ai rabattus trente-huit écussons, dont plusieurs ont déjà donné des fleurs depuis trois semaines, tandis que les autres n'ont fleuri qu'à la fin de juin, et leurs rameaux n'avaient acquis que quinze à vingt centimètres, un seul en avait acquis vingt!...

« Encouragé par ces essais faits dans le doute, et voulant expérimenter d'une manière plus précise et plus concluante, je posai, le 14 mai, trois écussons de la rose Devoniencis.

« Je les désignerai par les n°s 1, 2 et 3. Le n° 1 fut de suite magnétisé, et j'abandonnai les deux autres à la nature.

« Le 10 juin, le n° 1 avait un seul rameau de trente-trois centimètres et trois boutons, le n° 2 avait deux centimètres, le n° 3 en avait trois.

« Je changeai alors de méthode, et magnétisai les n°s 1 et 3 pour les arrêter, le n° 2 pour le faire partir.

« Au 20 juillet, le n° 1 était resté à trente-trois; deux boutons avaient avorté, et le troisième avait donné une chétive rose presque simple. Le n° 2 avait deux beaux jets de soixante-six centimètres, surmontés de trente-deux boutons. Le n° 3 avait seulement quatre centimètres, et ses feuilles avaient à peine trois centimètres de longueur de la tige à l'extrémité de la foliole terminale ; cette dernière n'avait qu'un centimètre.

« Le n° 2 avait, le 25 juillet, une belle rose de douze centimètres de diamètre bien double, bien pleine ; les pétales étaient presque aussi épais que ceux d'un camélia. Tous ceux qui l'ont vue l'ont admirée ; le 14 août, il y avait quinze roses ouvertes ; la plus petite avait huit centimètres de diamètre. Les trente-deux boutons avaient parfaitement fleuri !

« Outre ceux désignés, j'ai magnétisé assez bon nombre de sujets sans y mettre beaucoup de suite, et tous sont bien supérieurs aux autres par leur belle végétation et leur floraison.

« Enfin, je voulus pousser à l'extrême, et savoir si je pourrais agir seulement sur une partie d'un végétal.

« A cet effet, sur un beau pêcher de grosse Mignonne en espalier, je choisis un rameau du centre sur lequel il y avait trois pêches ; je les magnétisai tous les jours pendant environ cinq minutes, et, au bout de quelques jours seulement, ces trois pêches se faisaient déjà remarquer par leur volume ! Je continuai et, le 24 août, je cueillis ces trois pêches en parfait état de maturité ; elles avaient vingt-quatre, vingt-deux et vingt et un centimètres de circonférence, grosseur que presque jamais cette espèce de pêche n'atteint dans notre pays froid et retardataire ; les feuilles de ce rameau étaient sensiblement plus épaisses que les autres, et leurs nervures avaient le double de grosseur ; le reste du fruit de ce pêcher est d'une belle venue, il est au même point de maturité que celui des autres jardins du pays, c'est-à-dire qu'elles ont toutes environ quatorze à quinze centimètres de circonférence, et que, très probablement, on n'en cueillera pas avant le 20 ou le 25 septembre, ce qui fait près d'un mois d'avance sur le même arbre et sur tous ceux des environs. »

De tels faits n'ont pas besoin de commentaires.

CHAPITRE XIV

EXAGÉRATIONS DES MAGNÉTISEURS

Un jeune magnétiseur, trop confiant et trop enthousiaste, se laisse entraîner dans une voie où il ne tardera pas à rencontrer beaucoup de déceptions. Il accorde une trop grande confiance aux somnambules, puis il juge trop légèrement certains effets.

Par exemple, il pense que, lorsqu'il magnétise un malade à travers une drogue pharmaceutique, il produit sur ce malade l'effet de ce médicament.

C'est une erreur.

Il faudrait, pour que cet effet fût produit, que le fluide, traversant de l'émétique par exemple, se chargeât de ses propriétés et les communiquât au malade. Or, le fluide ne peut pas se charger des effluves ni des propriétés des corps étrangers, il les pénètre et les traverse sans perdre ni gagner aucune qualité ; son essence est trop subtile, et il arrive au corps sur lequel il est dirigé, chargé seulement des propriétés du système nerveux d'où il est sorti. Si le magnétiseur est sain de corps et en parfaite santé, plein de force et de vie, le fluide est plus subtil, plus vital ; il possède plus de force, agit avec plus d'intensité, et produit des résultats meilleurs dans l'organisme auquel il est communiqué (1).

Si le magnétiseur est souffrant, le fluide est moins intense, et se trouve moins chargé d'effluves vitaux (2), mais il ne peut se charger des propriétés des corps qu'il doit ou peut traverser, pour arriver à celui auquel il est destiné, ni changer de nature.

Si des effets ont été produits sur des somnambules, ils ont pu l'être, soit par la transmission de pensée, soit par l'imagination impressionnée.

Si des effets ont été produits sur des personnes non magnétisées, c'est l'imagination seule qui a été frappée alors et sur laquelle on aura agi. Tout le monde sait combien est grande la réaction du moral sur le physique.

Si des effets ont été produits sur des personnes ignorant le médicament et l'effet qu'il devait produire, il faudrait

---

(1) Les somnambules le voient alors très rouge-feu, très brillant.
(2) Les somnambules, dans ce cas, le voient bleu et moins brillant, quelquefois même il ressemble à du brouillard presque humide : dans un cas de cette nature, son action n'est pas salutaire au malade auquel il est communiqué.

encore attribuer cela à l'imagination ou au fluide seul qui agit toujours selon les besoins du corps ; mais ces cas sont rares, s'il y en a.

Je le répète, le fluide magnétique ne peut se charger des effluves ou des propriétés des corps étrangers à travers lesquels on le dirige ; il arrive à sa destination dans toute sa pureté première, sans avoir perdu ou gagné, sans avoir été modifié en rien.

Certains magnétiseurs ont aussi avancé que des somnambules éveillés peuvent avoir des transmissions de pensée, des hallucinations ; c'est encore une erreur : les somnambules éveillés éprouvent quelquefois des effets de sympathie, comme deux êtres vivant dans une étroite intimité éprouvent de ces élans sympathiques, et cela sans jamais avoir été magnétisés ; c'est un effet simple et naturel où l'action proprement dite du magnétisme n'a aucune part.

Il est des hommes qui, à force de concentration et d'exaltation, parviennent à tomber dans un état tout particulier, pendant lequel ils peuvent voir comme le somnambule le plus clairvoyant. J'ai rencontré en Italie un capucin qui tombait dans cet état tout à coup, sans que sa figure indiquât le moindre changement dans sa personne ; il vous parlait de faits passés ; il disait ce qui se faisait dans tel ou tel lieu, quoique la distance fût grande, et qu'il y eût impossibilité par les obstacles matériels de voir avec les yeux. Vous ne dirigiez point sa vue, il suivait sa pensée sans que vous puissiez l'en détourner. Il était comme inspiré, et, en revenant à lui, il ne se souvenait pas.

Les trembleurs des Cévennes devaient être dans un état semblable ; et, si nous remontions plus haut, nous trouverions peut-être de l'analogie avec certains prophètes d'autre fois.

Mais nous devons nous arrêter ici ; il ne nous est pas encore permis de dire toute notre pensée, et tout ce que notre pratique est venue nous dévoiler. Un jour, j'espère, je pourrai publier tout ce que l'expérience m'a fait connaître. Mais j'ai encore besoin de pratiquer beaucoup, de multiplier les faits, afin que le nombre en soit assez grand, et que je puisse à volonté les reproduire d'une manière certaine, pour forcer à les admettre sans conteste.

Il est préférable en toute chose, mais surtout en magnétisme, de ne point parler de phénomènes qu'on ne peut démontrer à volonté. Attendons donc ; avec du courage, de la persévérance et de la patience, on peut espérer arriver à tout.

Les somnambules peuvent tomber seuls en somnambulisme : c'est ainsi que nous voyons beaucoup de somnambules s'endormir seuls, sans avoir besoin d'un magnétiseur.

Quant aux hallucinations des somnambules éveillés, je n'y crois en aucune manière. Le magnétiseur ici est tout à fait dupe de son enthousiasme et de son somnambule.

Défions-nous donc des exagérations qui nous sont avancées par certains somnambules ; ils sont souvent dupes eux-mêmes de ce qu'ils croient éprouver.

Il y a des magnétiseurs qui croient pouvoir rendre invisibles, aux yeux de leur somnambule éveillé, des objets ou des corps magnétisés pendant leur sommeil ; ainsi, ils magnétisent le corps d'une personne présente, sans projeter de fluide sur la tête, et le somnambule, à son réveil, est tout étonné de voir une tête, sans corps, se soutenir en l'air ; le corps ayant été rendu invisible par la magnétisation : ou bien ils magnétiseront un objet qui deviendra invisible pour le somnambule.

C'est d'après des expériences de ce genre que des magnétiseurs ont pensé qu'ils pouvaient rendre invisibles des objets magnétisés, et que c'était une des propriétés du fluide magnétique.

Ceci n'est pas ce qu'on peut appeler un effet : le fluide magnétique ou nerveux n'a pas la propriété de rendre invisibles des objets auxquels il est communiqué, il ne change pas la matière, et son effet ne peut se continuer sur l'esprit après le réveil chez le somnambule.

Lorsqu'on réveille un somnambule, et qu'il a les yeux ouverts, avant qu'il soit tout à fait éveillé et entièrement dégagé, il ne voit les objets autour de lui que confusément, et il ne distingue rien avant d'avoir vu son magnétiseur, qu'il cherche du regard, et qu'il aperçoit avant tout. Bien qu'il ait les yeux ouverts, il ne voit et il ne distingue aussi les autres personnes ou les objets que lorsqu'il est entièrement éveillé et totalement dégagé ; cet effet peut se prolonger quelques minutes si le sujet n'est point dégagé fortement ; et, en passant, je ferai le reproche à tous les magnétiseurs de ne pas assez dégager leur sujet.

Cette prétendue invisibilité n'est pas produite par le fluide communiqué à l'objet, elle est tout simplement la conséquence d'un réveil et d'un dégagement incomplet. Jamais vous n'obtenez cet effet si vous avez dégagé et réveillé entièrement. Pour que cette espèce d'invisibilité se présente, il n'est pas nécessaire que l'objet soit magnétisé ; c'est un reste de l'engourdissement, de la paralysie que vous avez produite par le sommeil, et qui subsiste partiellement jusqu'au retour parfait à l'état normal ; de même qu'il y a souvent engourdissement dans les jambes qu'il faut que vous dégagiez, quoique la personne soit éveillée aussi bien qu'on peut l'être.

Il est des aberrations que nous ne prendrons pas la peine de combattre ; dans cette catégorie nous classons celles de certains magnétiseurs, qui croient que les somnambules vont à ce qu'ils appellent l'*instruction*, auprès d'êtres spirituels. Cela ressemble trop au sabbat de nos sorciers d'autrefois.

Il en est d'autres enfin dont les somnambules prétendent être en communication directe avec des anges, et recevoir d'eux des objets matériels, fabriqués par la main de l'homme, tels que des couronnes d'argent, des branches de thym, etc.

Ce sont ces folles exagérations qui ont fait et qui font encore tant de tort à la brillante découverte de Mesmer. Ce sont là des motifs raisonnables pour les corps savants de repousser le magnétisme.

Ne donnons donc pas prise sur nous, par des folies de ce genre ! Voyons le magnétisme tel qu'il est, c'est-à-dire un effet naturel et physique provenant d'une cause physique et naturelle.

Le magnétisme nous offre des phénomènes assez remarquables, des effets assez merveilleux, sans que, par notre imagination, nous en ajoutions encore. Ne cherchons pas à faire de la magie ; je le répète, c'est par là que le magnétisme se perd.

En prétendant guérir toutes les maladies, en avançant qu'il n'est plus nécessaire d'employer les moyens pharmaceutiques, en prétendant que les somnambules remplacent avec avantage les médecins, que toute la science de ceux-ci devient inutile, et qu'une femme endormie en sait plus long qu'eux, nous nous sommes fait taxer, à raison, de fous, d'enthousiastes, de rêveurs et de charlatans. On nous a fermé toutes les portes, et c'est notre propre faute.

Laissons donc dorénavant toutes les exagérations, n'avançons donc plus de faits sans que nous puissions les prouver, ne présentons que des effets simples ; soyons rationnels, sages et prudents ; il n'est pas nécessaire que nous divulguions les choses les plus merveilleuses du magnétisme, pour obtenir son adoption et son emploi ; gardons pour nous quelques secrets ; il sera temps de dire notre dernier mot quand notre cause aura triomphé.

CHAPITRE XV

PHÉNOMÈNES EXCEPTIONNELS

Il est dans la nature des phénomènes tout particuliers, tout exceptionnels, qui sont en contradiction avec les théories établies. Lorsqu'ils se présentent chez des animaux, on les admet sans discussion ; mais lorsqu'on les rencontre chez l'homme, on les repousse avec force, on les nie, bien que ce soient des faits positifs, et que des faits ne puissent être détruits par des théories.

Ainsi on admet la fascination produite par certains oiseaux et certains reptiles; tout le monde sait et croit que l'épervier, en planant au-dessus d'un autre oiseau, le tient paralysé à sa place, jusqu'au moment où il fond sur lui et s'en saisit.

Personne n'ignore que la couleuvre, en regardant le crapaud fixement, l'attire à elle et qu'il vient, malgré lui, en sautant, jusque dans sa gueule : elle exerce sur lui non seulement de la fascination, mais encore de l'attraction.

On reconnaît à certains animaux la faculté de vivre plusieurs mois sans manger et sans qu'il y ait chez eux altération de la vie, telles sont les marmottes qui dorment six mois de l'année.

On est convaincu qu'il existe des poissons qui possèdent une certaine quantité de fluide électrique, et qui ont la faculté de l'émettre au dehors, telles que la torpille et la gymnote.

J'en ai vu une à Londres, et j'en ai moi-même éprouvé les effets.

A la galerie Adélaïde se trouvait exposée une magnifique torpille de près de cinq pieds; elle vivait dans un bassin qu'on lui avait construit et qui était entouré de grillage, afin que personne ne pût y toucher; on la nourrissait de petits poissons.

Je demandai la permission de la toucher; le directeur s'empressa de satisfaire à ma demande, car il m'avait reconnu (1).

Je fus introduit dans l'espèce de cabinet où la torpille se trouvait exposée, et je la pris d'une main près de la tête et de l'autre près de la queue: à l'instant j'éprouvai une commotion tellement forte, que je fus presque renversé. Cette

---

(1) A Londres et dans toute l'Angleterre, tout le monde me reconnaissait. J'étais le seul qui portât la barbe, comme je la porte encore. Le *Times*, en rendant compte de ma première séance, avait rempli une colonne de ma barbe et de mon chétif personnage, et cet article avait été reproduit par tous les journaux de province. Aussi, dans les rues, bien des femmes se cachaient la figure en m'apercevant, d'autres se retournaient, et cela afin de ne pas être endormies par moi; il y en avait quelques-unes qui me riaient franchement au nez: celles-ci se moquaient de moi, et n'avaient pas peur du *Sleeper*, c'est ainsi qu'on me nommait.

commotion était en tout semblable à celle qu'on reçoit par une bouteille de Leyde fortement chargée.

Je voulus recommencer, et, en mettant les mains dans l'eau, je reçus une légère secousse ; attendu que, comme chacun le sait, l'eau est excellent conducteur du fluide électrique. Je saisis de nouveau et de la même manière la torpille, et je reçus encore un violent choc, mais cependant bien moindre que le premier ; le troisième fut petit, et le quatrième fut presque insensible. La torpille s'était dégagée de tout son fluide électrique.

On lui donna des petits poissons, sur lesquels elle se jetait ordinairement après avoir donné une secousse, et quelques instants après elle était encore en état d'en donner ; mais, ce jour-là, elle se trouvait tellement épuisée, qu'elle ne toucha pas aux poissons ; elle se laissa aller au fond du bassin et resta immobile.

Je ne puis me dispenser de citer ici une expérience sur les chats, tirée des *Observations sur l'électricité animale*, par M. Beckensteiner, et qui tendrait à prouver qu'une grande partie des animaux, si ce n'est la totalité, aurait un appareil spécial destiné à produire la décharge électrique.

Après quelques réflexions sur le système nerveux, M. Beckensteiner s'exprime ainsi :

« On peut obtenir la commotion électrique sur le chat de la manière et dans les conditions suivantes :

« Par un froid au-dessous de zéro, un vent du nord, un ciel serein, si le chat a froid, ce qui se voit facilement à l'aspect du poil, qui est couché et semble avoir été graissé partiellement, et si l'expérimentateur a également froid aux mains, il prendra le chat sur ses genoux, lui posera les doigts de la main gauche sur la poitrine, et il passera la main droite depuis le cou jusqu'à la queue, le long de l'épine dorsale. Après quelques passes légèrement appuyées, la secousse électrique se produira ; elle paraît partir de la poitrine du chat, traverser le corps de l'expérimentateur, et se terminer à la main placée sur le dos du chat.

« Quoique le chat éprouve du plaisir aux passes faites le long de l'épine dorsale, il se sauve à toutes jambes après la secousse ; il se prête difficilement à une seconde épreuve, et ce n'est que le lendemain, lorsqu'il aura oublié cette sensation désagréable, qu'il pourra servir à de nouvelles épreuves.

« J'ai obtenu dans un jour, mais avec beaucoup de peine, trois commotions d'un chat ; la dernière était très faible. Après chaque décharge, le chat semble fatigué, épuisé, il se couche étendu ; au bout de quelques jours, il perd l'appétit, devient triste et semble fuir les lieux qu'il aimait ; il se soustrait aux regards des personnes qu'il affectionnait ; après avoir refusé la nourriture, il boit encore de l'eau quelquefois, languit de plus en plus, bave et meurt ordinairement dans la quinzaine qui suit la première commotion.

« Il paraît que les décharges électriques répétées, que l'on obtient sur les animaux, leur enlèvent une trop grande quantité d'électricité à la fois pour qu'ils puissent réparer cette perte, et ce fluide si nécessaire à la vie venant à leur manquer, ils périssent de langueur ; une seule commotion ne les tue pas, mais les rend malades pendant quelque temps. »

M. Beckensteiner a fait la même expérience sur une vache, et la commotion fut si forte, qu'il fut renversé par terre.

A ces faits, je puis ajouter que j'ai fait moi-même plusieurs fois cette expérience sur des chats, et que toujours j'ai obtenu le même effet : une commotion violente que je ressentais dans les deux coudes et au milieu des épaules.

Cette propriété de certains animaux, on ne la nie pas ; mais qu'un être humain, par une exception toute particulière, possède la même faculté, on nie, on repousse le fait : on ridiculise ceux qui ont vu sans prévention et croient au témoignage de leurs yeux.

C'est ainsi qu'on a agi pour Angélique Cottin (1). Cependant cette jeune fille possédait bien la faculté d'émettre le fluide électrique qui se développait en elle.

J'ai eu trois fois cette jeune villageoise dans mon salon, peu de jours après son arrivée à Paris. La première fois, ce

---

(1) Tanchou. *Enquête sur l'authenticité des phénomènes électriques d'Angélique Cottin.* 1846. in-8.

fut le 15 février 1846, quatre jours avant sa présentation chez M. Arago.

Je l'ai observée en homme qui craint les supercheries, et voici les résultats constatés par plusieurs assistants.

Les personnes qui l'avaient conduite chez moi lui avaient dit que je pourrais l'endormir, et que, si je le faisais, elle perdrait sa précieuse faculté. En conséquence, elle était fort effrayée en ma présence, au point que, pendant plus d'une demi-heure, rien ne se produisit. Cette circonstance me fit me tenir encore davantage sur mes gardes.

Cependant je pensai que peut-être le parquet ciré du salon pouvait être un obstacle à ce que les phénomènes se présentassent, le parquet étant un mauvais conducteur du fluide électrique.

Je la conduisis dans la salle à manger qui était dallée ; et, en effet, après cinq minutes, les premiers effets eurent lieu. Ce fut d'abord une chaise qui tomba. Nous lui présentâmes une autre chaise. Au moment où elle se disposait à s'y asseoir, un violent mouvement se déclara : la chaise que je tenais se balança à droite et à gauche après avoir été repoussée.

Je présentai un fauteuil, et je le tins avec une autre personne ; mais, lorsque la jeune fille voulut s'asseoir, le fauteuil recula et balança fortement, et serait tombé sans un vigoureux effort de notre part. Cependant nous le tenions fortement, afin de le fixer à terre.

La jeune Cottin recevait un choc toutes les fois qu'un effet se produisait, et chacun de ces effets était accompagné d'un mouvement de frayeur de sa part. Tout à coup, en se retournant, elle toucha par hasard une table, qui fut repoussée à deux ou trois pieds ; puis aussitôt une, deux, trois chaises tombèrent, sautèrent dans la salle.

Après que nous eûmes bien constaté plusieurs fois ces effets comme étant bien réels, nous rentrâmes dans le salon. Les phénomènes continuèrent, mais avec moins d'intensité.

J'endormis devant elle la jeune somnambule Louise. Lorsque Angélique Cottin la vit arriver à l'état extatique, provoqué par les sons du piano, elle fut fortement impressionnée ; elle s'approcha du piano devant lequel était assis notre célèbre auteur du *Chalet*, M. Adolphe Adam, et subitement le piano éprouva une secousse et sauta à un pied de haut. M. Adam en resta tout saisi.

Pour vérifier la spontanéité de ce fait, nous essayâmes d'enlever le piano, mais il nous fallut pour cela faire des efforts extraordinaires.

M. Adam continua à faire de la musique, et le piano cette fois fut repoussé de plus d'un pied. Les yeux de toutes les personnes présentes ne quittaient pas la jeune fille : elle ne fit aucun mouvement, elle ne touchait même pas au piano.

D'ailleurs, elle était beaucoup trop préoccupée des évolutions de corps et des gracieuses cambrures de la somnambule extatique. Elle en fut même impressionnée au point de verser des larmes.

On éveilla la somnambule. Celle-ci alors s'approcha de la jeune Cottin pour lui dire que son extase ne la faisait pas souffrir. En lui parlant, elle lui prit la main ; mais à peine les mains furent-elles en contact, que Louise tomba endormie comme si elle eût été foudroyée, et la jeune Cottin éprouva une sensation analogue à celle qu'elle ressentait en faisant danser les chaises, c'est-à-dire une douleur dans le bras gauche, comme si elle recevait un coup à la saignée.

Le fer ne semblait produire aucun effet sur elle ; l'influence du bois se faisait sentir de préférence. Lorsqu'elle approchait son poignet gauche d'une bougie allumée, la lumière, de perpendiculaire devenait horizontale, comme si elle eût été soufflée continuellement.

Son avant-bras gauche accusait un mouvement continu, qui n'était pas un tremblement.

Dix jours après, la jeune Cottin revint chez moi ; les effets ne se reproduisirent plus, et, la troisième fois, il y en eut quelques-uns par-ci par-là ; mais ils n'étaient pas francs comme la première fois.

On a nié ces effets, quoique beaucoup de savants, de gens du monde, les aient vus dans plusieurs salons ; on a crié au charlatanisme, à l'imposture. Cependant, s'il y avait eu charlatanisme ou imposture, si enfin la famille de cette jeune fille, si la personne qui l'avait amenée à Paris, n'avaient pas cru ces effets réels, seraient-elles venues s'adresser à l'Académie pour les faire constater? Ne se seraient-elles pas contentées de les exploiter dans quelque salle publique, avant d'aller trouver messieurs les savants?

C'était au moment des menstrues, le 15 janvier 1846, que ces effets avaient paru pour la première fois; ce fut vers la fin de février, un mois et demi après, que ces effets disparurent et ne se montrèrent plus régulièrement.

Ne pourrait-on pas admettre que, chez cette jeune fille, âgée de treize ans, il s'était passé un fait inexplicable au moment du flux du sang, et que le système nerveux avait reçu une secousse, qui avait dérangé l'équilibre de la circulation en accumulant une plus grande quantité d'électricité au cerveau? Cette supposition est d'autant plus probable, que les premiers effets ont eu lieu après un violent orage.

Ce fait n'est pas unique; il y en a d'autres. Voici un phénomène analogue, qui m'a été rapporté en 1841 à Rennes, par un témoin oculaire, qui n'avait aucun intérêt à me faire un récit imaginaire.

M. *Benèche*, inspecteur général de la compagnie d'assurance contre la grêle, vint me raconter que, se trouvant à Carcassonne, en 1833 ou 1834, il se rendit à un village situé à deux lieues de Carcassonne, avec M. *Barthe, professeur de physique au petit séminaire de Carcassonne*, pour voir une jeune fille de huit ou de neuf ans, qui, à certains moments, par sa seule présence dans une cuisine, faisait danser toutes les casseroles, les pelles et les pincettes. Il y avait déjà six ou huit heures qu'ils étaient là, sans qu'il se passât rien. Ils partirent, croyant à une mystification, mais ils n'avaient pas fait cent pas qu'on les rappela. Ils revinrent en toute hâte et virent la jeune fille au milieu de la cuisine et toutes les casseroles sauter, danser; les chenets, les pelles, les pincettes, tout ce qui était de métal était en mouvement; même le feu, les tisons, les bûches furent lancés au milieu de la cuisine.

Le docteur Charpignon, dans son ouvrage (1), cite également un fait d'électricité.

« Une femme accoucha récemment d'un enfant qui, semblable à la torpille, donna une espèce de commotion électrique au médecin qui le mit au monde. Il fut aussitôt placé dans un berceau d'osier supporté par des pieds de verre, et il donna des signes d'électricité. Il a conservé cette propriété remarquable l'espace de vingt-quatre heures, à tel point qu'on put charger une bouteille de Leyde, tirer des étincelles, et faire une foule d'expériences. »

Ces faits sont extraordinaires et exceptionnels, mais enfin ils existent et bien d'autres encore.

Ainsi, sans parler du phénomène particulier aux deux sœurs dont le journal de Smyrne a entretenu ses lecteurs, et qui jouissaient chacune d'un fluide particulier; sans parler du phénomène non moins extraordinaire dont les journaux américains ont rendu compte (nous voulons dire cette femme d'un docteur, qui laissait échapper de longues étincelles des objets qui l'approchaient, pendant une maladie qui dura sept ou huit mois,) je vais ajouter un mot sur un fait qui m'est personnel.

Il est des individus dont il suffit de toucher les cheveux, pour qu'il s'en échappe de légères étincelles électriques. Je ne m'étais jamais aperçu que je possédasse la propriété d'émettre du fluide électrique en touchant mes cheveux, lorsqu'en mars 1849, à Florence, ma tête devint en feu en y passant un peigne d'écaille ; il sortait une telle quantité d'électricité, que quelques personnes s'en effrayèrent, et qu'un enfant qui était là s'écria : Oh! *le feu, le feu* à la tête de M. Lafontaine.

Cet effet se continua du 5 au 25 mars, et disparut ; en octobre même année, il reparut ; en mars 1850, le même phénomène eut lieu, mais moins fort. J'ai observé cette particularité que l'électricité s'échappait seulement avec un peigne d'écaille, et qu'avec un peigne de buffle il ne sortait rien.

(1) Charpignon, *Physiologie, médecine et métaphysique du magnétisme*, 1848, 1 vol. in-8.

Il y a donc eu chez moi, à différentes époques, accumulation du fluide électrique. Depuis, je ne me suis point aperçu que cet effet fût revenu.

A ne considérer que les phénomènes consignés dans les annales médicales, les fous nous en offrent des exemples assez frappants. On en a vu, et la plupart des auteurs sont d'accord sur l'authenticité de ces faits, dans la manie aiguë furieuse, sans sommeil, sans aliments, sans sentir l'impression du froid, vociférant et blasphémant jour et nuit, faisant des efforts pour briser leurs liens, quelquefois demeurant pendant plus d'un an dans cet état.

D'autres aliénés, après trois mois d'abstinence volontaire, jouissent d'une force musculaire correspondante à la fureur qui les transporte. On est surpris de la facilité avec laquelle guérissent, sans remèdes, les contusions et les déchirures qu'ils se font, et la médecine en est à se demander où ils puisent cette force prodigieuse qu'ils dépensent en si grande quantité.

Voici un fait qui pourrait peut-être nous éclairer :

Un individu très chétif, en proie à cette espèce de démence, après avoir jeté tous les meubles par la fenêtre, et monté sur le corps de ses gardiens, parvint à s'échapper. Un sergent de ville crut pouvoir l'arrêter sur le bord du canal ; le fou le jeta dans l'eau d'une seule main ; on fit appeler un caporal et quatre hommes, dont il eut aisément bon marché ; car, après avoir battu les quatre soldats, il prit le caporal par une jambe et se mit à courir en le traînant du côté des boulevards. Enfin une foule d'ouvriers se mirent à sa poursuite, tous ceux qui s'approchaient étaient à l'instant terrassés ; mais aussitôt qu'il eut les pieds sur un trottoir d'asphalte, il perdit ses forces et se laissa prendre aisément ; c'était à qui le saisirait au collet, par les bras, par les épaules. Tout allait bien tant qu'on restait sur l'asphalte ; mais, à chaque interruption, il reprenait ses forces en touchant le pavé, et se débarrassait, d'un seul coup de reins, de tous ceux qui l'entouraient. Remontait-il sur le trottoir, il redevenait faible, et pouvait à peine se traîner ; on voyait que l'instinct lui disait de chercher le sol nu, car il faisait de grands efforts pour se diriger hors du trottoir. Semblable à Antée, il sentait le besoin de toucher le sein de sa mère, pour recueillir de nouvelles forces

Ne pourrait-on pas supposer que cette force est purement galvanique, que les insensés la puisent dans le réservoir commun, tant qu'ils ne sont pas isolés du sol ? L'espèce d'affection morbide dont ils sont atteints paraît avoir pour effet de faire de leur cerveau une bouteille de Leyde, qui continue à se charger jusqu'à ce qu'elle fasse explosion et s'épuise par des mouvements désordonnés du système nerveux. Cette cause pourrait être aussi appliquée à ces phénomènes d'électricité dont je viens de parler.

Ce fait nous prouve aussi que l'asphalte isole complètement les individus atteints de cette démence furieuse, qui leur donne une force telle que six hommes vigoureux sont insuffisants pour les contenir.

Cette observation nouvelle, combinée avec celle faite par un médecin américain, d'isoler cette espèce de malades, en plaçant sous les pieds de leur lit des gâteaux de résine ou d'asphalte, peut nous mettre sur la voie d'une découverte très importante, celle de connaître les rapports qui existent entre les êtres qui se meuvent sur le sol et les effluves de la terre ; quelques Allemands paraissent déjà persuadés que les animaux sont liés à la terre aussi bien que les végétaux, par ce qu'ils appellent des *influences telluriques*.

Cette propriété de retenir le fluide galvanique est peut-être l'avant-coureur des phénomènes que nous venons de signaler.

Quant aux fous, on remarque que l'électricité les excite beaucoup, et les menace de congestions cérébrales, s'ils se trouvent dans un état de pléthore.

C'est encore à cette influence de l'électricité que se rapportent une foule de phénomènes : ainsi l'engourdissement d'un membre, appelé communément *fourmillement*, disparait aussitôt qu'il entre en contact avec le fer ; ainsi les symptômes qui assaillent les voyageurs aux cimes des hautes montagnes dans les deux hémisphères, soit que le courant, suivant sa direction dans ces diverses parties de la terre, déplace le centre de l'électricité, le jette aux parties inférieures du corps, et produise par là le narcotisme ; soit qu'au contraire, il l'accumule à l'occiput et provoque des effets opposés, sont instantanément dissipés toutes les fois que les voyageurs en selle sont isolés par la soie ou d'autres mauvais conducteurs, et reparaissent à chaque descente de cheval. C'est à la même cause qu'il faut attribuer le soulagement des personnes sujettes aux crampes, par l'usage d'une barre de fer transversale sous le matelas, et la réapparition spontanée de cette douleur en quittant le lit qui servait d'isoloir, aussitôt que l'on se tient debout sur le sol conducteur ; soit que l'excès du fluide se perde dans le réservoir commun, qui le soutire ; soit, au contraire, que celui-ci en fournisse de nouveau ; à la même cause encore, la douceur du sommeil et la prompte réparation des forces sur un lit de simple paille, parce qu'elle est reconnue pour le plus rapide et le plus sûr conducteur du fluide électrique.

Comment expliquer, sans cela, ces guérisons d'hémiplégies et de paralysie partielle par son secours, ces personnes attaquées ou guéries de catalepsie, d'aliénation mentale, par l'effet de la foudre ; enfin l'influence de la température ou de la latitude géographique sur les végétaux et les animaux ; à ce point, par exemple, que les serpents de la Martinique transportés à la Guadeloupe, dix lieues à peu près de distance, meurent incontinent ? C'est un phénomène du même genre qui a lieu dans ces iles où toute une population tombe malade aussitôt qu'un étranger y débarque ; je pourrais citer mille autres faits auxquels chacun a souvent pensé, et qui ont mis en défaut les savants ; raison peut-être pour laquelle ils les ont trop dédaignés.

Nous connaissons encore à Liège M. Daigneux, rue du Collège, receveur de la ville : il fut atteint d'une maladie nerveuse qui le privait subitement de ses forces. Vainement les médecins, réunis chez lui, s'étaient concertés ; tous les moyens avaient été employés, même le magnétisme, exercé par un médecin allemand ; il n'en avait retiré aucune amélioration : cependant, quoique abandonné par la science, ils n'en médita pas moins sur son état, et finit par constater qu'étant assis, les jambes dans la direction du nord, il recouvrait immédiatement ses forces et sa santé. Cette découverte lui valut sa guérison.

On doit voir avec quelque étonnement l'influence de la position sur le courant électrique ; et puisque cette seule cause suffit pour aimanter une barre de fer, ne serait-il pas à propos que les médecins observassent cet effet sur le lit de leurs malades affectés de névroses ?

L'âme ne se lie peut-être à la vie que par un juste équilibre de deux électricités, équilibre que le médecin est appelé à rétablir quand il est rompu.

Voici un phénomène d'un autre genre :

J'ai vu à Londres un homme qui prétendait s'être habitué à ne pas manger, par suite d'un vœu qu'il avait fait depuis cinq ans.

Je ne sais s'il pouvait rester plusieurs années sans manger ; mais, ce que je puis affirmer et ce qui est un fait assez extraordinaire pour être cité, c'est qu'il est resté littéralement pendant quinze jours sans manger ni boire.

Le docteur Binns, l'un des rédacteurs du *Times*, fit venir chez lui cet individu qui était Irlandais. Le docteur avait réuni plusieurs médecins et quelques autres personnes : j'étais du nombre. Il nous présenta un homme de vingt-six à vingt-huit ans, blond, d'une taille moyenne, d'une constitution lymphatique. Les médecins constatèrent l'état du pouls, ils le trouvèrent régulier et bon. On enferma cet homme dans une chambre que nous avions préalablement visitée. La cheminée était entièrement calfeutrée, la croisée fut fermée, et quatre personnes, dont je faisais partie, y apposèrent leur sceau. Nous enlevâmes la paillasse, afin qu'il ne pût mâcher la paille. On lui remit un livre de religion, un crayon en métal et dix feuilles de papier blanc. On le fouilla, on s'assura qu'il n'avait rien sur lui, et on l'enferma. Nous apposâmes sur la porte un quadruple scellé, et nous nous retirâmes. De deux heures en deux heures, on allait s'informer s'il était bien et s'il voulait continuer l'expérience.

Huit jours après (qui était dimanche), lorsque nous fûmes

tous réunis chez le docteur, nous allâmes ouvrir la porte à l'Irlandais, et les médecins s'assurèrent de son état. Le pouls était absolument le même, la peau l'était également : il n'était pas plus maigre, n'avait rien perdu de ses forces ; on le fit descendre au salon, on lui fit la barbe devant nous, et, comme il désirait entendre la messe, nous le conduisîmes à l'église. Deux personnes le tenaient sous le bras, et nous l'entourions devant, derrière et sur les côtés, de sorte qu'il lui était impossible d'avoir la moindre communication avec qui que ce fût. On le ramena, et on l'enferma de nouveau en observant les mêmes précautions. Le dimanche suivant, qui formait le quinzième jour, nous nous réunîmes, et on lui ouvrit la porte. Les médecins trouvèrent le pouls un peu plus faible, la peau très légèrement moite, la langue tout aussi bonne ; son haleine était la même, enfin rien n'annonçait qu'il eût fait une abstinence complète. Ses urines étaient peu abondantes, mais naturelles : il n'y avait pas d'excréments.

Pour les vingt personnes qui avaient été présentes, cet homme était bien resté quinze jours sans boire ni manger, et son état de santé n'avait reçu nulle altération. Pour nous tous, il n'y avait pas de doute qu'il pût rester quinze autres jours dans cet état sans être plus affaibli. Il le proposa lui-même, mais tout le monde regarda l'expérience comme satisfaisante.

Voici un autre fait qui démontre également à quel point la volonté agit sur soi-même.

A Manchester, M. Larmick, âgé de dix-huit ans, élève en médecine, après avoir vu mes séances de magnétisme, se mit dans un état tout particulier ; par sa propre volonté, ses bras se tordaient, les muscles de ses jambes se contractaient, sa tête se renversait en arrière, son cou se gonflait, et, après quelques minutes, il se trouvait dans une position impossible à soutenir longtemps. Tout son corps se paralysait ; il ne pouvait parler, il ne voyait plus, il n'entendait plus ; son cou et toute sa face étaient rouges : on pouvait craindre une mort instantanée. Pendant tout le temps qu'il restait dans cet état, il se manifestait chez lui une insensibilité complète, et il était impossible à lui et aux autres de remuer un de ses membres ou même un doigt: les yeux étaient fixes, mais il ne voyait pas. Il ne dormait pas non plus.

Après une heure, un des élèves, qui l'avait accompagné chez moi, lui jeta un cri à l'oreille (son nom); peu à peu ses membres commencèrent à se détendre, et, vingt minutes après, tout était fini : il était entièrement revenu à son état normal.

Il se mettait bien seul dans cet état, mais il ne pouvait en sortir seul, il fallait qu'on lui criât plusieurs fois son nom dans l'oreille. Il n'y avait pas sommeil ni même somnolence : c'était une espèce de catalepsie ou de paralysie.

Depuis plusieurs jours, il s'amusait à répéter cette expérience, et déjà des accidents se présentaient ; lorsqu'il voulait prendre son mouchoir dans sa poche, il lui était impossible de le retirer, son bras se trouvait paralysé. Souvent, lorsqu'il était resté un instant debout, engagé dans une conversation, sa jambe était bien lancée au moment où il voulait marcher, mais il ne pouvait poser le pied par terre, la jambe restait en l'air. Il fallait encore lui jeter un cri à l'oreille, sans quoi il serait resté dans cette position.

Il est un grand nombre de faits qui dépendent de la volonté qu'on peut exercer sur soi-même, sans l'intervention d'aucun agent physique ; mais il n'en est pas de même pour les effets que l'on veut produire sur son semblable, il faut le secours d'un agent matériel.

Ce sont là des phénomènes inexplicables comme la plupart de ceux qui nous entourent. Peut-on expliquer comment l'abbé *Paramelle* trouve des sources à l'aide d'une baguette de coudrier ? Par quel pouvoir une baguette de coudrier, lorsqu'on la tient par les deux bouts, prend-elle une impulsion et tourne-t-elle lorsqu'elle se trouve placée au-dessus de métaux tels que l'or et l'argent ?

Ne croyant pas d'abord à ce phénomène, j'ai fait moi-même l'expérience plusieurs fois, et elle m'a toujours réussi. On rangeait sur le parquet, à égales distances, une douzaine d'assiettes creuses, on les retournait, et, sous l'une d'elles, on plaçait une pièce de cinq francs.

J'étais resté dans une autre salle, j'arrivais armé de la baguette de coudrier ; je me promenais dans la chambre en maintenant au-dessus des assiettes la baguette que je tenais par les deux bouts, et, lorsque je passais au-dessus de l'assiette qui recouvrait la pièce de cinq francs, la baguette s'inclinait et tournait.

Quand des faits positifs, bien qu'extraordinaires, se présentent à nos yeux, doit-on d'abord les repousser ? Ne faut-il pas en déduire plutôt que nous ignorons les lois qui régissent la nature, et qu'avec toute notre science, nous sommes encore bien ignorants ?

Ainsi, lorsque nous reconnaissons à certains animaux, oiseaux, poissons et reptiles, des propriétés particulières, pourquoi nous refuser à admettre que l'homme, cet être supérieur, puisse posséder en lui une faculté produite par le fluide nerveux ? Pourquoi nier que cette propriété puisse être curative et vitale, lorsqu'elle est communiquée ? Avons-nous sondé tous les mystères de la création ? Chaque jour ne vient-il pas nous révéler l'immensité des choses de ce monde et les bornes de notre intelligence ? Où sont les limites entre le possible et l'impossible ?

L'*impossible*, est-il dit quelque part, *est un arrêt de notre ignorance cassé par l'avenir*.

Je ne mets point au rang de facultés exceptionnelles la *seconde vue* présentée par Robert Houdin, Chevalier, etc., etc. ; ce sont des effets qui entrent dans la spécialité des physiciens et des prestidigitateurs. Ce prétendu phénomène trouve son explication dans la ventriloquie et la mnémotechnie.

CHAPITRE XVI

DOCUMENTS, EXTRAITS DE JOURNAUX, CORRESPONDANCE

A l'appui des faits et des guérisons, il est bon, je pense, de citer quelques lettres et quelques extraits de journaux. Puis il convient de dire comment les magnétiseurs agissent entre eux.

Voici d'abord une lettre de M. Pinot père, qu'il m'adressa en m'envoyant un certificat que je ne lui avais pas demandé, et que, dans sa reconnaissance, il crut devoir me faire remettre :

Pont-Audemer (Eure), 13 avril 1811.

Monsieur,

C'est avec une vive satisfaction que je viens vous donner des nouvelles de mon fils. Vous savez que, dès la première séance, il perçut des sons que nous avions bien constatés qu'il n'entendait pas avant d'être magnétisé. Le sens de l'ouïe a continué à se développer très rapidement chez cet enfant. Après cinq ou six jours, pendant lesquels je l'ai magnétisé comme vous me l'avez enseigné (1), il a été indubitable pour toutes les personnes qui l'ont vu, qu'il entendait la voix humaine et cherchait à en reproduire les sons, comme le font les enfants à l'âge d'un an.

J'ai été obligé d'interrompre les séances, parce que j'ai été indisposé, mais la faculté auditive n'a rien perdu, elle est restée au même point, l'enfant entend sans qu'il y ait besoin de crier, il faut seulement fixer son attention.

Sa santé n'a jusqu'ici dénoté aucune espèce d'altération ; au contraire, je ne l'ai jamais vu plus gai et mieux portant.

---

(1) J'avais magnétisé l'enfant quatre fois seulement quand je le remis aux mains de son père, et il distinguait des sons et des mots.

Je vous remercie pourtant des bons avis que vous avez bien voulu me transmettre par mon beau-frère; j'aurai soin, ainsi que vous me le conseillez, d'user de mon influence, sans en abuser ; j'aime mieux que les progrès soient lents que de dépasser le but en allant trop vite, excitant l'organe au lieu de le développer.

Combien il est à regretter que le besoin d'opposition, de discussion, d'argumentation, qui semble le propre du siècle où nous vivons, retarde une découverte aussi précieuse ? J'ai fait venir l'ouvrage de M. Deleuze, que vous m'avez indiqué, et je n'ai pas été peu surpris de voir à la page 244, édition de 1825 (1), que la propriété qu'a le magnétisme de guérir la surdité était connue dès cette époque. Comment se fait-il qu'un moyen curatif d'une infirmité aussi cruelle, lorsqu'il y a des effets aussi surprenants que ceux obtenus sur mon fils, reste, pour ainsi dire, dans l'oubli ? Comment tous les infortunés sourds-muets ne sont-ils pas soumis au magnétisme, ne fût-ce que pour savoir si l'organe existe ? Et, supposant même que le fluide seul ne puisse opérer toutes les cures, comment, lorsqu'il a fait connaître que la faculté auditive existe, la médecine ordinaire ne s'efforce-t-elle pas de venir en aide ? Comment tous les parents ne font-ils pas ce que j'ai fait pour mon fils, surtout lorsqu'ils peuvent être aidés par quelqu'un d'aussi loyal et d'aussi désintéressé que vous l'avez été à mon égard ? Combien j'aurais eu de soucis et de chagrins de moins, si j'avais eu le bonheur de vous rencontrer il y a huit ou neuf ans, et de mettre en vous la confiance que vous avez si bien justifiée !

Soyez persuadé, Monsieur, que ma reconnaissance et ma considération vous suivront partout.

Votre dévoué serviteur,

PINOT,

Receveur de l'enregistrement à Pont-Audemer (Eure), ancien élève de l'Ecole polytechnique.

---

(1) DELEUZE, *Instruction pratique du magnétisme*. Nouvelle édition, 1850, 1 vol. in-12.

Le *Pilote du Calvados*, du 6 mars 1841, s'exprime ainsi :

« Parmi les miracles modernes qu'il importe de constater, mentionnons les cures opérées par le magnétisme. Les journaux de science spéciale disent que M. du Potet a rendu l'ouïe et, par conséquent, donné la parole à une vingtaine de sourds-muets. Les sujets ainsi guéris, et dont l'état avait été préalablement précisé, ont été présentés devant un des grands corps savants. On n'ose encore croire à de tels résultats ; mais cependant s'ils sont avérés, s'ils sont opérés sous les yeux des incrédules et sur des personnes dont l'état de surdité complète ne peut être douteux, il faudra bien que la raison triomphe et que le préjugé disparaisse devant une vérité devenue frappante.

« M. Lafontaine n'a encore trouvé l'occasion de faire ici l'application du magnétisme à la guérison des sourds-muets que sur une personne de Caen, la nommée Catherine Montaigu, ouvrière, habitant le quartier Saint-Gilles. Cette fille, âgée de trente-six ans, sourde-muette dès son enfance, a passé plusieurs années de sa jeunesse à l'établissement du Bon-Sauveur de Caen. Plusieurs habitants et le médecin qui lui a donné des soins ont constaté de la manière la plus irrécusable son état de surdité. Après quelques séances seulement, M. Lafontaine est parvenu à lui faire entendre plusieurs séries de sons qu'elle répète d'une manière encore fort irrégulière, mais de sorte cependant qu'il est impossible de douter qu'elle n'en ait la perception. »

Voici un extrait du *Journal de la Vienne*, du 13 juin 1846. (Il est question d'une sourde-muette de vingt-huit ans, mariée et ayant un enfant. Nul être dans ce monde n'éprouvera la joie que cette femme ressentit, lorsque, après quelques séances, elle entendit la voie de son enfant. Un médecin de Poitiers continue cette cure, qui est très avancée, et qui bientôt sera complète).

« Nous avons assisté hier soir à la seconde séance de magnétisme, donnée par M. Ch. Lafontaine, et, hâtons-nous de le dire, nos espérances ont été pleinement justifiées. Après nous avoir montré l'influence de la musique sur une jeune personne en état de somnambulisme, M. Lafontaine a continué ses expériences sur une jeune femme sourde-muette de naissance. C'est alors qu'on a pu juger des résultats qu'il a obtenus par le magnétisme. Cette femme, dont la surdité était complète il y a quelques jours, a entendu et répété plusieurs mots, plusieurs petites phrases ; la prononciation est encore bien imparfaite sans doute, mais les progrès n'en sont pas moins constants. Du reste, M. Lafontaine nous l'a dit, il rend l'ouïe aux sourds-muets de naissance, mais il ne se charge pas de leur apprendre à parler ; c'est à leurs amis, à leurs parents, qu'appartient cette tâche qui ne demande que de la bonne volonté et de la persévérance. La musique surtout a produit sur la jeune sourde-muette une impression profonde : chacun pouvait lire sur sa figure les émotions qu'elle ressentait en entendant pour la première fois les sons harmonieux du piano.

« Nous regrettons bien vivement que le court séjour de M. Lafontaine à Poitiers ne lui permette pas de conduire jusqu'au bout la noble tâche qu'il a entreprise ; mais nous en avons bon espoir. Une personne de notre ville s'est chargée de continuer la cure commencée ; espérons que ses efforts seront couronnés de succès. »

Le *Haro de Caen*, du 1er mai 1841, dit :

« M. Lafontaine a donné hier soir sa séance de magnétisme. Il a présenté un enfant sourd-muet, il a donné à lire le certificat signé par les membres du conseil municipal, le maire et le médecin de Caumont. Il a été constant pour tous que cet enfant entend bien maintenant, et qu'il prononce certains mots très distinctement. »

Voici le certificat concernant cet enfant :

Nous, maire et membres du conseil municipal de la commune de Caumont, chef-lieu de canton (Calvados), soussignés,

Certifions que le sieur Nicolas Thouroude, demeurant et domicilié dans cette commune, a un enfant âgé de huit ans et demi qui est sourd-muet de naissance, et qu'il ne possède aucune fortune tant en meubles qu'en immeubles.

En foi de quoi nous avons signé le présent, pour valoir et servir ce que de droit.

Caumont, le 12 avril 1841.

Gilles Lemonnier,   J. Behut,
J.-B. Moresquet,   Hébert, *médecin*,
L. Lemonnier,   J. Chavin,

Le maire de la commune de Caumont certifie que les signatures ci-dessus apposées sont sincères et véritables

Caumont, 12 avril 1841.

Louvet.

Le *Journal de Toulouse*, du 21 septembre 1846, rend ainsi compte des effets produits sur des sourds-muets :

« Hier au soir, nous avons assisté, dans l'hôtel Casset, à une séance de magnétisme qui a présenté un bien grand intérêt, M. Lafontaine avait convoqué, pour les rendre témoins de cette séance préparatoire, quelques personnes de notre ville, au nombre desquelles on remarquait plusieurs docteurs-médecins. Les expériences annoncées étaient de nature à exciter vivement la curiosité des membres de la réunion ; il ne s'agissait de rien moins que de donner, par la puissance du fluide magnétique, l'ouïe et la parole à des infortunés qui en étaient privés depuis leur naissance.

« M. Chazotte, directeur de notre école des sourds-muets, avait bien voulu permettre que M. Lafontaine opérât sur quelques-uns de ses jeunes élèves.

« La première expérience a eu lieu sur un ouvrier attaché à notre arsenal, âgé d'environ vingt-cinq ans, et qui était tellement sourd, qu'il n'a jamais entendu le bruit des marteaux mis sans cesse en mouvement autour de lui ; on s'est convaincu d'ailleurs, dans la séance d'hier au soir, que sa surdité était complète.

« Après quelques passes faites aux oreilles et sur d'autres parties de la tête, M. Lafontaine a articulé quelques syllabes, et, au grand étonnement de l'auditoire et surtout du jeune ouvrier, celui-ci a parfaitement entendu. On a voulu ensuite lui faire dire les syllabes prononcées par M. Lafontaine ; à cet effet, le magnétiseur lui a montré comment ses lèvres les articulaient, et bientôt le jeune ouvrier les a répétées. Nous ne saurions donner une idée de la joie qui animait le visage de cet infortuné à mesure que les expériences réussissaient.

« M. Lafontaine a répété ses opérations sur un tout jeune élève de l'institution de M. Chazotte ; celui-ci n'était pas complètement privé de l'ouïe, aussi l'expérience a-t-elle réussi plus rapidement encore.

« Un autre sourd-muet, professeur à l'école de M. Chazotte, s'est soumis aux passes de M. Lafontaine ; il n'avait jamais pensé qu'il lui fût possible d'articuler une syllabe, car il se croyait privé de l'organe de la voix ; néanmoins, le magnétisme a produit le même effet sur lui que sur les deux précédents ; le jeune professeur a répété les syllabes que le magnétiseur faisait entendre à son oreille.

« Les succès obtenus dans cette première séance méritent de fixer l'attention du public, et particulièrement des hommes sérieux ; car ce n'est point seulement comme chose curieuse que le magnétisme nous apparaît ici, mais bien comme une découverte devant être éminemment utile à l'humanité.

« M. Lafontaine a terminé la séance en nous montrant une jeune fille de quinze ou seize ans, qu'il a rencontrée, il y a trois semaines, à Bagnères-de-Bigorre, et qui promet de devenir un des meilleurs sujets magnétiques qui existent. M. Lafontaine l'a plongée dans le sommeil avec une étonnante rapidité. Toutes les personnes présentes ont pu se convaincre, par des expériences qui ne pouvaient laisser aucun doute, de son état complet d'insensibilité. Puis une dame s'étant mise au piano, nous avons été témoins de *l'extase sous l'influence de la musique.* Le piano exécutait un air d'un caractère religieux ; la jeune fille a joint les mains, s'est prosternée la face contre terre, puis s'est relevée, et, les yeux levés au ciel, les bras tendus, d'abord comme une personne qui supplie, ensuite dans l'attitude d'une personne qui rend des actions de grâce ; cette pauvre enfant qui, il y a quelques jours à peine, n'attirait d'autre regard peut-être que celui de la pitié, a excité l'admiration par l'inexprimable beauté de sa physionomie et de ses poses extatiques. »

Le *Journal de Toulouse*, du 25 septembre 1846, dit :

« Dans sa séance d'avant-hier jeudi, M. Lafontaine nous a montré encore les jeunes sourds-muets qui avaient paru à sa première séance. Ils ont entendu et articulé de nouveau et sans qu'il fût besoin de nouvelles passes ; l'effet produit par une première opération magnétique s'était maintenu. La même opération, pratiquée pour la première fois sur un autre sourd-muet, en présence de l'assemblée, a offert un très grand intérêt. L'influence du magnétisme sur son ouïe a été merveilleuse ; il a entendu et répété les syllabes prononcées par le magnétiseur avec une facilité extraordinaire. M. Lafontaine a affirmé qu'au moyen d'un traitement de quelques mois, ce jeune homme pouvait parvenir à entendre et à parler parfaitement. Sur la demande d'un membre de la réunion, qui a proposé d'ouvrir une souscription pour donner le moyen à ce sourd-muet de se faire traiter, M. Lafontaine a offert de le magnétiser gratuitement si on l'envoyait à Paris. Nous apprendrions avec plaisir que ce projet fût en voie de réalisation. Nous reverrons probablement, à la dernière séance de M. Lafontaine, quelque nouveau sourd-muet dont il fera éclore la parole et l'ouïe. »

J'ai fait entendre aussi à Paris beaucoup de sourds-muets ; et le 9 décembre 1846, dans la salle Duphot, j'en ai fait entendre un devant deux cents personnes réunies et après avoir constaté sa surdité (1).

Pendant mon séjour à Caen, en 1841, j'étais parvenu à faire entendre huit sourds-muets de la ville, car M. l'abbé Jamet n'avait pas voulu que je fisse des essais sur les enfants de son institution du *Bon-Sauveur*, prétendant qu'il avait été chargé de les *instruire* et non de les *guérir*.

La ville était tellement émue de ces faits, que la spéculation s'en mêla, et un jeune enfant de treize à quatorze ans, qui demandait l'aumône et feignait d'être sourd-muet afin d'inspirer plus d'intérêt, vint me trouver.

(1) Ce sourd-muet demeure rue Saint-Martin, n° 32.

Je fis constater sa surdité par trente personnes au cabinet de l'Académie. Il était depuis trois mois à Caen, et connu de beaucoup d'habitants, entre autres du docteur Lecœur, qui vint me trouver pour me parler de lui.

Je n'eus pas de peine à faire entendre celui-ci ; mais la guérison me parut si brillante que j'en fus effrayé, et que j'allai trouver le procureur du roi, ainsi que le commissaire de police, afin d'avoir des renseignements positifs sur cet enfant, qui prétendait être de Vire.

En attendant les renseignements demandés à Vire et à Rouen, où il disait avoir été élevé, on découvrit sa fraude, et il alla sur les bancs de la police correctionnelle expier par deux années d'emprisonnement son infâme fourberie. Il se nommait Paul Frémont.

Voici une lettre du docteur Guépin, de Nantes, homme instruit, qui écrivait son opinion au *National de l'Ouest*.

Au rédacteur du *National de l'Ouest* :

Nantes, le 9 novembre 1840.

Monsieur,

Vous avez toujours soutenu et défendu courageusement la vérité ; vous accorderez donc une place dans votre journal à la question du magnétisme, malgré la gravité et l'importance des événements politiques.

M. Lafontaine a prouvé à tous les gens de bonne foi de notre ville que, sous l'influence de la volonté, un agent inconnu ou peu connu peut produire, chez certaines personnes favorablement disposées, le sommeil, la perte d'un ou de plusieurs sens, la paralysie d'un membre.

Dans une séance publique et dans des séances particulières, il a mis en contact sa magnétisée avec une bouteille de Leyde fortement chargée, sans que la décharge ait été sentie ; avec un aimant rotatif, sans que cet aimant ait produit de secousses ; et moi-même, je lui ai enfoncé dans la jambe gauche une aiguille mise en communication avec le pôle cuivre d'une pile de Volta, dont le pôle zinc était en rapport avec une autre partie du corps, sans qu'il y ait eu perception de douleur ou guérison de la paralysie que le magnétisme avait produite.

M. Lafontaine a encore établi, en présence de personnes honorables et dignes de foi :

1° Qu'il peut endormir sa somnambule en la magnétisant sans qu'elle le sache et lorsqu'elle a le dos tourné ;

2° Qu'il peut la magnétiser à des distances assez considérables ;

3° Qu'il peut, lorsqu'elle marche, lui paralyser les jambes et la forcer à s'arrêter sur-le-champ.

L'on m'a dit, mais je n'en ai pas été témoin, que M. Lafontaine avait obtenu chez une jeune personne de notre ville des phénomènes de clairvoyance ; que cette nouvelle magnétisée avait vu ce qui se passait dans un lieu dont elle était séparée par une cloison ou par un mur. Les faits de cette nature sont connus et irrévocablement acquis à la science. Il ne serait donc pas étonnant que ceux-ci fussent vrais.

Sans doute, il importe que le magnétisme animal soit débarrassé de tout ce bagage de charlatanisme dont il est trop souvent entouré ; mais il importe aussi, lorsque l'Académie de médecine de Paris *manque à ses devoirs* en refusant de constater des faits positifs, que les hommes qui aiment la vérité mettent de l'ardeur à la faire triompher. Un agent aussi puissant que le magnétisme ne peut être indifférent. Déjà des études historiques et philosophiques du plus haut intérêt semblent établir une grande liaison, une sorte de parité, entre l'affection spéciale et momentanée produite par le magnétisme animal, et les états particuliers connus sous les noms de *catalepsie*, d'*extase*, de *démonomanie*.

Nantes a vu dans un autre siècle enfermer au Bouffai quatre somnambules naturels. Ces malheureux, devenus somnambules lucides, racontèrent ce qui se passait et dans la ville et dans des châteaux voisins. On s'empressa d'expédier des courriers pour vérifier leur assertion, et on trouva qu'ils avaient dit la vérité. L'on en conclut, à cette époque où la science était moins avancée, que le diable était intervenu dans cette affaire, et les magnétiques furent brûlés vifs comme possédés du démon.

Il y a quelques années, une dame non moins remarquable par l'élévation de son intelligence que par l'exaltation de ses croyances religieuses, étonnait notre ville par les guérisons miraculeuses qu'elle obtenait parfois. Or, n'est-il pas à regretter que des violences déplorables, qu'une émeute dont nous avons à rougir, aient interrompu cette série de faits curieux dont la science devait relever et scruter toutes les circonstances, dont une philosophie éclairée eût dû protéger l'étude, en écartant avec énergie les obstacles que voulaient lui imposer l'ignorance et les préjugés ?

Quant à moi, je le dis hautement, ma conviction est bien établie.

Je crois que, dans les temples de l'Inde, de l'Égypte et de la Grèce, le magnétisme était employé comme moyen curatif.

Je crois qu'aux premiers jours du christianisme, les extatiques religieux de l'époque ont souvent présenté les phénomènes d'insensibilité si bien connus et décrits aujourd'hui. Je crois notamment que le martyre de sainte Perpétue, à Carthage, en fournit une preuve irrévocable.

Je crois que les extatiques du diacre Pâris ont présenté les mêmes phénomènes, et que le célèbre chirurgien Morand n'a pas été dupe dans l'examen qu'il en a fait.

Je crois au caractère contagieux de l'état d'extase, et, par suite, je crois à ce qui est raconté par les historiens, sur les extatiques des Cévennes, sur l'affaire d'Urbain Grandier et sur un grand nombre d'autres.

Je crois de plus que le magnétisme animal peut être, dans la chorée, les paralysies locales, le tic douloureux, l'aménorrhée, la catalepsie, un moyen de guérison plus puissant et moins douloureux que le galvanisme lui-même, qui convient à la plupart de ces affections.

Je n'ai donc aucune répugnance à admettre que M. Lafontaine ait pu guérir, chez mon confrère, le docteur Recurt, du faubourg Saint-Antoine, un paralytique auquel il a rendu l'usage de la parole et du bras ; — chez mon ancien condisciple, le docteur Casimir Renaud, à Cinq-Mars-la-Pile, près Tours, en présence de M. Langeais, de M. de la Béraudière et de huit ou dix autres personnes, un paysan paralysé du bras gauche ; à Mons, à l'hospice de la Mendicité, un vieillard paralytique, etc., etc.

Dans tous les cas, si ces faits sont douteux, vérifions-les par des expériences nouvelles ; s'ils sont avérés, un nouveau monde s'ouvre aux investigations de l'homme, et nous serions criminels d'en négliger l'étude.

Je vous salue. Votre tout dévoué,

A. Guépin.

CHAPITRE XVII

COMMENT LES MAGNÉTISEURS AGISSENT ENTRE EUX

Les séances publiques ont toujours été l'effroi des magnétiseurs craintifs et jaloux, qui auraient voulu garder pour eux seuls la précieuse faculté de soulager leurs semblables. Ils s'imaginaient qu'en restant dans l'ombre, ils pourraient faire reconnaître et adopter le magnétisme par les corps savants. Malheureusement ce n'est que forcés par l'opinion publique, que les médecins adoptent les nouvelles découvertes, surtout quand ils pensent que ces découvertes peuvent nuire à leur position.

Le magnétisme a grandi, et bientôt il sera adopté, pratiqué et enseigné dans nos académies et nos écoles, grâce aux magnétiseurs qui, comme nous, se sont jetés en enfants perdus dans la lice sans craindre le ridicule, le sarcasme, ni même les attaques de ces magnétiseurs amateurs ou soi-disant tels, qui, plus versés dans la théorie que dans la pratique, se croient toute la science et la refusent à quiconque ne pense pas comme eux.

C'est ainsi qu'en 1845, dans la *Revue magnétique*, publiée par M. Aubin Gauthier, M. Brice de Beauregard insérait contre moi un article rempli de mauvaise foi, d'ignorance et de malveillance.

Pour ce magnétiseur amateur et ceux de son école, tout était et tout est encore perdu par les séances publiques. Il nous accusait de profane, d'avilir même le magnétisme par des expériences cruelles, etc. Comme Deleuze, Jussieu, Bruno, Puységur, etc., M. de Bauregard veut que nous ne fassions pas d'expériences publiques.

Dans la lettre que nous avions adressée, à cette époque, à la *Revue magnétique*, nous disions une chose vraie, c'est qu'aucun de ces personnages n'était magnétiseur de profession. Nous demandions et nous demanderons encore à M. de Beauregard, si, parce qu'autrefois on ne vaccinait pas, il ne faut pas vacciner aujourd'hui ; s'il faut rester stationnaire et faire strictement ce que l'on faisait autrefois.

Nous pourrions lui demander s'il pense que nous n'ayons pas aujourd'hui plus d'expérience pratique que du temps des auteurs qu'il cite ; puis encore si le magnétisme ne s'est pas propagé davantage depuis qu'on a fait des séances publiques, que lorsqu'on magnétisait sous le manteau de la cheminée.

M. de Beauregard trouvait encore qu'il était infâme de faire des expériences d'insensibilité sur des somnambules.

Les somnambules sentent ou ils ne sentent pas ; là est toute la question.

Si les somnambules souffrent pendant leur sommeil, ou bien à leur réveil, cela est infâme en effet ; mais si les somnambules ne souffrent pas pendant leur sommeil, s'ils ne souffrent pas lorsqu'ils sont réveillés, bien loin de commettre une infamie, c'est faire une bonne action que de présenter au public des expériences qui puissent d'abord le convaincre de la puissance du magnétisme et de son utilité, en les lui présentant comme pouvant préserver des malheureux condamnés aux opérations chirurgicales des souffrances horribles qu'ils subissent pendant et après l'opération.

Deleuze et certains autres magnétiseurs d'autrefois ne savaient pas produire l'insensibilité. Ils l'ont rencontrée quelquefois, et en ont été effrayés (Deleuze lui-même le dit). Cependant M. Brice le nie, et il nous renvoie à l'école.

Nous savons trop ce que nous devons à M. Brice de Beauregard pour le renvoyer lui-même à l'école, mais il ne sera pas surpris que nous le taxions de mauvaise foi, ou d'ignorance s'il le préfère, car voilà ce que dit Deleuze à la page 139 de son *Instruction pratique*, édition de 1825 :

« Parmi les phénomènes qu'a souvent présentés le somnambulisme, il en est un dont on peut, dans certaines circonstances, tirer le plus grand avantage : c'est celui de l'insensibilité absolue. On a vu des somnambules qu'on pouvait piquer, pincer très fortement sans qu'ils le sentissent. Une des somnambules qu'on a eues à la Salpêtrière n'éprouvait aucune impression d'un flacon d'alcali volatil qu'on lui mettait sous le nez ; et lorsqu'on a fait à l'Hôtel-Dieu des expériences sur le magnétisme, on a appliqué le moxa à deux somnambules qui ne se sont point réveillés. On a conclu de ces expériences dangereuses que, si une opération chirurgicale est nécessaire à un malade susceptible de somnambulisme, on peut la faire sans causer de la douleur ; et cela est vrai dans certains cas. Mais quoique cette insensibilité se soit montrée chez presque tous les somnambules qu'on a vus à l'Hôtel-Dieu et à la Salpêtrière, il s'en faut de beaucoup qu'elle soit générale ; je pense même qu'elle n'aurait pas lieu si l'on ne chargeait pas trop, et si l'on avait soin d'entretenir l'harmonie. *Mes somnambules ne me l'ont jamais présentée* ; leur sensibilité était, au contraire, plus délicate que dans l'état de veille ; le contact d'un corps non magnétisé leur était désagréable, et l'attouchement d'une personne étrangère leur faisait beaucoup de mal. J'ai même la certitude que des somnambules ont éprouvé des convulsions et se sont réveillés, pour avoir été touchés brusquement par quelqu'un qui n'était point en rapport. »

Comme on le voit par ce paragraphe, Deleuze n'a jamais produit l'insensibilité et ne savait pas la produire ; il la craignait comme dangereuse, comme pouvant procurer une perturbation dans l'organisme. Il était dans l'erreur, comme y est encore M. de Beauregard.

L'insensibilité est un des effets les plus utiles du magnétisme ; non seulement pour les opérations chirurgicales, mais même afin d'éviter les accidents, les convulsions aux somnambules dont parle Deleuze.

Si l'organisme de ces somnambules avait été entièrement envahi, complètement saturé par le fluide du magnétiseur, jamais ils n'auraient eu de convulsions, jamais ils ne se seraient réveillés par le contact d'une personne étrangère.

Aujourd'hui nous savons ce qu'on ne savait pas alors, nous sommes aptes à produire d'une manière positive tel ou tel effet, en agissant de telle ou telle manière.

A l'époque de Deleuze, on ne cherchait qu'à produire le sommeil en magnétisant à grandes passes, et on profitait du somnambulisme s'il se présentait. Aujourd'hui nous savons comment provoquer le sommeil, le somnambulisme, l'insensibilité et la majeure partie des phénomènes ; il en est peu que nous ne puissions produire en magnétisant de telle ou telle façon : nous avons profité de ce que savaient nos prédécesseurs, de même que ceux qui nous succéderont, profitant de notre expérience, en sauront davantage : c'est dans l'ordre.

Quant au jeune somnambule dont parlait M. de Beauregard, et qu'il qualifiait de *cataleptique et d'incurable*, nous lui dirons que ce jeune homme n'était point cataleptique, que même, jusqu'à ce jour, il n'a jamais eu une seule crise de catalepsie ni d'aucune autre maladie nerveuse.

Nous produisions sur lui la catalepsie, comme sur tous ceux que nous magnétisons pour faire des expériences, et nous pouvons lui affirmer que, même dans le somnambulisme, jamais elle ne s'est produite seule, et que nous avons été toujours obligé de la provoquer.

Nous dirons un mot d'une attaque nouvelle faite par un M. A.-S. Morin, dans un livre qu'il vient de publier sous le titre *Du magnétisme et des sciences occultes*. Cet ouvrage savamment mais non scientifiquement écrit, est d'un bout à l'autre, tantôt un réquisitoire, tantôt un plaidoyer. Nous n'avons pas bien compris le but que l'auteur s'est proposé, mais nous avons reconnu aisément qu'il n'était pas praticien, qu'il n'avait même pas beaucoup de sympathie pour les magnétiseurs praticiens, et nous ne pensons pas qu'il soit même très croyant au magnétisme ; car il nie à peu près toutes les causes et tous les effets. Avant d'ouvrir son livre nous en étions convaincu : les titres de ses premières professions étalés auprès de son nom, au lieu du titre de l'emploi qu'il occupe aujourd'hui (1), celui de rédacteur du journal du magnétisme de M. du Potet, nous avaient averti qu'il rougissait en quelque sorte de cet emploi, quelque honorable et lucratif qu'il fût.

Son livre se ressent de sa première profession : M. A.-S. Morin parle de tout, mais en homme qui n'a rien approfondi, dénigrant les hommes, niant les faits, et se considérant comme seul capable d'examiner et de prononcer avec prudence et infaillibilité.

M. A.-S. Morin (ne pas confondre avec M. A. Morin, le spirituel auteur de *Comment l'esprit vient aux tables, et de la magie du dix-neuvième siècle*, mais bien M. A.-S. Morin, avocat, ancien sous-préfet, et non magnétiseur), quoique rédacteur d'un journal du magnétisme, nous attaque dans nos expériences, dans les faits avancés par nous dans nos ouvrages, dans l'*Art de magnétiser* ; et en outre de ses doutes plus injurieux qu'une franche dénégation, il nous attaque personnellement, en nous accusant de faire *une industrie* de nos séances magnétiques expérimentales, nous comparant en cela à un faiseur de tours.

Si, parmi ceux qui ont pratiqué le magnétisme, il est des hommes honorables que leur position de fortune a mis à même de le faire gratuitement, répandant leur bienfait autour de leur demeure, il en est d'autres non moins honorables qui, sans fortune, mais poussés également à embrasser

---

(1) Pendant la réimpression de cet ouvrage, M. Morin a été remercié et ne possède plus cette place.

cette carrière par un élan de vocation, se sont trouvés forcés de faire payer les soins qu'ils donnaient aux malades et la propagande qu'ils faisaient par des séances.

Mais si une accusation pareille, venant de M. Morin, valait la peine d'être réfutée, les séances gratuites que nous avons données à Paris pendant quatre ans tous les mardis ; à Marseille et à Genève depuis neuf ans, et tous les malades auxquels nous avons consacré et nous consacrons encore gratuitement la moitié de nos journées, suffiraient à démentir une fausseté à laquelle ce monsieur donnait une portée insultante pour nous.

Quant aux faits de la magnétisation des animaux que nie M. Morin, sa dénégation ne saurait invalider des faits maintes fois reconnus par des hommes dont l'honorabilité n'est pas contestable. Il en est de même de toutes les autres expériences que M. Morin ne veut pas admettre, il faut le laisser dans son erreur dans laquelle il a l'air de se complaire.

Quant aux sourds-muets qu'il nous accuse d'avoir présentés comme guéris, si cet homme infaillible s'était donné la peine de lire l'*Art de magnétiser*, première et deuxième édition, il n'aurait rien trouvé de semblable, et il se serait évité le désagrément d'avoir calomnié un homme. Il en est de même des renseignements qu'il prétend avoir pris sur Vaillant et Eulalie Puteau. Cette dernière a été magnétisée en mars 1843, et nous trouvons sur notre livre d'observations qu'elle n'entendait rien, et qu'après la magnétisation, elle a perçu les sons de la voix humaine.

Quant à Vaillant, il a été magnétisé en mars 1845, il a perçu les sons de la voix humaine. Mais ni l'un ni l'autre ne sont indiqués comme ayant été guéris, ni même comme ayant pu l'être ; ils n'ont même pas d'étoile devant leur nom.

M. Morin, s'il eût voulu vraiment se convaincre, aurait pu en trouver d'autres qui lui auraient prouvé que nous n'avons jamais avancé un fait qui ne fût positif.

Nous ne nous défendrons pas davantage contre de pareilles accusations, qui retombent sur la tête des hommes assez lâches et assez peu de bonne foi pour les avancer par jalousie et méchanceté.

CHAPIRE XVIII

OPINION DU CLERGÉ ET DES SAVANTS TOUCHANT LE MAGNÉTISME

Citons aussi à l'appui du magnétisme l'opinion des hommes de savoir, et des membres du clergé assez courageux pour donner publiquement leur opinion.

Le 6 décembre 1846, le mot *magnétisme* a raisonné pour la première fois sous les voûtes de Notre-Dame de Paris. Là, devant un auditoire ému, le révérend père Lacordaire a laissé tomber ces paroles du haut de la chaire :

« Il y a dans la nature trois choses : la substance, la force et la loi. Eh bien, la substance, elle varie à tout moment ; elle est variable de sa nature ; elle change de formes, de pesanteur, de densité (pardonnez-moi ces expressions techniques) ; elle change à tout moment, et puis elle va se condenser ailleurs pour y produire d'autres phénomènes. A tout moment la substance et la force changent de lieu et de concentration. Il n'y a qu'une chose immobile, c'est la loi mathématique, et c'est cette immobilité de la loi mathématique, c'est cette impossibilité où elle est de changer, qui maintient l'ordre dans la nature. Ainsi Dieu a donné à la nature une loi immuable qui ramène tout à soi, et deux éléments mobiles qui sont la substance et la force.

« Eh bien, quand Dieu fait un miracle, remarquez ce qui se passe. Touche-t-il à la loi mathématique ? Ce n'est pas possible. Dieu ne peut pas faire que les rayons d'un cercle ne soient pas égaux ; ils le sont en vertu d'une loi qui a son centre dans l'éternité divine. Aussi jamais Dieu ne change la loi mathématique. Sur quoi donc agit-il ? En vertu de la loi de la pesanteur, mon bras, abandonné à lui-même, tombe perpendiculairement le long de mon corps. Cependant, par la seule puissance de ma pensée, je l'élève contre la loi de la pesanteur en apparence. J'use d'une loi dont je suis le centre, et je contre-balance la loi de la pesanteur qui m'appelait au centre de la terre et qui faisait tomber mon bras perpendiculairement à mon corps.

« Eh bien, quand Dieu, si vous voulez, arrête le soleil, qui, en suivant une courbe mathématique, va en vertu d'une force de projection, Dieu, centre de toutes les forces, applique à cet astre une force suprême qui contre-balance celle qui le pousse, et le tient immobile par la même raison qu'un corps suspendu entre deux forces égales demeure en repos. Dieu ne fait qu'appliquer au soleil une force dont, à tout moment, nous disposons nous-mêmes ; seulement il est le réservoir d'une force supérieure, qu'aucune combinaison mathématique ou dynamique ne peut égaler : il est le réservoir de la force absolue ; et, par conséquent, il fait ce que nous appelons des *miracles*.

« Ainsi, quand nous allons demander au médecin la santé, contrairement à toutes les lois apparentes de la nature, il pourrait nous répondre ; « Est-ce que je puis changer les lois de la nature ? » Il les change cependant, il vous apporte un fébrifuge, et vous recouvrez la santé. Eh bien, Dieu, en qui est la force fébrifuge, comme toutes les autres forces, vous applique la force fébrifuge qui a ses racines en vous. Il lui commande comme je commande à ma main, à qui je dis : « Baisse-toi, » et elle se baisse.

« Passons à la seconde objection.

« On a dit : Les miracles ne prouvent rien, parce qu'il n'y a rien d'aussi simple, d'aussi facile que les miracles ; toutes les doctrines en ont eu.

« Je réponds que cette assertion est complètement fausse, qu'aucune doctrine n'a invoqué des miracles dans le passé et n'en invoque dans le présent... Expliquez-moi pourquoi, à Paris, à la face de notre soleil, on n'a pas encore osé, sur les places publiques, comme le Christ, faire parler les muets, ressusciter les morts, faire, en un mot, le plus petit miracle.

« On m'a répondu que c'est parce que nous avons des académies, parce qu'on aurait cité les miracles à comparaître devant la justice savante. Mais cette objection, si elle est applicable ici, ne l'était pas du temps de Mahomet. Eh bien, pourquoi Mahomet n'avait-il point fait de miracles ? parce qu'il vivait dans un siècle historique, et qu'on ne fait point de miracles dans un siècle historique, quand on n'est pas Dieu.

« Le paganisme et le rationalisme l'ont bien senti, car ils ont voulu opposer aux miracles de Jésus-Christ des miracles de leur façon. »

(L'orateur fait ici justice des prétendus miracles d'Appollonius de Tyane, et établit ensuite qu'à l'exception du peuple juif, aucune doctrine n'a eu pour elle des miracles).

« Mais dira-t-on, il est si facile de faire des miracles, aujourd'hui même il s'en fait encore.

« J'aborde cette objection sans aucune espèce d'ambages, car je ne recule jamais devant aucun fait.

« On dit donc qu'il y a dans la nature des forces occultes que nous appelons aujourd'hui des *forces magnétiques*, et que ces forces donnent à celui qui en est doué une puissance de vision et d'opération tout à fait supérieure à ce que l'humanité peut faire, et que, par conséquent, il n'est pas étonnant qu'à des époques antérieures, ce fait ait pu être découvert par le Christ et par des hommes qui se sont trouvés dans une situation analogue.

« Messieurs, je pourrais répondre tout simplement que la science n'a pas encore admis jusqu'ici, constaté, reconnu l'existence des faits magnétiques. Je pourrais, par conséquent, vous dire : Vous, rationalistes, commencez par vous mettre d'accord, par constater, selon vos procédés, l'existence de ces forces occultes, et puis, quand vous serez d'accord entre vous, nous pourrons nous en occuper.

« Mais, Messieurs, je ne me guide jamais d'après la science, mais d'après ma conscience; je crois donc fortement *aux faits magnétiques*. Eh bien, oui, je crois que *la force magnétique* augmente prodigieusement la force de vision de l'homme ; je crois que les faits sont constatés par un certain nombre d'hommes très sincères et très chrétiens. Je crois que, dans la généralité, ces faits sont des faits naturels, que, par conséquent, il faut en rendre compte, et que jamais l'homme n'a manqué de la connaissance de ces secrets. Je crois que tout ce que nous avons vu dans le fond des temples du paganisme, à part la supercherie qui était manifeste, je crois que la magie et tant d'autres choses étaient tout simplement fondées sur la force magnétique.

« Eh bien, oui, par une protestation divine contre les formules de la science, qui date d'Adam, Dieu a voulu que cette force existât, pour montrer au matérialisme qu'en dehors de la foi, il y a cependant sur la terre des restes de la puissance adamique, des restes du paradis terrestre qui marquent la puissance de notre âme, et prouvent qu'elle n'est pas tout à fait courbée sous le joug, qu'il y a quelque chose au-delà de la mort. Oui, je crois à cela de tout mon cœur. Mais c'est là, remarquez-le tout d'abord, un phénomène de vision et non d'opération, qui appartient à l'ordre prophétique et non à l'ordre miraculeux. C'est un phénomène par lequel on agit, on opère.

« Eh bien, vous qui avez cette force magnétique, je ne vous demande pas ce qui sera dans mille ans, je vous demande : Demain, qu'arrivera-t-il relativement aux objets qui préoccupent le plus la pensée publique, sur des points dont tous les éléments sont dans vos mains ? Vous ne me répondez pas, et je sais bien pourquoi : c'est que votre force est si impuissante, que la police elle-même y a renoncé, parce qu'en s'y fiant, au lieu de mettre la main sur les coupables, elle l'aurait mise sur les innocents (sourires).

« ..... Le magnétisme n'est rien par ses résultats ; il constate le spiritualisme, mais ne produit rien. C'est comme à Babylone sur les bords de l'Euphrate, ce débris calciné qui frappe la vue. Le voyageur le ramasse, il songe au grand édifice dont il faisait partie ; mais ce débris ne dit rien et ne peut pas répondre. Ce n'est pas un principe de l'humanité : c'est une simple tuile cassée, et qui ne sert qu'à la curiosité.

« Encore un mot, et je termine.

« Vous me direz : Mais si cette puissance miraculeuse existe dans Dieu, pourquoi ne voyons-nous pas plus de miracles ?

« Vous ne voyez plus autant de miracles qu'au temps de Jésus-Christ, soit ; mais jamais l'opération miraculeuse n'a cessé dans l'Église ; elle y reste et produit une foule de faits... »

C'est une opinion bien franche et bien puissante que celle du révérend père Lacordaire : il croit au magnétisme, il croit au somnambulisme ; mais il ne voit pas de résultat, mais, selon lui, le magnétisme ne produit rien.

N'est-ce donc rien, Monsieur Lacordaire, que de rendre l'ouïe aux sourds-muets et la vue aux aveugles ? N'est-ce donc rien que de faire marcher des paralytiques, et de guérir des épileptiques et des milliers de malades ?

Oh ! certes, ce sont là de beaux résultats, mais M. Lacordaire paraît les ignorer ; il est comme la majeure partie du monde, qui ne connaît du magnétisme qu'un seul effet, le somnambulisme, et qui prend cet effet pour le magnétisme même, sans voir autre chose. Mais pour nous, magnétiseurs, le somnambulisme n'est point un effet essentiel, et je dis mieux, il n'est pas utile dans l'état de choses actuel ; il est plutôt nuisible ; car la lucidité est tellement passagère, que, loin de faire croire et de faire admettre le magnétisme, le somnambulisme est peut-être la seule cause qui l'a fait repousser.

Cependant le bill d'adhésion donné au magnétisme par M. Lacordaire doit être d'un grand poids et d'un grand secours près des corps savants : peut-être s'émouvront-ils enfin lorsqu'ils verront la portion la plus éclairée du clergé français parler favorablement du magnétisme ; peut-être qu'ils se décideront à s'en occuper, et qu'ils cesseront de se laisser traîner à la remorque. Allons, Messieurs des académies, appelez près de vous des magnétiseurs consciencieux et expérimentés, ne leur demandez pas de somnambulisme, mais dites-leur : « Nous voulons en finir avec le magnétisme, l'adopter, l'employer, s'il est bon à quelque chose ; montrez-nous son côté utile, s'il en a un. » Facilitez leur expérimentation en leur ouvrant les hôpitaux, mais largement, mais sans entraves (1) ; mettez-les dans la position de guérir cer-

(1) En 1844, j'ai été admis dans deux hôpitaux de Paris, à la Pitié dans le service de M. Bérard, et à Beaujon dans le service de M. Robert, mais il fallait nous cacher. Il était impossible d'agir ainsi.

taines maladies, de produire cette insensibilité à l'aide de laquelle s'obtiennent les opérations sans douleur; n'apportez aucune prévention ni mauvais vouloir. Dites-vous : Aujourd'hui le magnétisme est universellement reconnu et adopté par le public : il faut, s'il est réel et utile, régulariser son emploi ; il faut le faire sortir de l'ornière et lui assigner une place convenable. Il faut que les médecins en usent non comme d'une panacée universelle, mais bien comme d'un moyen puissant de guérison dans certaines maladies où la médecine ordinaire échoue ; il faut que, dans d'autres cas, les médecins l'emploient comme auxiliaire avec les moyens que la médecine possède : et alors vous verrez bientôt tous ces moribonds, tous ces malheureux pour lesquels vous vous sentez impuissants, revenir à la vie ; vous pourrez leur administrer des remèdes qui, dans votre conscience, pourraient les guérir, s'ils avaient la force de les supporter. Il vous manque un agent, nous vous l'offrons : acceptez le magnétisme comme vous acceptez le vaccin, l'émétique, etc., etc. ; employez-le comme auxiliaire, et bientôt vous vous applaudirez d'avoir enfin ouvert les yeux, vous nous remercierez, nous autres pauvres magnétiseurs, qui avons l'expérience, sans avoir la science que vous possédez, mais bientôt vous nous délaisserez pour vous emparer complètement du moyen que nous vous offrons. Il y a du courage, à nous, il y a de la vertu à venir vous prier de vous saisir de notre bien, et cela à notre détriment ; car il est certain, il est prouvé pour nous que, lorsque vous aurez adopté l'emploi du magnétisme, vous le rangerez parmi les agents médicaux, et il sera interdit à tous ceux qui ne seront pas médecins.

Celui qui signe cet ouvrage n'est pas médecin ; il exerce la profession de magnétiseur, et en fait vivre sa famille. L'appel qu'il fait ici aux corps savants et aux autorités médicales est plus que désintéressé ; mais il est temps que la question soit franchement résolue, il est temps de faire triompher la vérité, et de mettre un terme à ces torrents de polémique enfantés jusqu'à nos jours par la découverte de Mesmer.

M. Lacordaire reconnaît le magnétisme à Notre-Dame, et

il y a quelque temps, un des plus célèbres prédicateurs anglais, le révérend Mac Neil, me représentait à Liverpool comme étant l'*agent du diable*, et le magnétisme *comme l'œuvre du démon*. Il disait cela du haut de sa chaire, et cependant c'est un homme fort éclairé et rempli de science ; mais son esprit s'était obstiné à repousser le magnétisme sans examen préalable.

A Nottingham, le révérend Keyworth, appuyé de deux ou trois fanatiques comme lui, MM. Freasson, Brown Taylor et le docteur Wilson, venait pour enlever mes somnambules et voulait les enfermer, afin de les débarrasser de ma puissance *diabolique*. Ils auraient commis des excès, si, par ma prudence et mon sang-froid, je ne les avais pas effrayés sur les conséquences de leur coupable tentative, qui, à leurs yeux, était un acte méritoire et consciencieux.

M. de Lamennais, que certes on n'accusera pas de faiblesse d'esprit, croit également au magnétisme. Voici ce qu'il dit dans sa *Philosophie*, t. II, p. 428 :

« La crédulité, l'imposture, l'aveugle amour du merveilleux, en attestant des faits chimériques, ont jeté de l'incertitude sur les faits réels, car il en est de réels, et l'on ne peut que déplorer, sous le rapport de l'avancement de la science, l'obstination étroite qui se refuse à un examen suivi, sévère, impartial de ce genre de faits, entre lesquels il importe extrêmement de distinguer ceux qu'on doit admettre sur des preuves irréfragables de ceux qui n'ont de fondement que dans une imagination prévenue.

« Point de doute que l'homme ne puisse tomber de soi-même, sans l'intervention apparente d'aucun agent extérieur, dans un état semblable au sommeil à quelques égards, et différent à d'autres égards ; semblable en ce que la vie de relation est en partie suspendue comme dans le sommeil ; différent en ce que cette vie étant en partie suspendue, le somnambule, isolé des objets environnants et n'en ayant aucune conscience, ne laisse pas d'accomplir une suite d'actes volontaires parfaitement combinés pour une fin, lesquels n'appartiennent d'ordinaire qu'à l'état de veille, et dont il ne lui reste aucun souvenir à son réveil.

« Point de doute encore que cet état singulier puisse, en certains cas, être déterminé par l'action d'un individu sur un autre, et qu'alors les phénomènes principaux restant les mêmes que dans le somnambulisme naturel ou spontané, il s'en produit un nouveau, savoir : un rapport particulier, exclusif, établi entre le somnambule et celui qui a provoqué en lui le sommeil magnétique. Ce fait et le pouvoir qu'il implique rentrent évidemment dans la classe des phénomènes généraux de communication des êtres entre eux. »

Après l'opinion de MM. Lacordaire et Lamennais, il ne sera point déplacé de donner ici l'opinion particulière de *Notre Saint-Père le pape, Pie IX,* sur le magnétisme animal.

Ce sont ses propres paroles que je vais citer, et qu'il m'adressa le 14 novembre 1849, dans une audience particulière qu'il avait eu la bonté de m'accorder.

Je me rendis à Portici, et la première parole que m'adressa Sa Sainteté fut pour me demander si j'étais de la famille du *bon* Lafontaine, le fabuliste.

Sur ma réponse affirmative, il s'étendit en éloges. Je lui présentai cet ouvrage : l'ART DE MAGNÉTISER, en le suppliant de vouloir bien l'accepter, il l'ouvrit.

« Du magnétisme, dit-il, oh! M. Lafontaine, c'est une arme qui peut être bien dangereuse ; je ne nie pas, je ne prétends pas nier le magnétisme. *C'est un effet naturel, c'est un effet physique, ayant une cause toute naturelle, seulement je doute de son utilité.*

« — Votre Sainteté me permettra-t-elle de lui dire que cela dépend du point de vue sous lequel on l'envisage ?

« Si on veut le considérer comme un moyen auxiliaire de la chirurgie et de la médecine, il peut être d'une grande utilité.

« Si on s'attache, au contraire, au côté merveilleux, il peut être dangereux comme toute chose, car il n'y a pas sur terre une seule chose qui n'ait son bon et son mauvais côté, la religion même....

« — ..... Oh! chut!.... me fit le Saint-Père. Je ne dis pas qu'il ne puisse être utile, mais seulement j'en doute et surtout comme moyen curatif ; *mais c'est un effet de la nature, comme l'électricité, qui rentre tout à fait dans l'ordre physique.*

« — Votre Sainteté doute qu'il soit utile ; cependant il peut guérir toutes les maladies nerveuses ; et si vous daignez jeter un coup d'œil sur ce livre, vous pourrez voir, très Saint-Père, que, dans bien des cas, j'ai réussi à guérir des maladies réputées incurables : des paralytiques, des épileptiques, des sourds-muets, même des aveugles.

« Il y a trois jours, très Saint-Père, devant tous les ministres étrangers et devant des familles napolitaines les plus dignes de considération, j'ai fait entendre un sourd-muet napolitain que le directeur général de la douane m'avait envoyé. »

Alors Sa Sainteté, prenant intérêt à mes explications, me fit beaucoup de questions sur le magnétisme, sur la manière dont je l'employais, sur les guérisons que j'avais produites, etc., etc. : toutes ces questions étaient faites, tantôt en italien, tantôt en français. Quand elles étaient faites en italien, je rappelais à Sa Sainteté que je ne comprenais pas, et, avec une bonté extrême, le Saint-Père recommençait sa question en français.

Et enfin, après m'avoir gardé pendant vingt minutes, Sa Sainteté me congédia en me donnant sa main à baiser et en me disant :

« Eh bien! Monsieur Lafontaine, souhaitons et espérons que, pour le bien de l'humanité, le magnétisme pourra bientôt être généralement employé. »

Les paroles du Saint-Père peuvent être regardées comme une approbation donnée au magnétisme, mais au magnétisme employé comme moyen thérapeutique pour la guérison des maladies ; au magnétisme, dans son acception simple et naturelle, comme don de Dieu pour soulager notre pauvre humanité.

Les audiences n'étant ordinairement que de quatre à cinq minutes, en sortant du cabinet du Saint-Père, je fus accablé de questions et de compliments sur la longueur de celle que le pape m'avait donnée, par les monsignores le prince de Hohenlohe, le duc de Boroméo, et par plusieurs autres personnes qui attendaient leur tour, et qui avaient assisté chez moi à quelques expériences magnétiques.

Pendant que le Saint-Père m'accueillait avec une bienveillance extrême et exprimait le désir que le magnétisme fût enfin adopté et employé, que faisaient la police de Naples et son bon roi?

Son préfet de police, M. Pekenetti, me traquait et me défendait poliment de réunir chez moi quelques personnes, même les ambassadeurs, pour leur faire voir du magnétisme.

J'avais beau lui dire que chacun était libre de faire danser, chanter, jouer chez lui les personnes invitées; que j'en pouvais faire autant et y ajouter quelques expériences de magnétisme si cela me convenait.

Ayant une réunion le lendemain, et toutes mes invitations étant faites, je le priai de me faire l'honneur d'y assister, lui disant qu'il n'y serait point déplacé, puisqu'il y rencontrerait les ministres étrangers et les plus grands personnages de Naples. Je lui proposai même de le magnétiser, lui promettant de l'endormir promptement.

A cette dernière proposition, il fit la plus laide grimace que j'aie jamais vue; sa figure exprima l'effroi, et, envoyant derrière son dos sa main gauche rejoindre sa main droite, il fit les cornes des deux mains, comme tout Napolitain qui rencontre un *jettatore*. Il me répondit, en tremblant, qu'il me remerciait beaucoup, mais qu'il ne pouvait accepter. Je crois que si j'étais resté plus longtemps, il se serait évanoui ou qu'il aurait eu au moins une attaque de nerfs.

Plus tard, je reçus l'ordre de partir dans les six jours. Furieux, je courus à la préfecture de police, et je menaçai M. le préfet de l'endormir et de ne plus le réveiller, ainsi que toute sa police, s'il ne révoquait cet ordre à l'instant.

Je me transportai chez M. de Rayneval, notre ambassadeur de France, qui, quoique souffrant, fit toutes les démarches pour faire révoquer cet ordre, tant son indignation était grande. Les ambassadeurs d'Angleterre, d'Espagne, de Russie, écrivirent collectivement une lettre au ministre de l'intérieur.

M. Defly, consul général, alla trouver M. le préfet de police : l'ordre fut suspendu ; mais ce pauvre préfet disait à M. Defly : « Mais décidément nous ne pouvons pas garder cet homme à Naples, il changerait la religion, il fait tout ce que le Christ faisait. »

Le ministre de l'Intérieur assembla le Conseil des ministres, et, après de longs débats, cette affaire fut soumise au roi, qui écrivit de sa main, m'a affirmé M. de Rayneval:

Je consens à ce que M. Lafontaine reste à Naples, à condition qu'il ne fera pas entendre des sourds-muets et qu'il ne fera pas voir des aveugles ! ! !

SUPERSTITION ET STUPIDITÉ.

CONCLUSION

Nous vivons dans un siècle fertile en grandes découvertes ; chaque jour la science fait des conquêtes nouvelles, chaque jour des vérités de la plus haute importance étonnent le monde.

Le magnétisme est une de ces grandes et sublimes vérités que l'intelligence de l'homme repousse d'abord ; son immensité lui cause autant d'effroi que de surprise, sa raison chancelle, et il préfère nier que de chercher à approfondir ces mystères qui semblent renverser les lois qu'il a déjà fondées, et qui lui paraissent immuables, comme si la nature avait dit son dernier mot, comme si la science devait se condamner à une éternelle immobilité.

Le magnétisme est la science des sciences ! Le magnétisme produit des phénomènes nombreux et intéressants ; il est l'agent le plus actif dans les phénomènes physiques, et, comme moyen thérapeutique, nul ne peut rivaliser avec lui : c'est par lui que la circulation est rétablie, c'est par lui que souvent la vie est rappelée dans les corps dont elle semble s'échapper ; son action est douce, quelquefois sans apparence, et cependant instantanée. Le magnétisme est l'âme de la nature, il est la vie même ; sans lui, rien n'existerait, tout serait néant. C'est lui qui, par son action sur la matière, développe ces phénomènes psychiques qui nous donnent la preuve de l'existence de l'âme et la spiritualité.

On ne peut nier qu'il agit en tout et toujours, qu'il est l'âme de toutes les âmes, qu'il est le flambeau, qu'il est la lumière qui éclaire et illumine le génie. Mais, sans nous élever dans les hautes régions métaphysiques que nous n'avons point abordées, nous n'avons voulu nous occuper ici que des effets physiques et thérapeutiques.

Considéré sous ce point de vue, le magnétisme est de la plus grande utilité, il est un bienfait pour l'humanité.

Quoi de plus grand, de plus immense que cette faculté donnée à l'homme de soulager son semblable par le simple attouchement, de le guérir par l'imposition des mains? Est-il un bonheur plus grand que celui de rendre la vie à un être dont les pieds sont déjà dans la tombe? Est-il rien de plus grand, de plus divin, que cette puissance dont l'homme est doué? N'est-il pas la preuve qu'il est bien créé à l'image de Dieu, lorsque, communiquant sa propre vie, il rappelle l'existence aux dépens de la sienne chez un être qui se mourait? Nous avons eu bien des moments douloureux, nous avons eu bien des déboires dans notre longue carrière magnétique, mais aussi que de jouissances, que de bonheur, que de doux instants, quand, à part nous, nous pouvions nous dire : Cet homme, cette femme, cet enfant vivent par nous; sans nous, c'était fini, leur vie était éteinte ; nous avons rallumé leur lampe par le feu sacré qui nous embrase; cet être se tordait dans des convulsions horribles, cet autre dans des souffrances atroces laissait échapper sa vie ; nous imposions les mains, nous donnions tout ce qui était en nous, et bientôt nous voyons le calme se rétablir, la douleur s'affaiblir, se dissiper, et la sérénité apparaître sur ces visages qui étaient si bouleversés.

C'est dans ces moments suprêmes que l'on reconnaît que la théorie du fluide est exacte ; on le sent parcourir son propre corps ; on le sent et on le voit pour ainsi dire s'introduire dans les organes essentiels du malade, et de là, parcourir les trajets nerveux pour rétablir la circulation. On reconnaît alors à l'épuisement dans lequel on se trouve après une lutte avec la mort, combien on a dépensé de sa propre vie ; et quand, dans cet état, il faut lutter encore contre une nouvelle crise, on fait des efforts surhumains de volonté, mais on sent bientôt que cette force vitale est épuisée, et malgré tout le désir, tout le désespoir qu'on éprouve, on reste impuissant.

C'est que les forces magnétiques sont limitées chez l'homme, et qu'il faut du temps et du repos pour que la nature répare la perte et la dépense qui ont été faites. Il faut qu'elle renouvelle par le fluide universel les sources du fluide vital.

Notre théorie est des plus simples, notre pratique l'est aussi. Nous avons cherché et mis en usage tous les moyens qui pouvaient combattre les préventions, les objections aux traitements magnétiques, le sommeil était un des plus grands obstacles, aussi tout en l'acceptant quand il se présentait de lui-même, nous avons toujours évité de le provoquer, et tout en magnétisant généralement le malade, nous localisions l'action magnétique sur tel ou tel organe lésé, et nous avons eu le bonheur de reconnaître, même dans les cas les plus graves, que nous réussissions tout aussi bien et aussi promptement à guérir.

En reconnaissant tout ce qu'il y a de grand, de divin même dans le somnambulisme, dans la lucidité, nous avons évité de nous en servir, les inégalités, les troubles, les incertitudes nous ont effrayé, et sans condamner ceux qui l'emploient, nous avons préféré ne compter pour guérir les malades qui venaient à nous, que sur les forces magnétiques que nous possédions.

Nous avons essayé de décrire les phénomènes du magnétisme, et afin de donner plus de poids aux citations que nous en avons faites, nous avons nommé souvent les personnes honorables sur lesquelles nous les avons obtenus.

Les différents effets produits, les diverses sensations éprouvées et racontées par les personnes mêmes qui les ont ressenties, doivent avoir prouvé d'une manière irréfragable que la cause des phénomènes du magnétisme *est simple, naturelle*, qu'elle est *une* et *non composée*, qu'elle est enfin le *fluide vital* émanant de l'homme, et prenant *son principe dans le fluide universel*.

Nous pensons avoir démontré d'une manière victorieuse qu'elles étaient dans l'erreur, ces personnes qui, dans toute la bonne foi, dans toute la candeur de leur âme, accusaient une cause surnaturelle et diabolique aux effets magnétiques.

Nous ne saurions trop le répéter, nous croyons avoir donné la preuve exacte, mathématique, par le récit des effets produits et par la manière dont nous les avons, obtenus, que la cause est *simple, naturelle* et *toute physique*, et que la *volonté* n'est ici qu'un *accessoire*, comme dans tous les actes de la vie.

Nous croyons avoir démontré l'utilité du magnétisme comme auxiliaire de la chirurgie dans les opérations douloureuses, nous avons dit un mot de l'hypnotisme qui, dernièrement, a fait grand bruit et dont on ne parle déjà plus, et qui, cependant, peut être employé avec utilité, puisqu'il est un des moyens de fascination qui peut servir dans certains cas en magnétisant sérieusement après.

Les nombreux malades que nous avons traités dans les diverses affections indiquées dans cet ouvrage, nous ont donné la preuve positive, évidente, que le magnétisme, employé seul, peut, presque dans tous les cas, suffire pour ramener la santé dans un corps organisé.

Il nous a été prouvé également que le magnétisme employé conjointement aux moyens ordinaires de la médecine, était toujours d'un effet salutaire et toujours utile, sans pouvoir jamais être dangereux.

Sans faire du magnétisme une panacée universelle, nous pouvons conclure qu'il peut être employé avec succès dans toutes les maladies, car il est le principe de vie sans lequel nous ne pouvons exister.

Nous pouvons penser, avec quelque apparence de raison, que Dieu, dans sa bonté infinie, en nous donnant le magnétisme, a placé dans l'homme même le principe qui répare à côté de la cause qui détériore, et qu'ici, comme dans toute la nature, le bien est à côté du mal. Disons donc avec Sénèque : *Ad id sufficit natura quod poscit* (la nature suffit à ce qu'elle demande).

Considérons donc le magnétisme principalement sous le point de vue thérapeutique ; ne voyons en lui d'abord qu'un moyen de guérir ; c'est sous ce point de vue que je l'ai surtout observé, pratiqué, et que je le présente au public. Mon but est de décider les hommes de science à s'occuper du magnétisme. D'illustres savants, à croyances faites, à volonté ferme, l'ont déjà reconnu et admis sous les rapports physique et physiologique ; bientôt ils accepteront aussi les phénomènes psychologiques, qui ne sont pas plus étonnants que la plupart des phénomènes qu'on rencontre dans l'organisation humaine. Mais c'est quand l'art de guérir aura fait tourner au profit de l'humanité l'action thérapeutique du magnétisme, que le but principal sera atteint.

Le magnétisme ne prendra rang parmi les sciences et ne rendra véritablement de grands services à l'humanité, que lorsque les corps savants l'auront reconnu et adopté.

Magnétiseurs! Si nous comprenons bien notre mission, nous abandonnerons provisoirement le côté merveilleux du magnétisme, tant de fois présenté et tant de fois repoussé; nous ne nous occuperons que du côté simple et facile, du côté utile et sérieux; la part est large et belle, et nous pouvons nous en contenter. Réunissons d'innombrables masses de faits, afin que les académies s'en émeuvent et finissent par provoquer un examen sévère mais vrai

Présentons les phénomènes physiologiques qui sont les plus simples, les plus faciles à produire et les moins contestables; n'offrons que des effets dont l'utilité soit reconnue: le sommeil, l'insensibilité, qui permettent de faire des opérations chirurgicales, sans que les malades éprouvent des douleurs affreuses qui en sont la conséquence.

Soumettons à l'action curative du magnétisme des malades dont on ne puisse mettre en doute les affections; faisons constater l'état de ces malades avant et après; ayons de la persévérance et du courage; ne nous rebutons pas pour des taquineries de mauvais goût, qui retombent d'elles-mêmes sur leurs auteurs; dédaignons le sarcasme et le ridicule; n'offrons aux injures que le froid mépris d'une conscience tranquille. C'est en agissant ainsi que nous pouvons conquérir, pour le magnétisme, la place qu'il doit occuper.

Puisse ma voix être entendue des magnétiseurs et du public!

FIN

TABLE DES MATIÈRES

                                                                    Pages.
CHAPITRE Ier. — Du magnétisme jusqu'a nos jours.   1
CHAP. II. — État actuel du magnétisme.   17
CHAP. III. — Théorie du magnétisme.   25
CHAP. IV. — Analogie du fluide magnétique animal avec le fluide
    magnétique minéral.   31
CHAP. V. — Pratique générale du magnétisme.   43
CHAP. VI. — Somnambulisme.   56
CHAP. VII. — Effets généraux du magnétisme.   66
    Clôture des yeux.   68
    Spasmes.   68
    Paralysie entière.   69
    Paralysie entière, les yeux ouverts.   71
    Catalepsie partielle. — Insensibilité.   73
    Somnolence — Paralysie — Insensibilité — Catalepsie
        entière — Sensation.   73
    Sommeil — Paralysie — Insensibilité — Catalepsie — Para-
        lysie des sens.   78
CHAP. VIII. — Effets physiques du somnambulisme.   84
    Somnambulisme naturel.   84
    Somnambulisme magnétique.   85
    Localisation de la sensibilité.   86
    Transmission de sensation.   86
    Sensation ou appréciation des objets magnétisés.   87
    Vue du fluide.   88
    Attraction entière.   88

TABLE DES MATIÈRES

Pages.

Sommeil à distance. 92
Insensibilité à l'électricité. 95

CHAP. IX. — Effets psychologiques dans le somnambulisme. 98
    Transmission de pensée. 98
    Vue sans le secours des yeux. 100
    État extatique sous l'influence de la musique. 121

CHAP. X. — Dangers et accidents du magnétisme. 122
    Convulsions. 125
    Impossibilité de réveiller. 126
    Léthargie. 128
    Paralysie. 130
    Idiotisme. 131
    Convulsions, idiotisme. 132
    Folie, épilepsie. 134

CHAP. XI. — Le magnétisme auxiliaire de la chirurgie. 137
    Effets d'insensibilité magnétique. 146

CHAP. XII. — Thérapeutique et pratique du magnétisme. 153
    Épilepsie. 161
    Hystérie. 166
    Chorée ou danse de Saint-Guy. 173
    Paralysie à la suite d'une congestion cérébrale 174
    Paralysie avec tremblement nerveux. 175
    Paralysie des membres inférieurs, ayant pour cause une inflammation de la moelle épinière. 176
    Paralysie rhumatismale 178
    Paralysie avec contracture de membre. 179
    Paralysie ayant pour cause l'hystérie. 181
    Rétraction des nerfs d'un membre après une fracture de la colonne vertébrale. 182
    Cataracte — Cécité. 184
    Surdité. 188
    Surdi-mutité. 191
    Sourde et muette par suite de convulsions. 193
    Sourd-muet de naissance. 194
    Fièvres intermittentes. 196
    Fièvre scarlatine 197
    Fièvre cérébrale. 197
    Fièvres nerveuses. 198
    Inflammation de matrice. 198
    Suppression. 199
    Hémorragie. 199
    Chlorose. 200
    Coup au sein. 200
    Ulcères. 200

	Pages.
Entorse	201
Névralgies	201
Vomissement de sang. — Vomissements chroniques. — Toux nerveuse	202
Bouffissures — Palpitations — Étouffements — Migraines — Prolapsus — Contusions	202
Insomnies	203
Bégayement	203
Dartres	203
Croup	203
Maladies diverses	204
Tableau des maladies traitées par le magnétisme	205
Petite vérole	219
Fluxion de poitrine	210
Laryngite	211
Tumeur et plaie dans les intestins et dans la matrice à la suite d'un viol consommé à l'âge de dix ans	212
Fracture du poignet — Paralysie des nerfs du bras	213
Paraplégie ancienne ayant pour cause une affection de la moelle épinière, compliquée de crises d'hystérie régulières et sous toutes les formes	216
CHAP. XIII. — Magnétisme expérimental	233
Objets magnétisés	233
Expériences phrénologiques	234
Eau magnétisée	236
Altération du goût	237
Le fluide chargé d'effluves	237
Langues étrangères	238
Objets lourds, légers, chauds ou froids	239
Cercle magique	239
Chaîne	239
Sommeil à distance et sans volonté du magnétiseur	240
Soustraction du fluide au réveil par le magnétiseur	241
Soustraction du fluide au réveil par le somnambule	242
Soustraction du fluide par une tierce personne	242
Anneau magique	243
Extension des facultés	243
Sommeil sur les idiots	244
Sommeil sur des animaux, lion, hyène, chien, chat, écureuil, lézard, etc.	245
Animaux et reptiles tués par le regard	249
Expériences sur un crapaud	250
Expériences sur une grenouille	252
Guérison d'une cécité sur un chien	253
Expériences sur des fleurs	256

	ages.
CHAP. XIV. — Exagération des magnétiseurs.	259
CHAP. XV. — Phénomènes exceptionnels.	264
CHAP. XVI. — Documents, extraits de journaux, correspondance. . .	279
CHAP. XVII. — Comment les magnétiseurs agissent entre eux. . . .	289
CHAP. XVIII. — Opinion du clergé et des savants touchant le magnétisme.	295
Conclusion.	306

FIN DE LA TABLE DES MATIÈRES

TOURS, IMPRIMERIE E. ARRAULT ET Cie

A LA MÊME LIBRAIRIE

MAGNÉTISME. — SCIENCES OCCULTES.

BERGERET. **Philosophie des sciences cosmologiques**, critique, des sciences et de la pratique médicale. in-8 de 310 pages. 4 fr.

BERTRAND. **Traité du somnambulisme**. 1 vol. in-8. 7 fr.

BINET et FÉRÉ. **Le Magnétisme animal**. 1 vol. in-8 de la *Bibliothèque scientifique internationale*, cartonné à l'anglaise *(sous presse)*. 6 fr.

BRIERRE DE BOISMONT. **Des hallucinations**, ou Histoire raisonnée des apparitions, des visions, des songes, de l'extase, du magnétisme et du somnambulisme. 3e édition très augmentée. 1 vol. in-8. 7 fr.

CAHAGNET. **Abrégé des merveilles du ciel et de l'enfer**, de Swedenborg. 1 vol. gr. in-18. 3 fr. 50

CAHAGNET. **Encyclopédie magnétique spiritualiste**. 1851 à 1862. 7 vol. gr. in-18. 28 fr.

CAHAGNET. **Lettres odiques-magnétiques** du chevalier Reichenbach, traduites de l'allemand. 1 vol. in-18. 1 fr. 50

CAHAGNET. **Magie magnétique**, ou Traité historique et pratique de fascinations, de miroirs cabalistiques, d'apports, de suspensions, de pactes, de charmes des vents, de convulsions, de possession, d'envoûtement, de sortilèges, de magie de la parole, de correspondances sympathiques et de nécromancie. 2e édit. 1 vol. gr. in-18. 7 fr.

CAHAGNET. **Sanctuaire du spiritualisme**, ou Étude de l'âme humaine et de ses rapports avec l'univers, d'après le somnambulisme et l'extase. 1 vol. in-18. 5 fr.

CAHAGNET. **Méditations d'un penseur**, ou Mélanges de philosophie et de spiritualisme, d'appréciations, d'aspirations et de déceptions. 2 vol. in-18. 10 fr.

CHARBONNIER. **Maladies et facultés diverses des mystiques**. 1 vol. in-8 5 fr.

CHARPIGNON. **Physiologie, médecine et métaphysique du magnétisme**. 1 vol. in-8 de 480 pages. 6 fr.

CHRISTIAN (P.). **Histoire de la magie, du monde surnaturel** et de la fatalité à travers les temps et les peuples. 1 vol gr. in-8 de 669 pages, avec un grand nombre de fig. et 16 pl. hors texte. 15 fr.

DELEUZE. **Histoire critique du magnétisme animal**. 2e édition. 2 vol. in-8. 9 fr.

DELEUZE. **Mémoire sur la faculté de prévision**. In-8 2 fr. 50

DU POTET. **Traité complet de magnétisme**, cours en douze leçons. 4e édition 1883. 1 vol. in-8. 8 fr.

DU POTET. **Manuel de l'étudiant magnétiseur**, ou Nouvelle Instruction pratique sur le magnétisme, fondée sur *trente années* d'expériences et d'observations. 4e édit. 1 vol. gr. in-18. 3 fr. 50

DU POTET. **Le magnétisme opposé à la médecine**. In-8 6 fr.

DU POTET. **La magie dévoilée ou principes de science occulte**. 2e tirage 1875 *(il ne reste plus que quelques exemplaires de cet ouvrage)*. 1 vol. in-4, pap. fort, relié. 100 fr.

ÉLIPHAS LÉVI. **Histoire de la magie**, avec une exposition de ses procédés, de ses rites et de ses mystères. 1 vol in-8 avec 90 fig. 12 fr.

ÉLIPHAS LÉVI. **La Clef des grands mystères,** suivant Hénoch, Abraham, Hermès, Trismégiste et Salomon. 1 vol. in-8 12 fr. 20 pl. 12 fr..

ÉLIPHAS LÉVI. **Dogme et rituel de la haute magie.** 2ᵉ édit. 2 vol. in-8, avec 24 fig. 18 fr.

ÉLIPHAS LÉVI. **La science des esprits.** révélation du dogme secret des cabalistes, esprit occulte des Évangiles, appréciations des doctrines et des phénomènes spirites. 1 vol. in-8. 7 fr.

ESPINAS. **Du sommeil provoqué chez les hystériques.** 1 brochure in-8. 1885. 1 fr.

GARCIN. **Le Magnétisme expliqué par lui-même,** ou nouvelle théorie des phénomènes de l'état magnétique, comparés aux phénomènes de l'état ordinaire. 1 vol.in-8. 4 fr.

GAUTHIER. **Histoire du somnambulisme connu chez tous les peuples** sous les noms divers d'extases, songes, oracles, visions. Examen des doctrines de l'antiquité et des temps modernes, sur ses causes, ses effets, ses abus, ses avantages et l'utilité de son concours avec la médecine. 2 vol. in-8. 10 fr.

GAUTHIER (Aubin). **Revue magnétique,** journal des cures et des faits magnétiques et somnambuliques. Décembre 1844 à octobre 1846. 2 vol. in-8. 8 fr.

Les numéros de mai, juin, juillet, août et septembre 1846 n'ont jamais été publiés ; ils forment, dans le tome II, une lacune des pages 241 à 432.

GOUPY. **Explication des tables parlantes,** des médiums, des esprits et du somnambulisme. 1 vol. in-8. 6 fr.

LAFONTAINE. **Mémoires d'un magnétiseur.** 2 vol. in-18. 7 fr.

LAFONTAINE. **L'art de magnétiser ou le magnétisme vital considéré sous le point de vue théorique, pratique et thérapeutique.** 5ᵉ édition corrigée. 1886. 1 vol. in-8 5 fr.

LAFONT-GOUZI. **Traité du magnétisme animal,** considéré sous les rapports de l'hygiène, de la médecine légale et de la thérapeutique. In-8, br. 3 fr.

LÉVI (Éliphas). — Voy. ÉLIPHAS LÉVI.

MACARIO. **Traitement moral de la folie.** In-4 1 fr. 50

MESMER. **Mémoires et aphorismes,** suivis des procédés de d'Eslon. Nouv. édit. avec des notes de J.-J.-A. Ricard. In-18. 2 fr. 50

MORIN. **Du magnétisme et des sciences occultes.** 1 volume in-8. 6 fr.

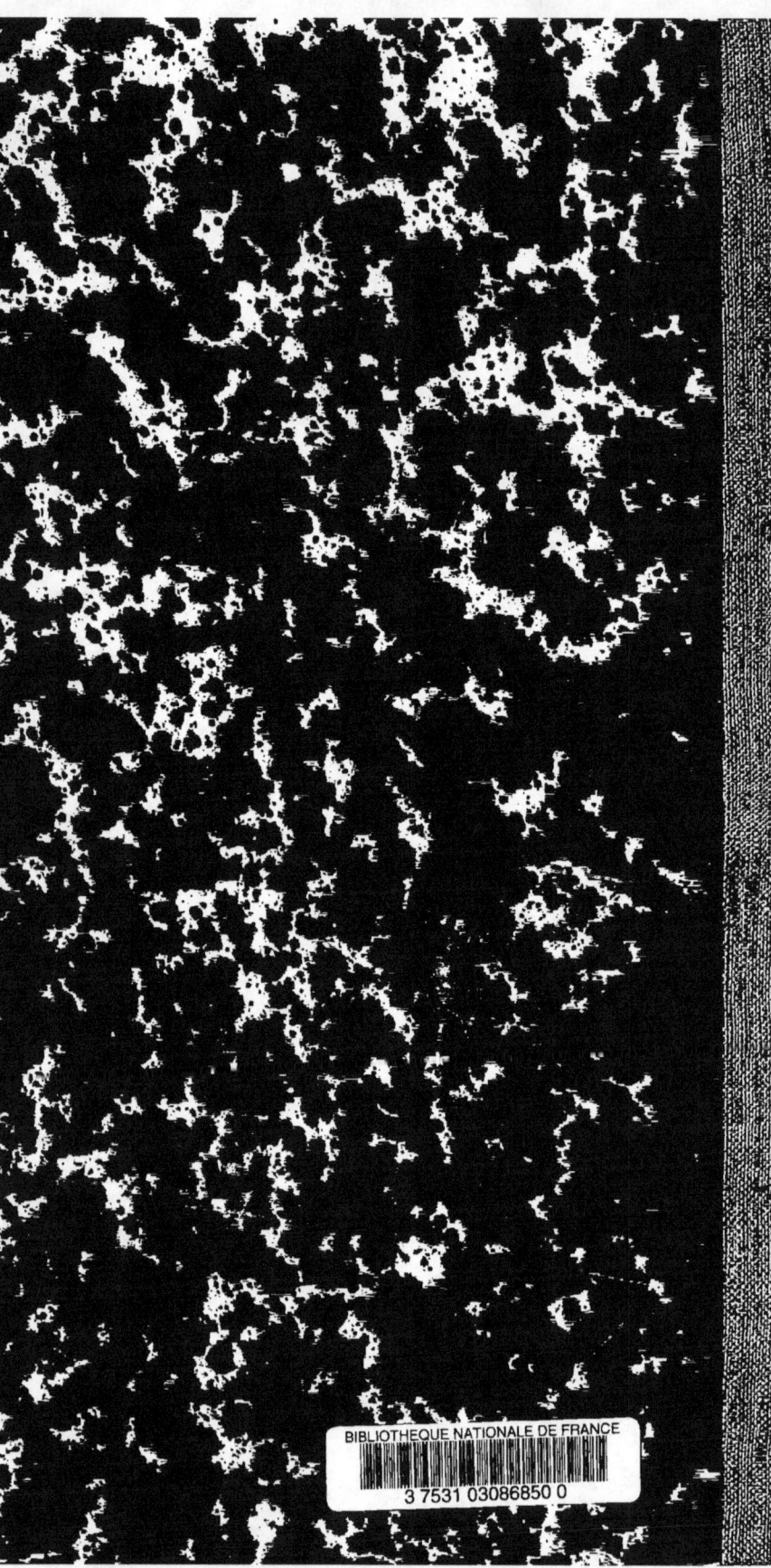

www.ingramcontent.com/pod-product-compliance
Lightning Source LLC
Chambersburg PA
CBHW060636170426
43199CB00012B/1570